D1688342

© 1995
Verlag Nürnberger Presse
Druckhaus Nürnberg GmbH & Co.
Lithos: R. Hintermeier Reproduktionen, Nürnberg
Papier: Gedruckt auf Arjo Wiggins Idéal Premier glänzend
Buchbinderische Verarbeitung: Röck, Weinsberg
ISBN 3-920701-97-6

ERICH GUTTENBERGER

MOTIVE EINES WANDERERS
FRÄNKISCHE BILDERLANDSCHAFT

MIT TEXTEN VON MICHAEL BECKER

VERLAG NÜRNBERGER PRESSE

DAS AUGE DES FOTOGRAFEN

Die Fotografien von Erich Guttenberger

Unsere Augen sind müde geworden. Es ist keine angenehme Müdigkeit, keine, die etwas zu tun hat mit entspannter Erschöpfung, mit wohlverdientem Schlaf. Unsere Augen sind auf nervöse, überreizte Weise müde. Was sie keine Ruhe finden läßt, ist das Zeitalter der schnellen Bilder, die mit Lichtgeschwindigkeit durch den unsichtbaren Raum transportiert werden, der früher einmal den beschaulichen Namen Äther trug.

Wir sehen immer mehr, verstehen aber immer weniger. Alles beschleunigt sich, die Rastlosigkeit ist der Rhythmus unserer Zeit. Die elektronisch erzeugte und multiplizierte Flut der allgegenwärtigen Bilder stürzt uns in ein visuelles Babylon. Die Inflation der lauten, grellen Bilder, die uns Welt und Wirklichkeit vorgaukeln, entwertet eben diese Realität, weil wir sie nur noch aus zweiter Hand kennen. Und je mehr der Globus durch die mediale Vernetzung überschaubar zu werden scheint, desto unübersichtlicher, unbegreifbarer und unverständlicher wird alles.

Wie sich aber wehren, wie diesem vernichtenden Tempo widerstreben? Vielleicht hilft die (Wieder-)Entdeckung der Langsamkeit. Wenn ja, dann aber nur in Verbindung mit einer Schule des Sehens. Einem Sehen, das den medialen Bildermüll, mit dem wir vollgestopft sind, entrümpelt. Wie wir wieder das ruhige, das beschauliche und auch das besinnliche Sehen üben und genießen können, demonstriert uns Erich Guttenberger.

Wenn man in diesem Band blättert und eintaucht in die faszinierenden, poetischen Landschaftsbilder, die sich oft genug zugleich in brillante Bilderlandschaften verwandeln, dann fällt es einem wahrscheinlich schwer, zu glauben, daß dieser Erich Guttenberger im „Brotberuf" als Pressefotograf arbeitet. Hektik, Streß, Tempo — und dann solche Bilder? Ja, gerade deshalb!

Manchmal allein, oft mit Frau und Freunden, stets jedoch in Begleitung seines Hundes macht sich dieser außergewöhnliche Fotograf in seiner Freizeit auf zu Wandertouren durchs Fränkische und die angrenzenden Regionen der Oberpfalz. Und weil Erich Guttenberger ein im positiven Sinne konservativer Mensch ist, braucht er auch nicht viel Apparate. Nur eine uralte Kleinbildkamera, ein Tele- und ein Weitwinkelobjektiv. Fotografieren ist bei Guttenberger noch Handarbeit ohne automatische Krücken und elektronisches Piepen. Ein „manueller Mensch", der sich Zeit nimmt, sich in Ruhe und umsichtiger, aufmerksamer Bedächtigkeit übt. So wie er die Welt, die Natur, die Landschaft sieht, kann er sich keine Hast und Eile leisten. Warum auch!

Einige tausend Kilometer hat Guttenberger auf diese Weise in Franken und anderswo schon erlaufen. Und ganz unwohl würde sich der leidenschaftliche Wanderer nur fühlen, wenn er eine Tour ohne Fotoapparat machen müßte. Denn dann wären alle diese erlebten, gesehenen, bestaunten Bilder irgendwie verloren. Vorbei das Spiel von Licht und Schatten in der tiefstehenden Morgen- oder Abendsonne, verpaßt der Blick hinab ins Tal, diese oft atemberaubende, manchmal fast irritierende Perspektive, die an eine Luftaufnahme erinnert und doch keine ist.

Erich Guttenberger versteht sich selbst, bescheiden und auf solide Art bodenständig wie er ist, gewiß nicht als Künstler. Aber trotzdem — oder wahrscheinlich gerade deshalb! — konnte er in seinen Fotografien eine eminent künstlerische Sichtweise entwickeln. Eine Sichtweise, die uns Natur pur vermittelt. Ein Sehen, das nicht an der Oberfläche verharrt, sondern zum Wesentlichen der Landschaft vordringt. Ein Blick, der auf den Mikrokosmos, die kleinsten Nischen eines Waldes ebenso gerichtet ist wie auf die imposante Totale einer Landschaft. Und daß die Landschaften, die Erich Guttenberger bei seinen Streifzügen durch die Heimat entdeckt, oft so aussehen, als könnten sie genauso aus anderen Winkeln der Welt stammen, verleiht diesen faszinierenden Fotografien noch eine zusätzliche Dimension, die weit über die hohe handwerklich-technische Qualität hinausweist.

Begleiten wir also Erich Guttenberger bei seinen Wanderungen; blättern wir ungezwungen in seiner abwechslungsreichen „Fränkischen Bilderlandschaft". Lassen wir uns ein auf seine Begegnungen mit der Natur, mit ihren Stimmungen, ihren atmosphärischen Kontrasten, ihrem Wechsel von Frühling, Sommer, Herbst und Winter. Blicken wir auf eine vielgestaltige Landschaft — mit dem Auge des Fotografen.

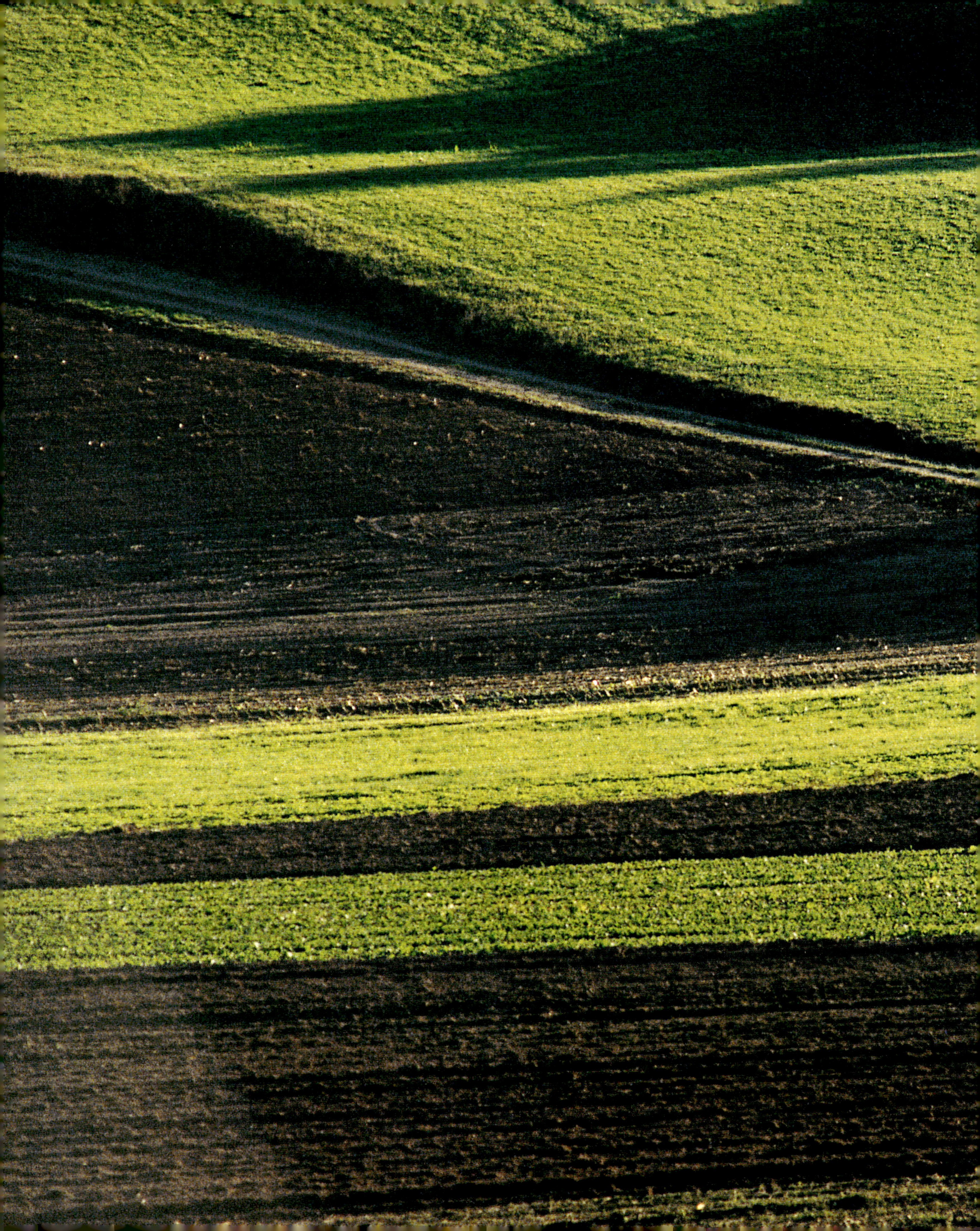

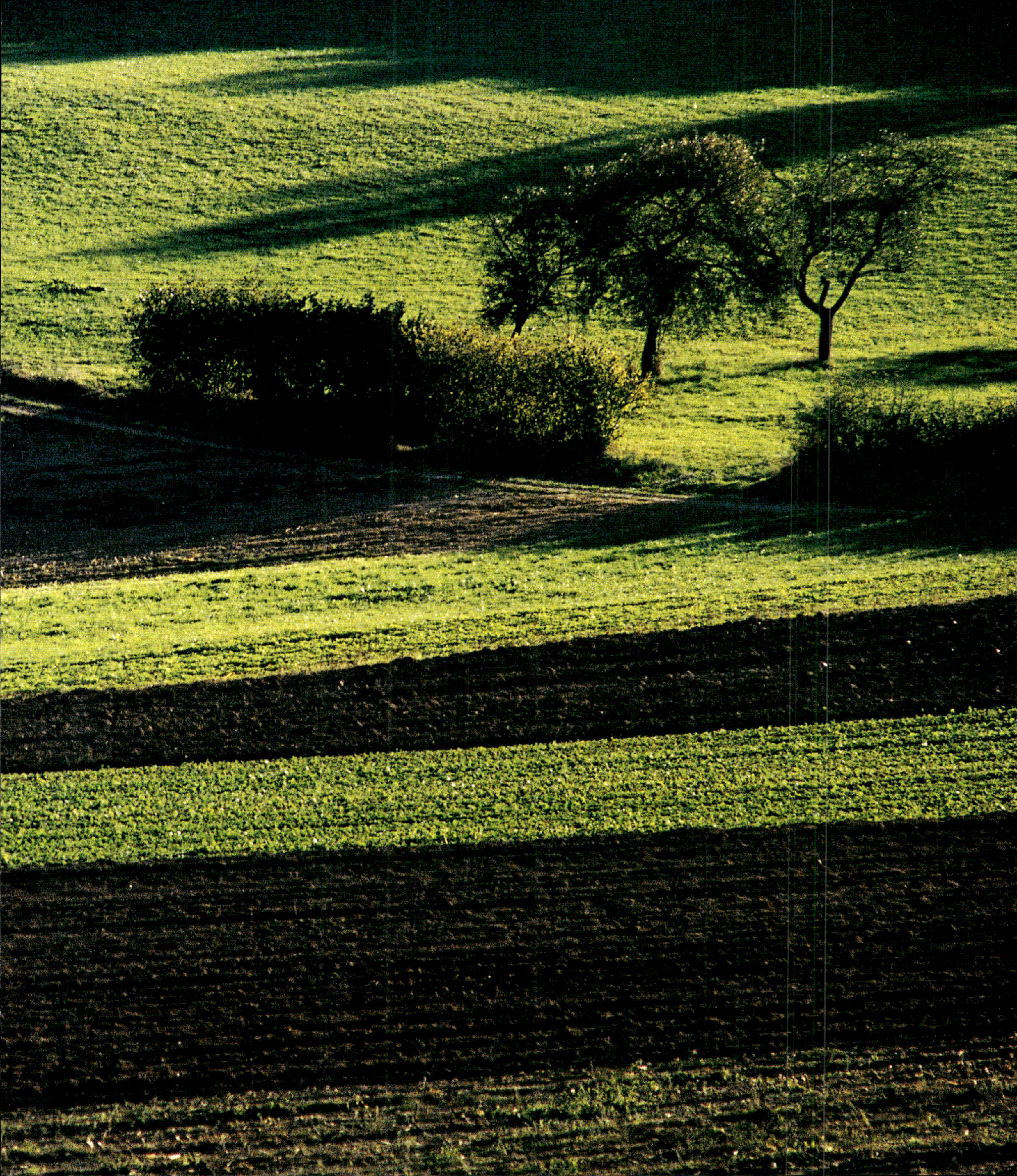

FRÜHLING

Vom Eise befreit sind Strom und Bäche, auch Wald und Flur. Der Fotograf nimmt uns mit zu Äckern, die sich Farbfeldern gleich der Landschaft anschmiegen. Lange Schatten des Morgens ragen in den jungen Tag. Die Wanderung beginnt in kühler, klarer Luft. In brüchigem, grobkrumigem Braun noch die Erde. Doch schon überzieht erstes saftiges Grün das Land. Neues Leben erwacht.
Zaghaft erst und vorsichtig schimmern silbrig die Blüten, oder sie üben sich in pastellener Farbigkeit. Dann aber entfaltet sich die ganze Pracht, verschwenderisch, ja festlich im Weiß der Kirschblüten erstrahlend. Und bei Hetzles entdecken wir sie, diese elegante Parade des Blühens, akzentuiert vom stolzen Schattenwurf der starken Stämme.

Der Fotograf ist ein aufmerksamer Begleiter und ein Künstler des Sehens. Einem runden Bilderrahmen gleich, umschließen Blüten sanft den Blick auf einen freundlich in die weich schwingende Landschaft hingeduckten Ort unterhalb des Walberlas. Andernorts ziehen Wolken über gelb leuchtenden Raps und weiße Kirschblüten, leicht und spielerisch, zugleich aber auch von majestätischer Größe.

Zwei Wanderer begegnen uns. Sie sind
nicht allzu fern, und doch wirken sie klein wie Kinder
in dieser schäumenden Blütenpracht,
die sich um das Bild rundet wie eine aus Licht und
filigranen Strukturen geformte romanische Basilika.
Lange können wir an diesem Ort verweilen,
die anderen sind längst weitergezogen, vielleicht
schon angelangt an der kleinen Hütte inmitten
des gelben Feldes. Wir aber sehen noch etwas
anderes, sehen die braunen, satten, sich wie ein
rhythmisches Band über den leichten Hang
schwingenden Ackerfurchen — sind sie nicht auch
eine Form von Land-Art, wie zufällig geschaffen von
einem Bauern?

Dann die Erhebung. Von hoch droben,
und doch nicht aus der Luft, der Blick auf Wegelinien-Paare
oder auf Rapsfelder und ihre Symphonie
in Gelb. Oder auf den kleinen Fluß, der sich
mäandernd durch die vielgestaltige Landschaft
windet, vorbei an den langen Schatten der die Ufer
säumenden Büsche und Bäume. Aber: Sind wir
hier noch daheim? Oder schon ganz woanders?
In England vielleicht? Freundlich führt uns der Fotograf
ein wenig in die Irre. Er wird es gelegentlich
noch öfter tun. Aber er will dabei nicht täuschen
oder foppen, das ist nicht seine Art.
Nur zeigen will er uns, wie reich an Form und Gestalt,
Perspektiven und Stimmungen die Natur vor
unserer Haustüre ist. Und wie zur Beruhigung rückt
er gleich darauf ein fränkisches Fachwerk ins Bild.
Verwunschen und verwachsen ist der Ort,
das Haus eins geworden mit der wuchernden Natur.
Der Mensch ist verschwunden.

Die Schwarzach schäumt vorbei an einem
kleinen Felsen, an den sich ein Baum mit seinen
nackten Wurzeln klammert. Das Wasser kalt noch,
vielleicht gemischt mit dem letzten geschmolzenen
Schnee, die Äste warten auf ihr erstes Grün.
Eisiger noch ein anderer Bach. Im kühlen Spiel
von Licht und Schatten gießt sich die Flut,
dunklem Blei gleich, über ein kleines Naturwehr,
um sich in hell sprudelndes Gischtsilber
zu verwandeln. Und der Fotograf lenkt unseren Blick
zu Boden, in einen Winkel des Waldes oder
auf eine Wiese. Blüten von üppiger Farbigkeit ragen
uns selbstbewußt entgegen aus grünem Farn
und Gras und aus braunem Ästchengestrüpp.
Jetzt ist der Sommer nicht mehr weit.

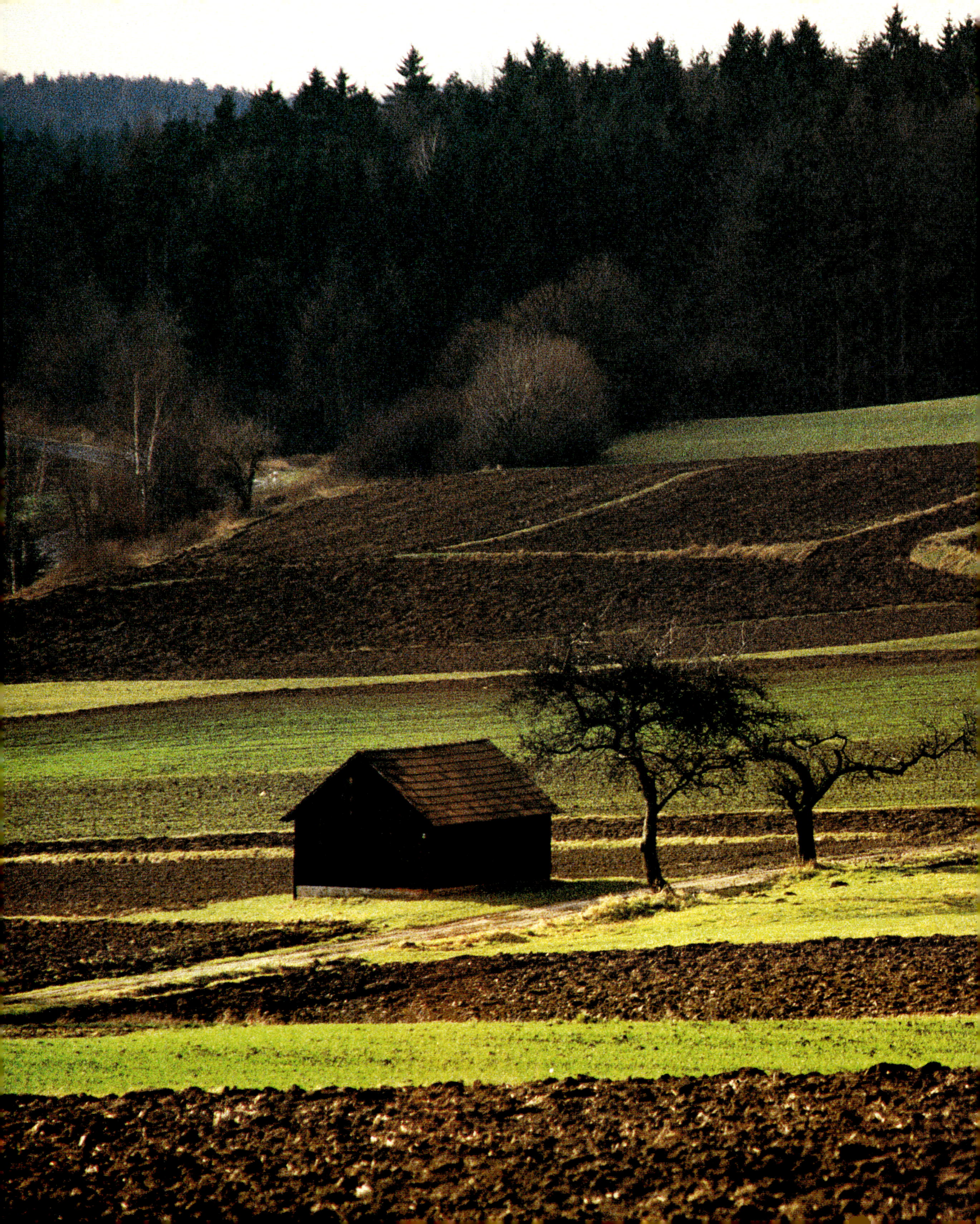

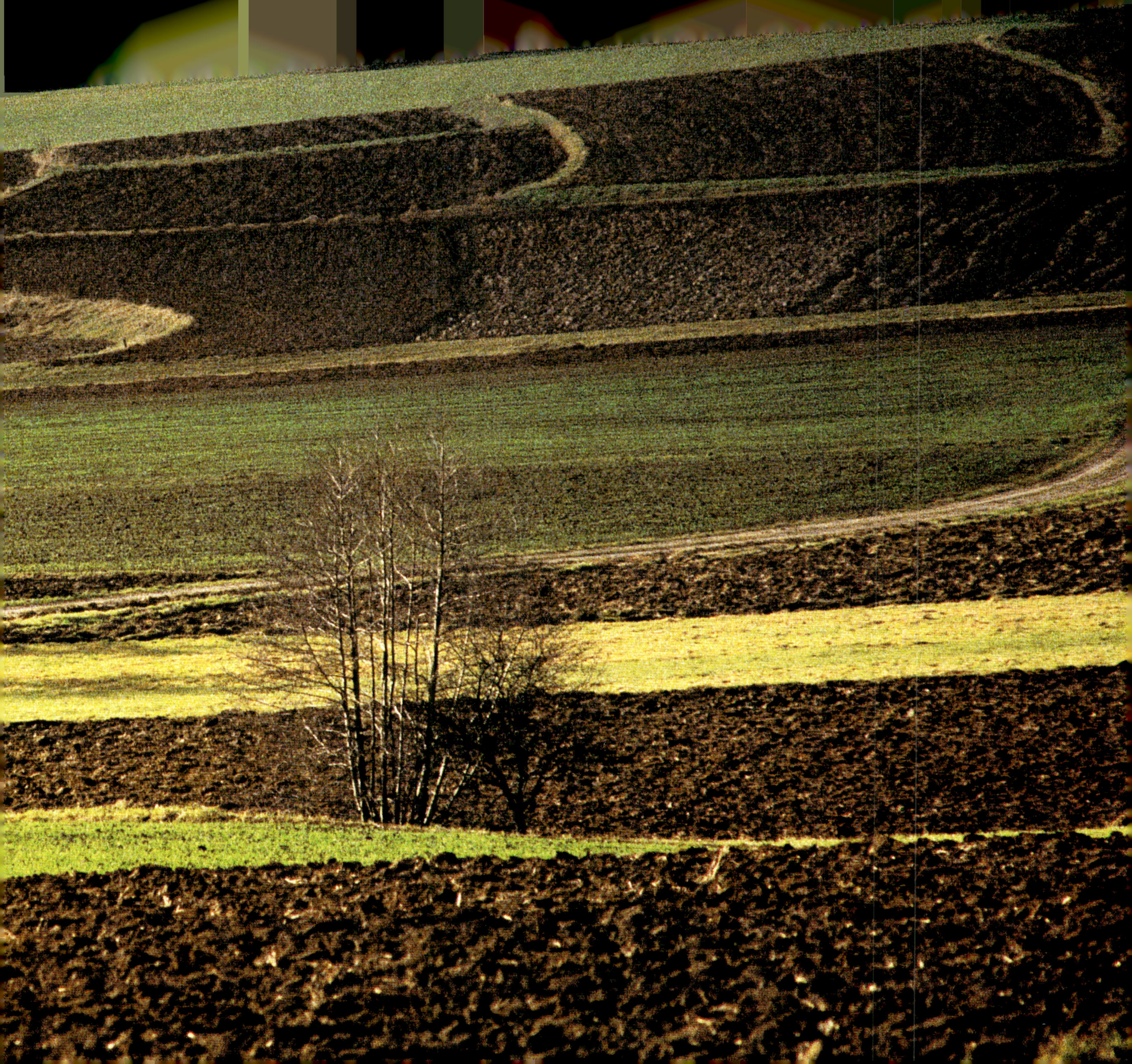

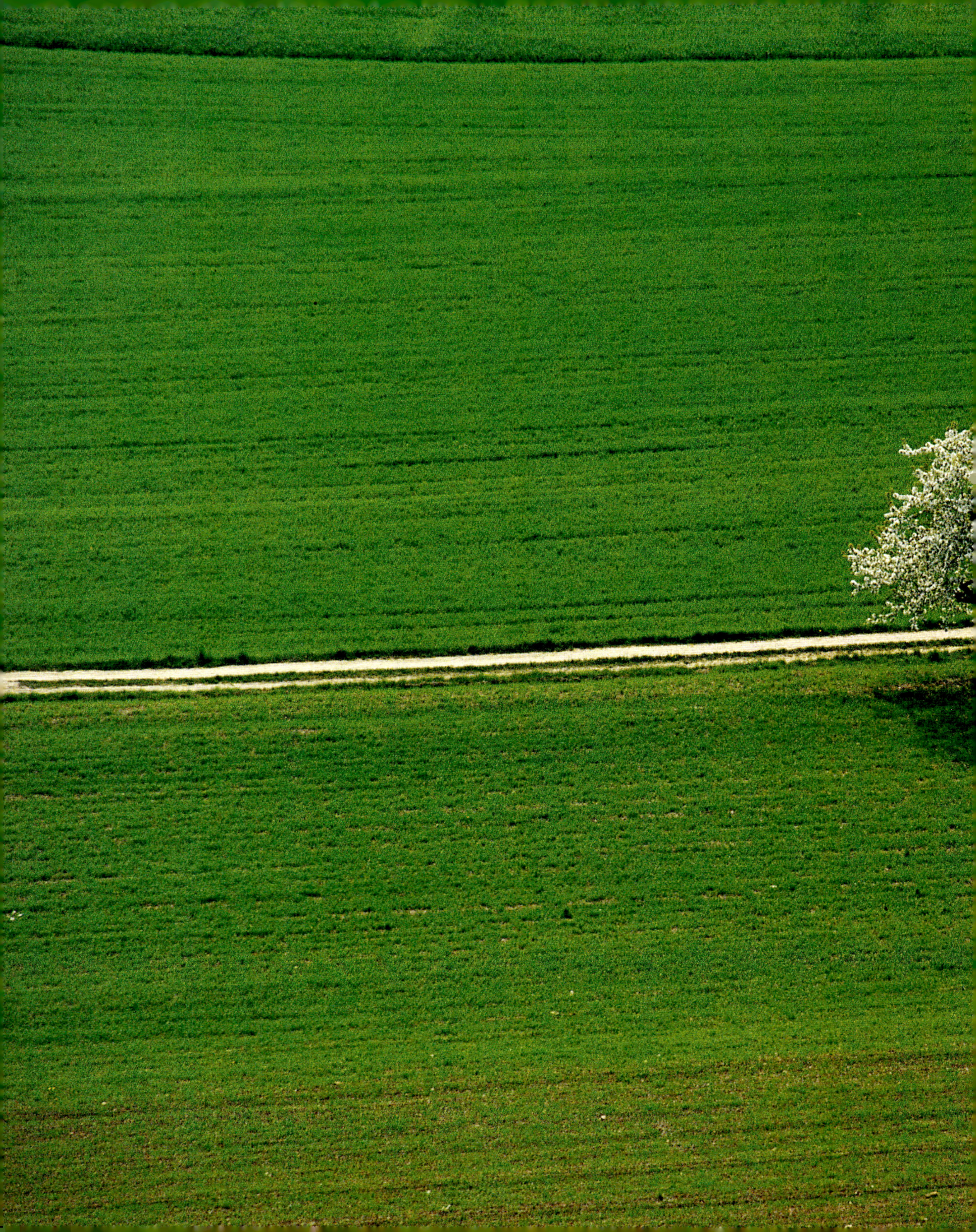

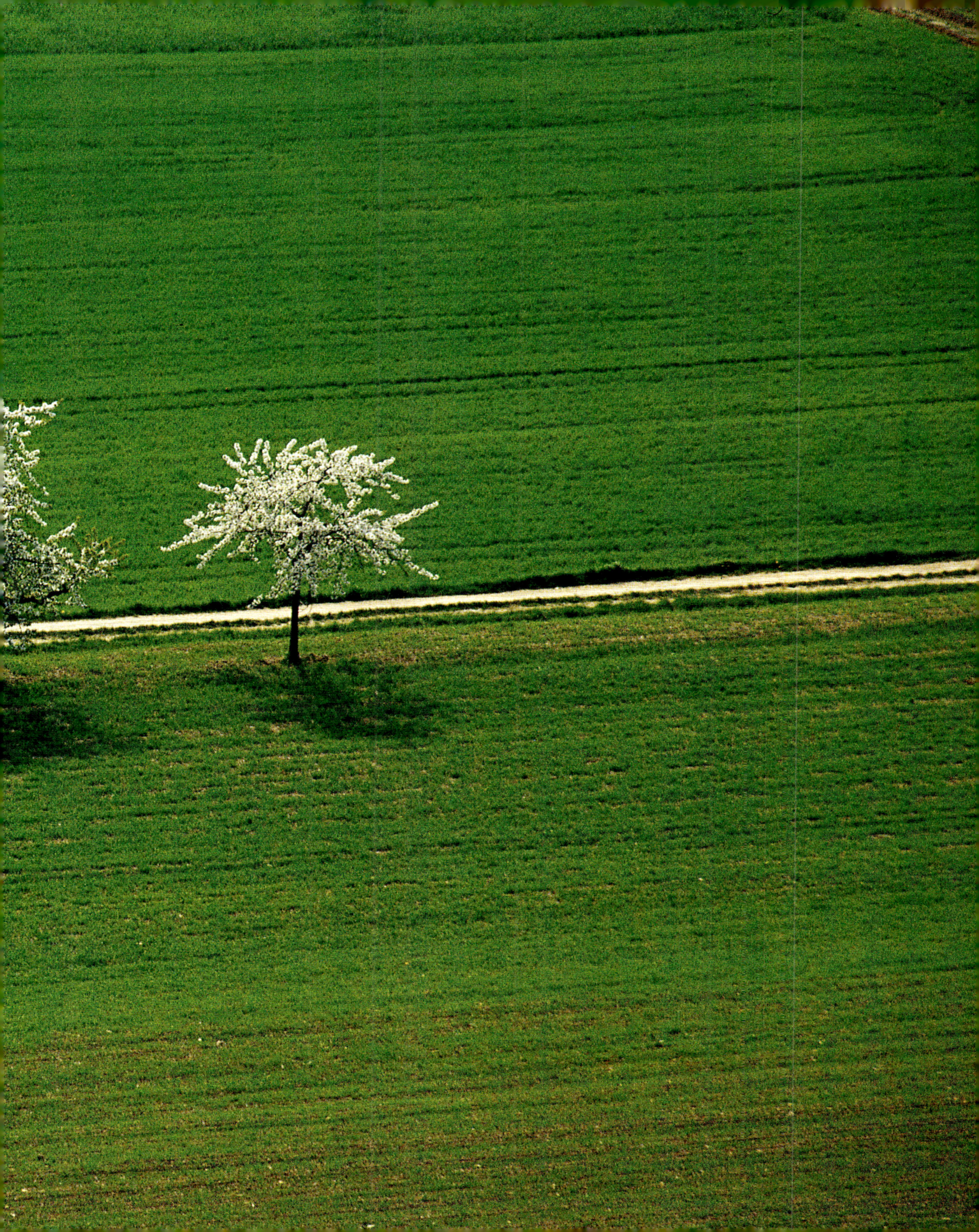

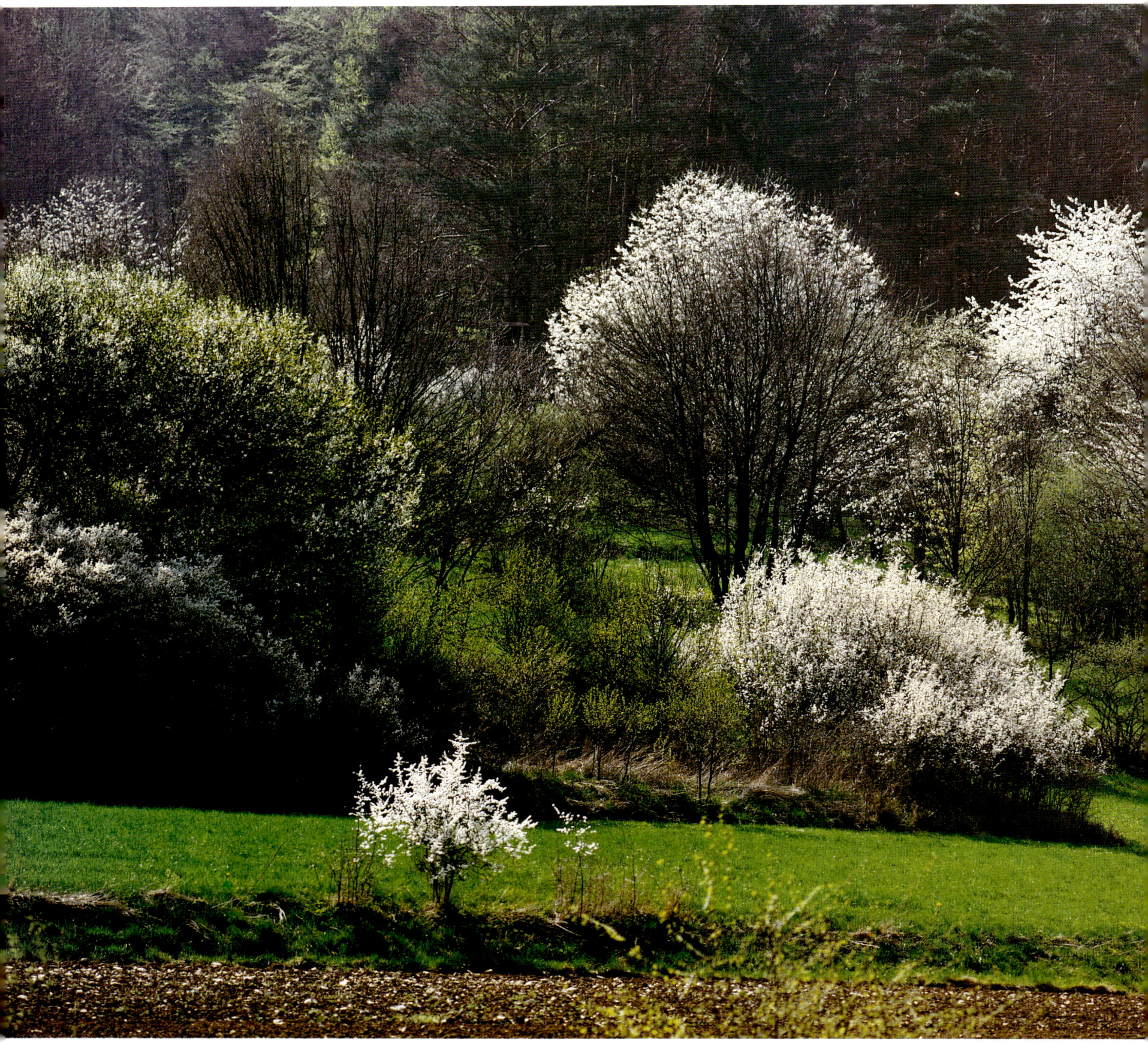

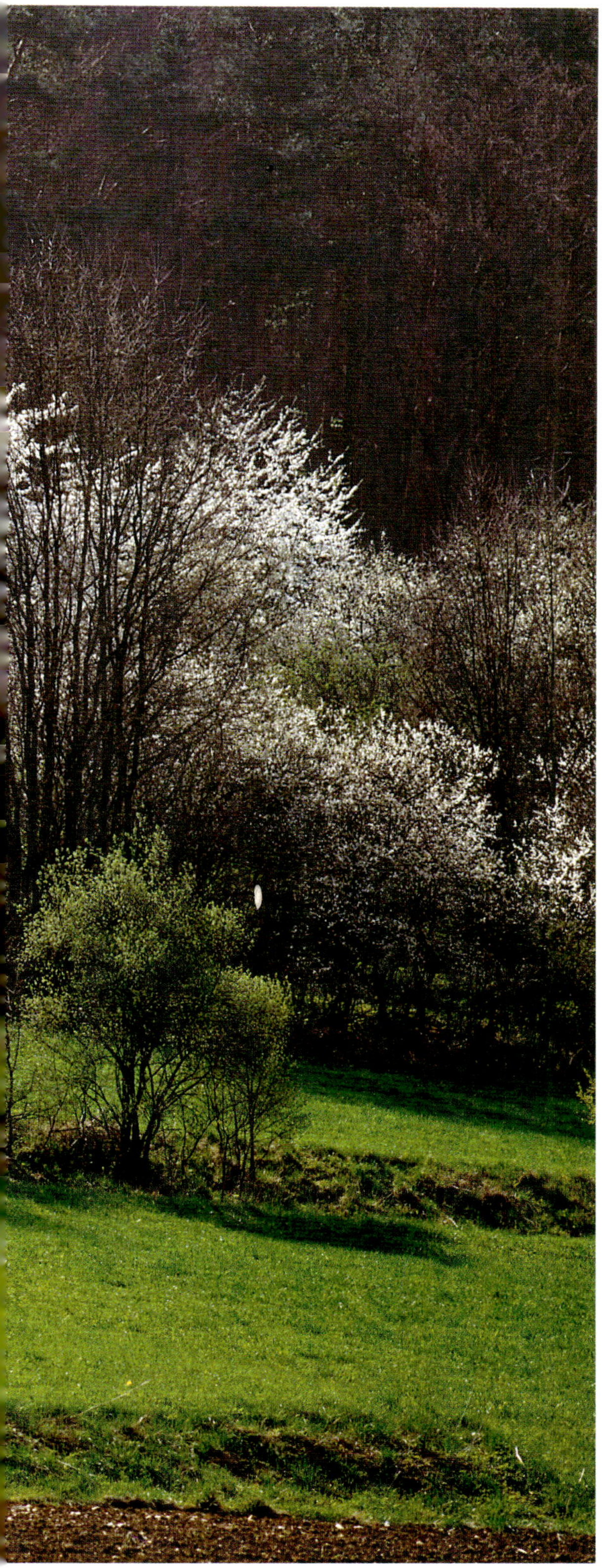
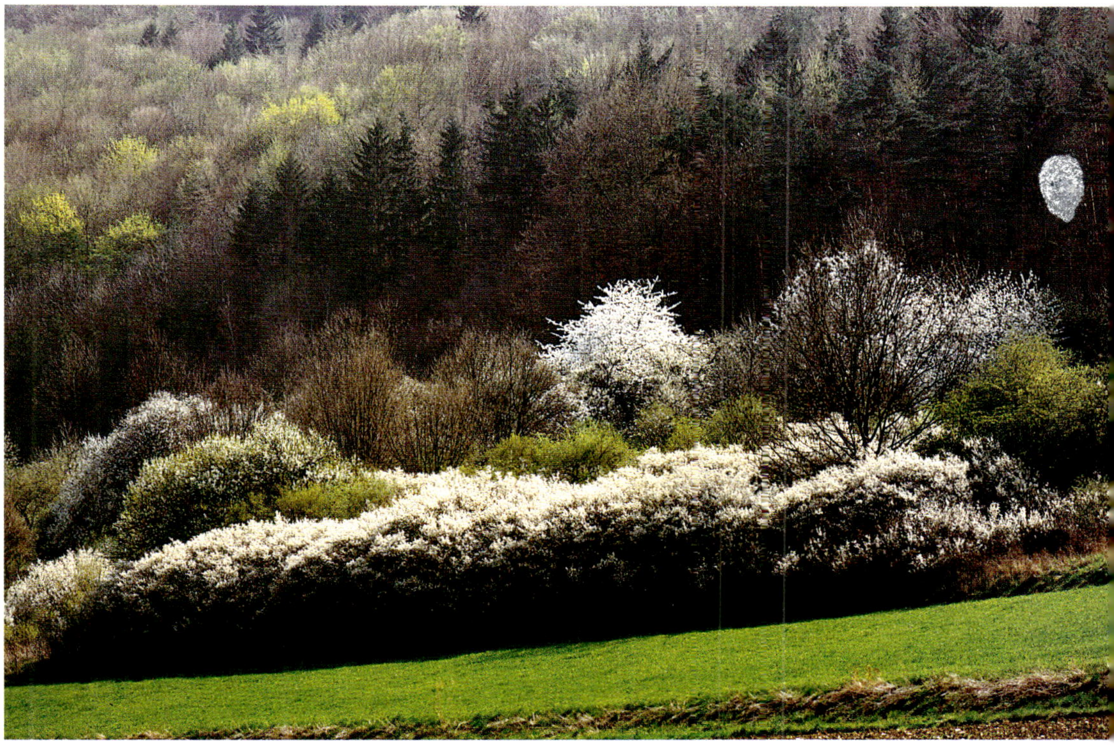

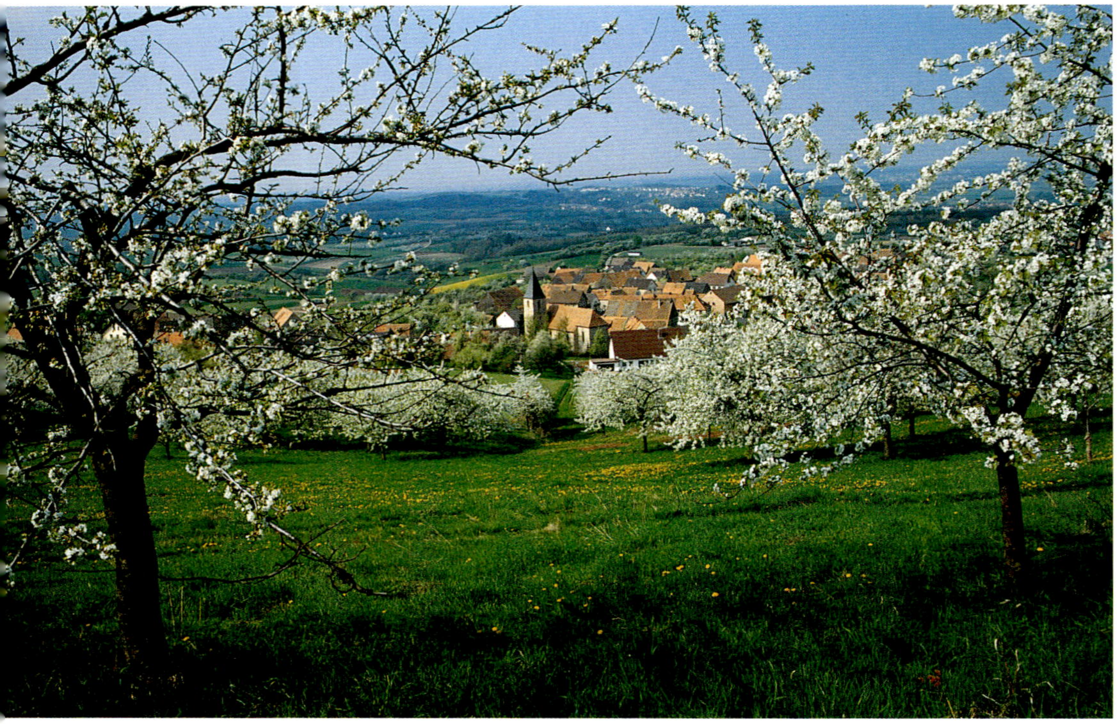
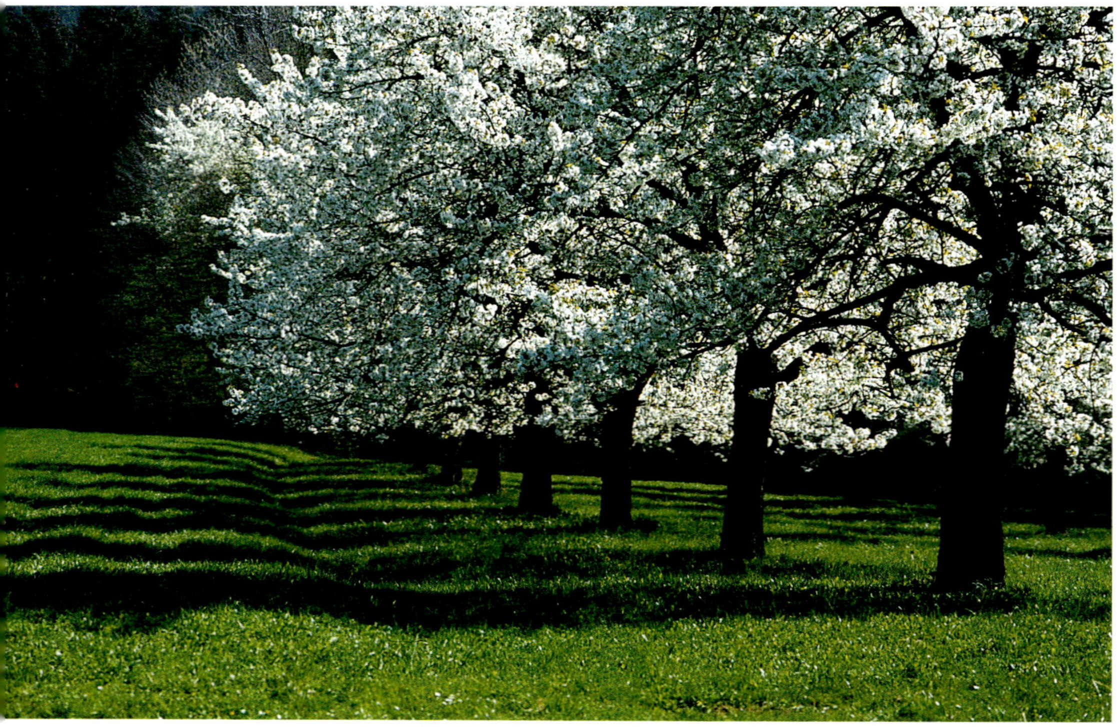

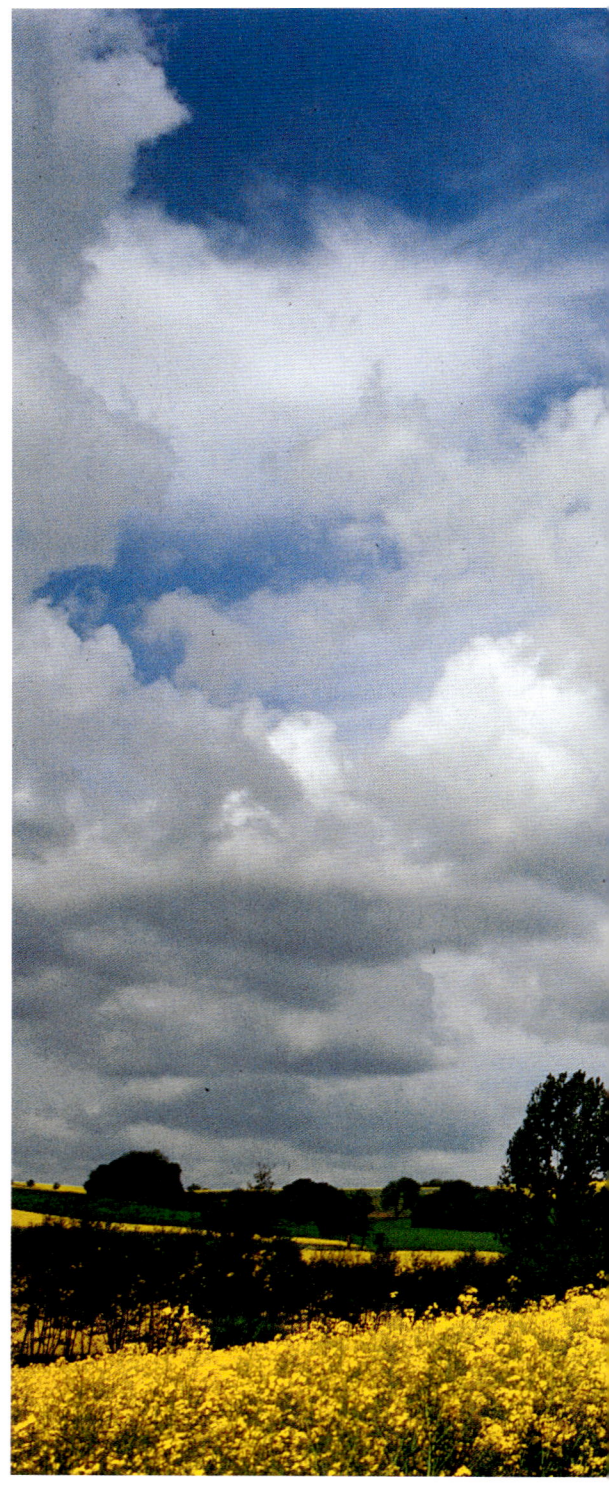

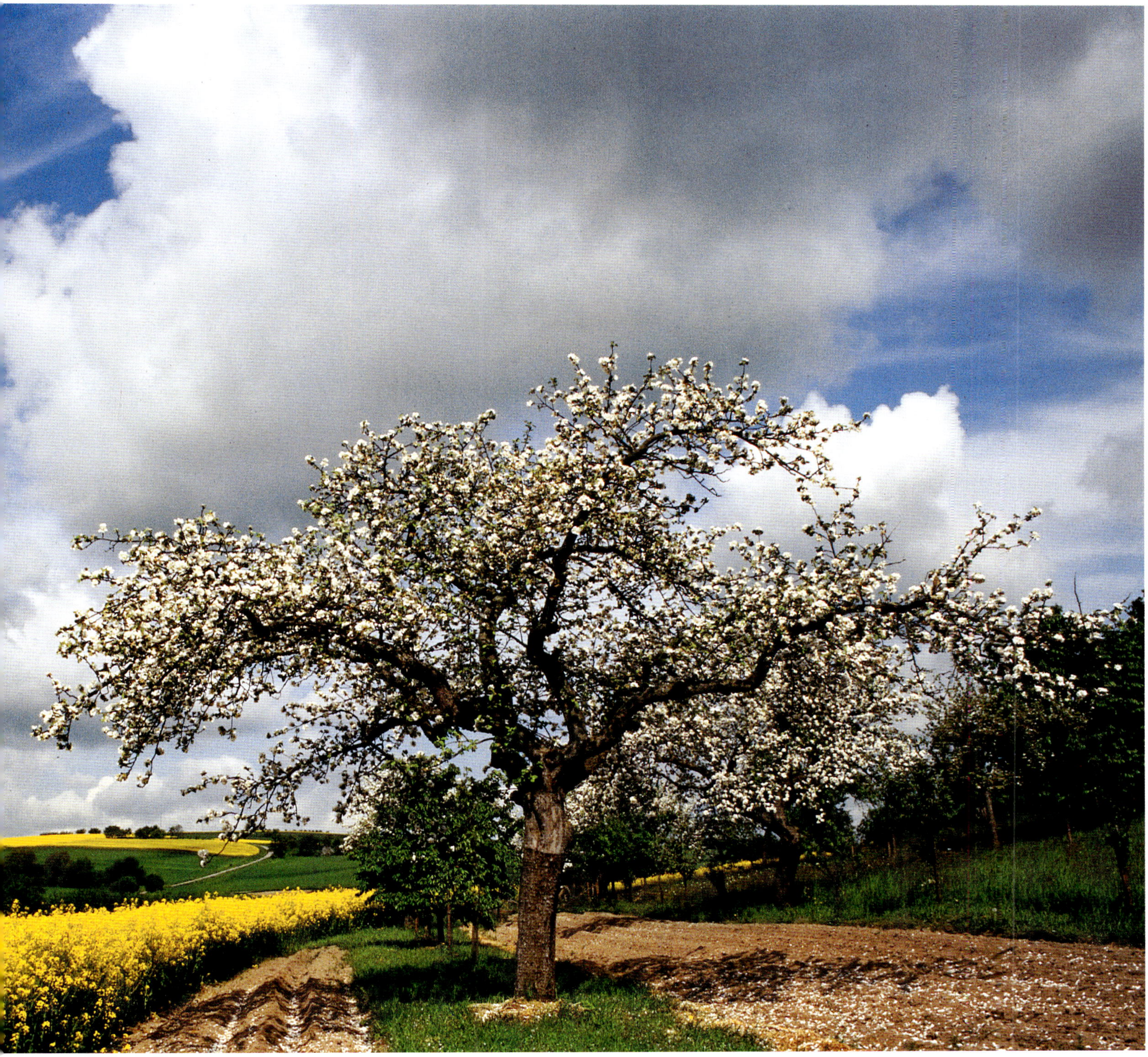

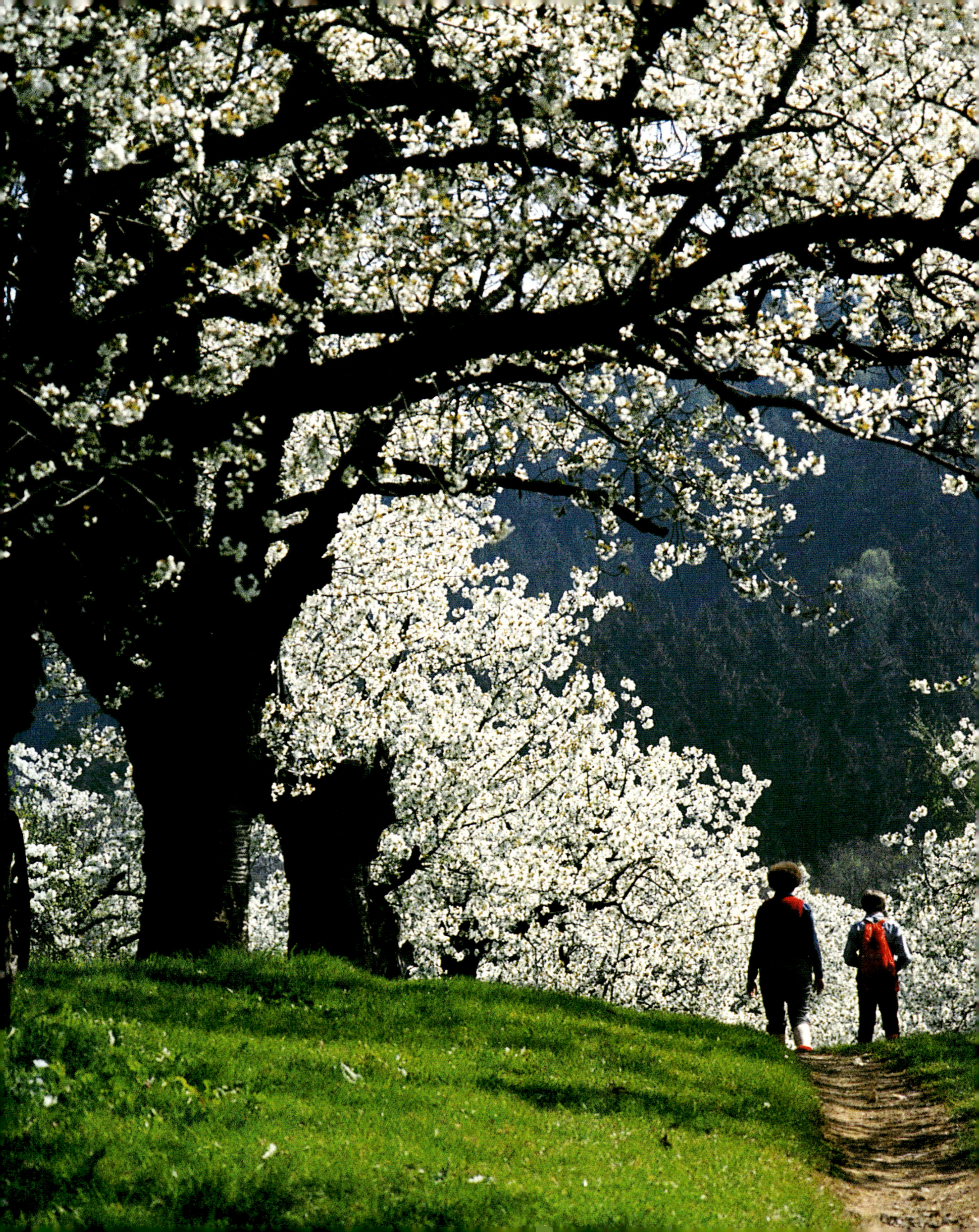

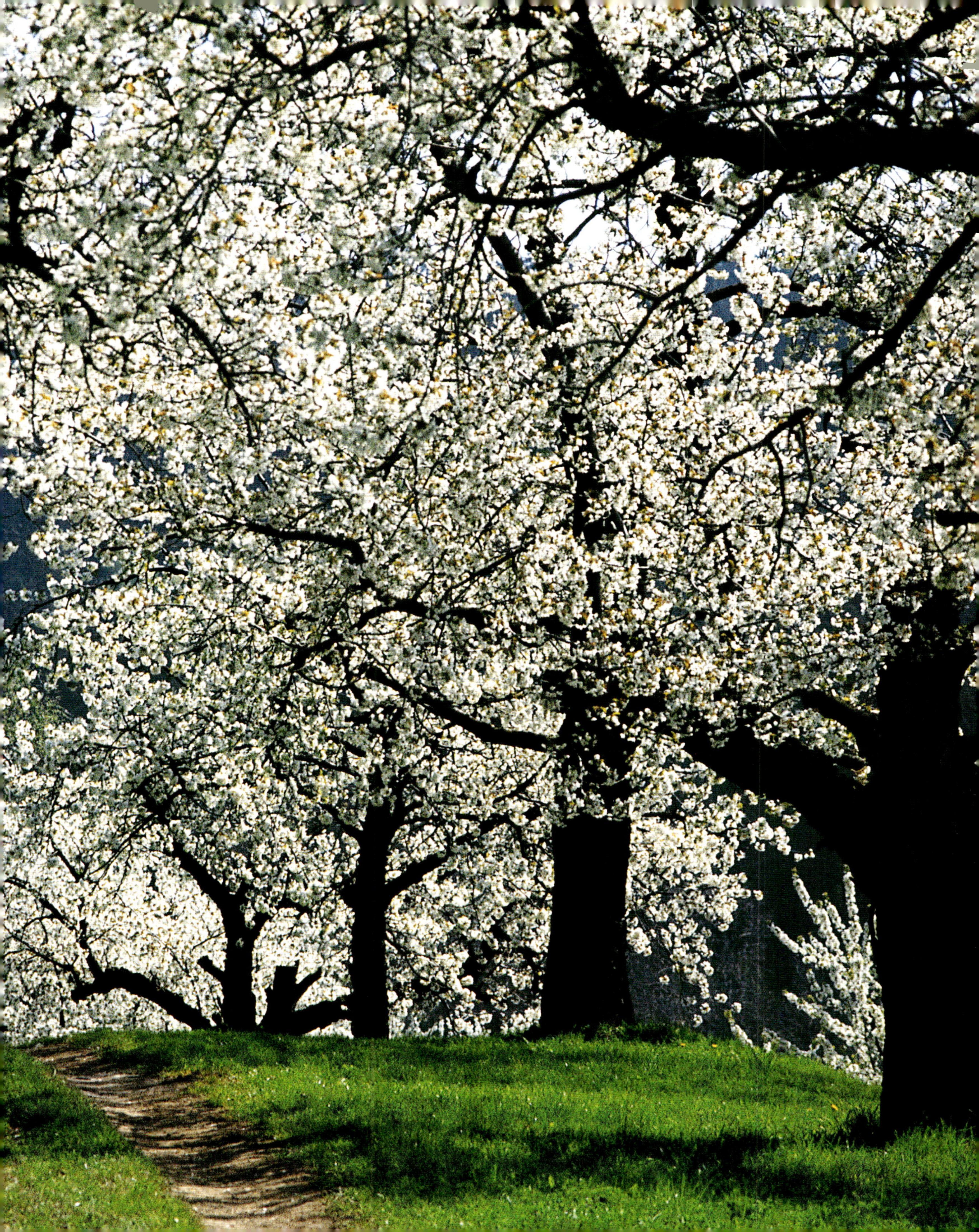

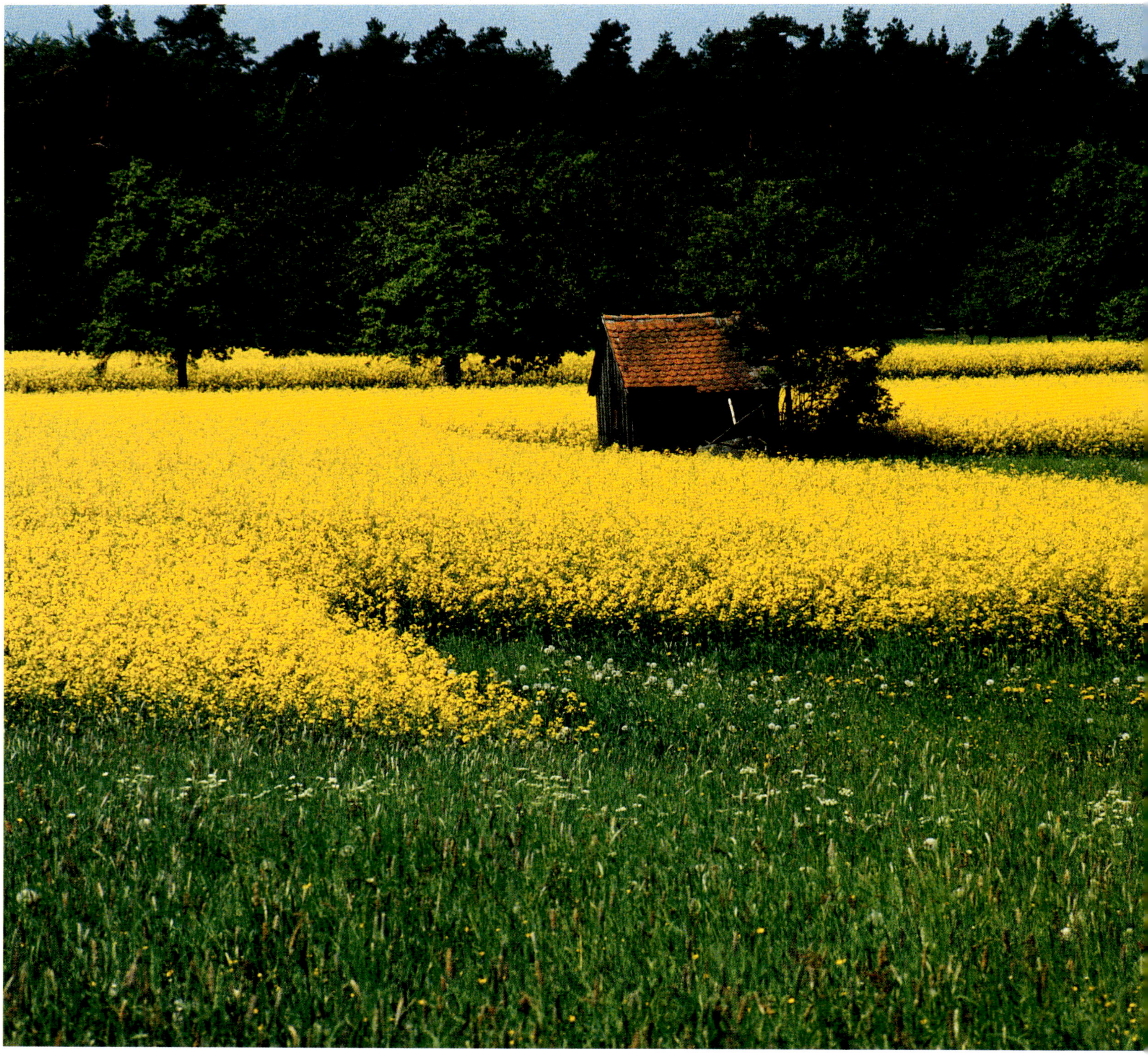

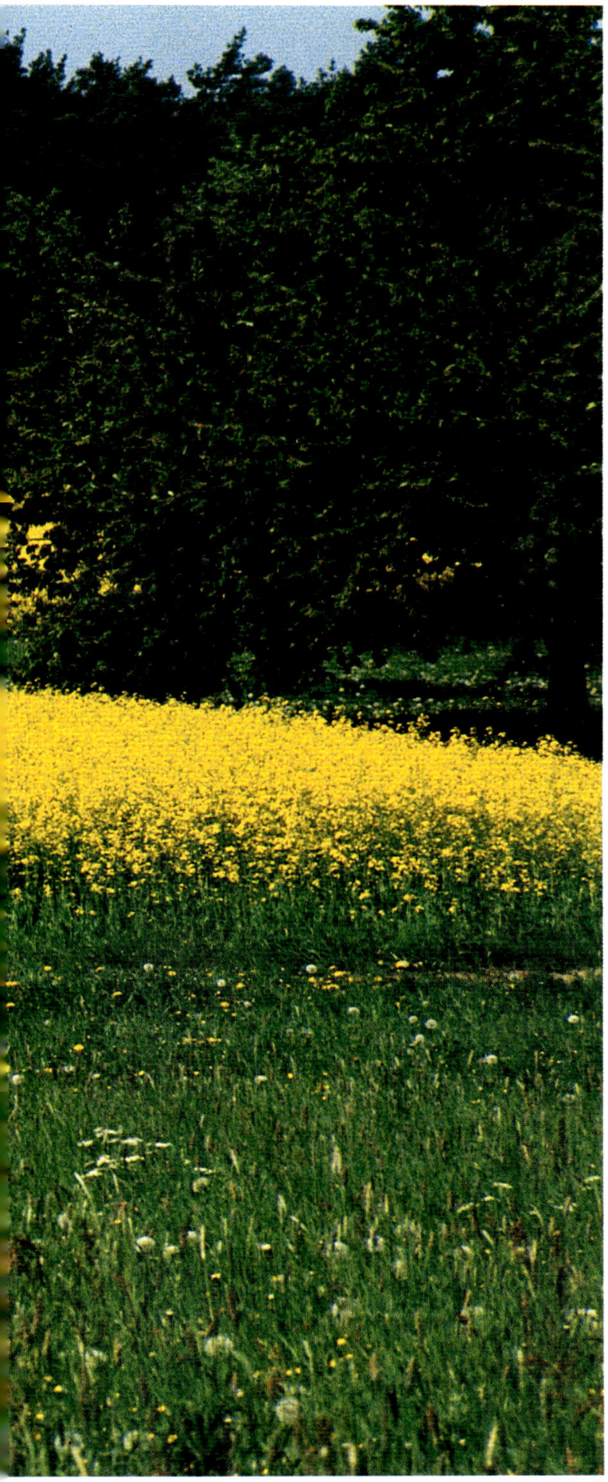

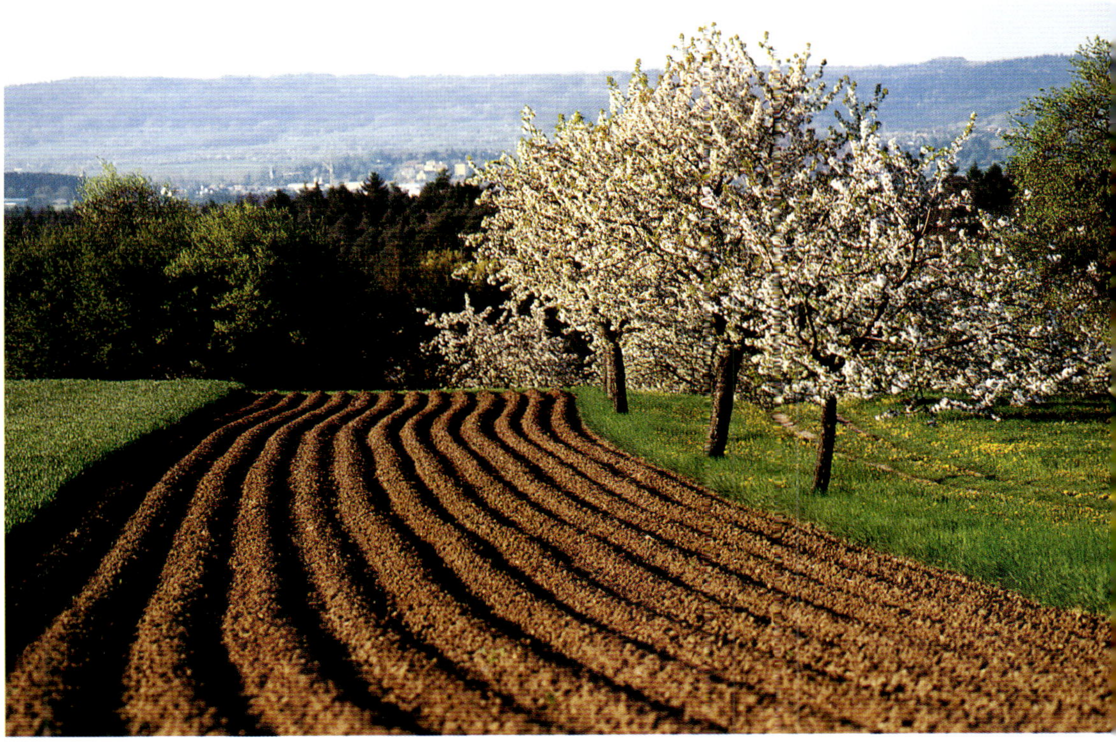

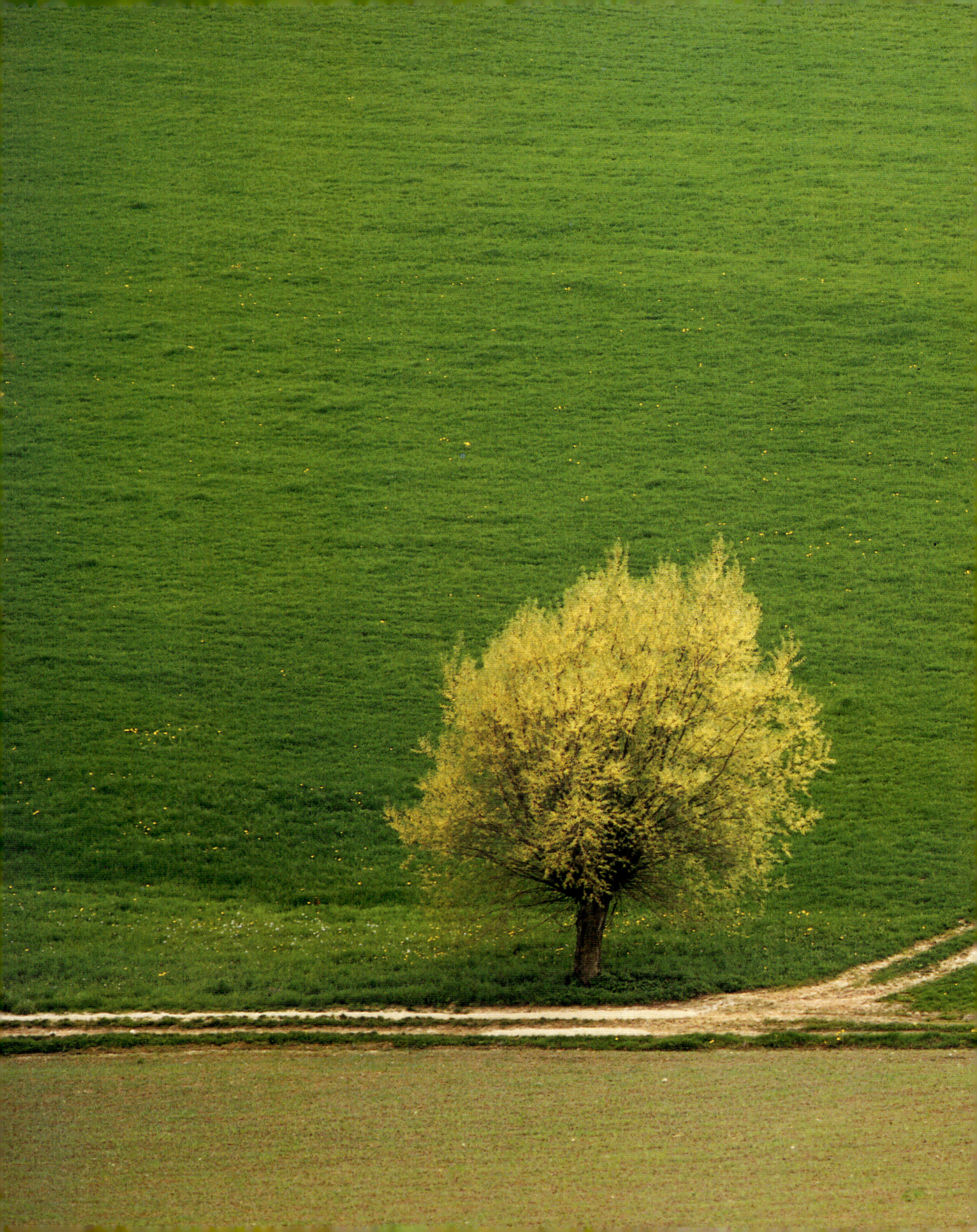

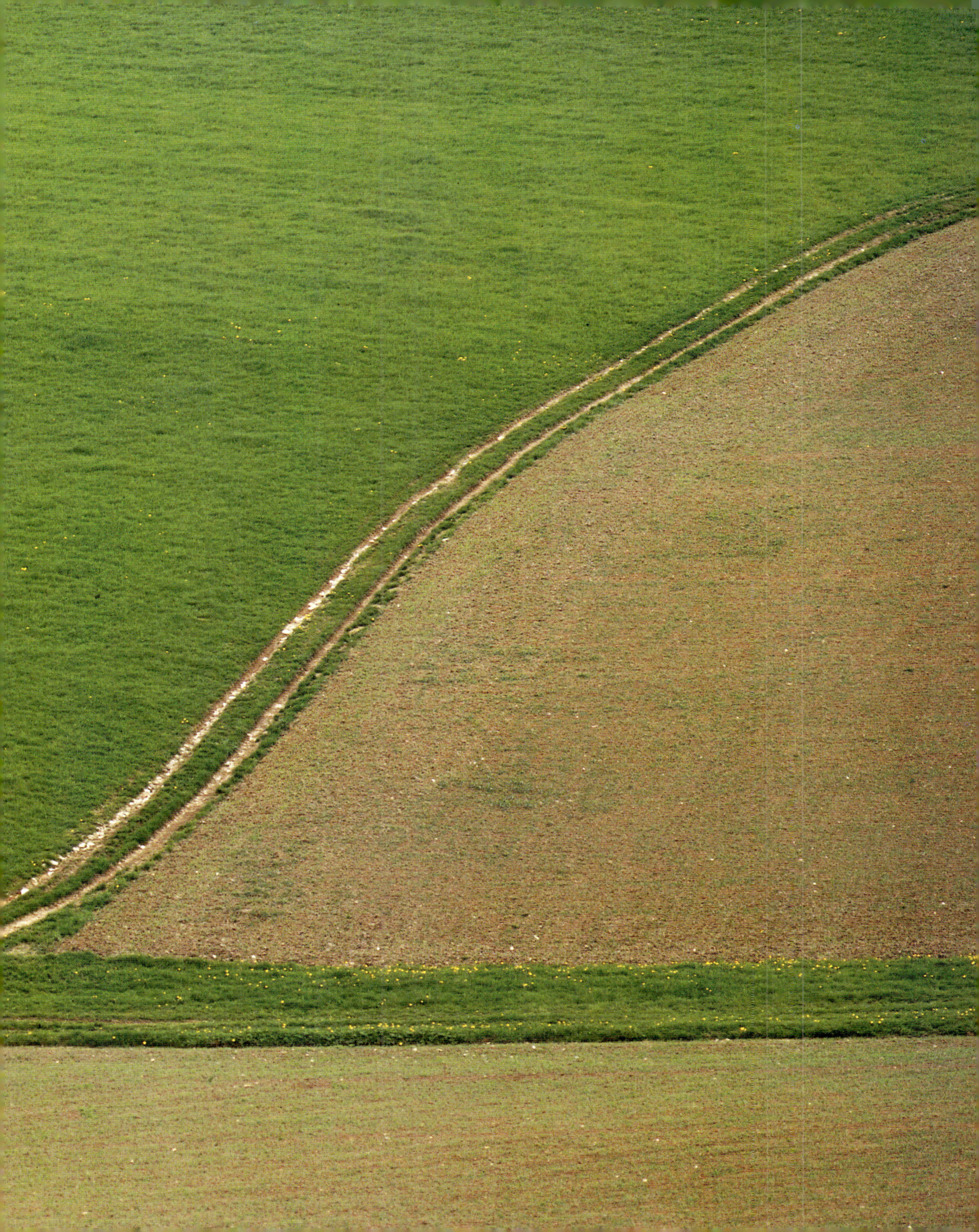

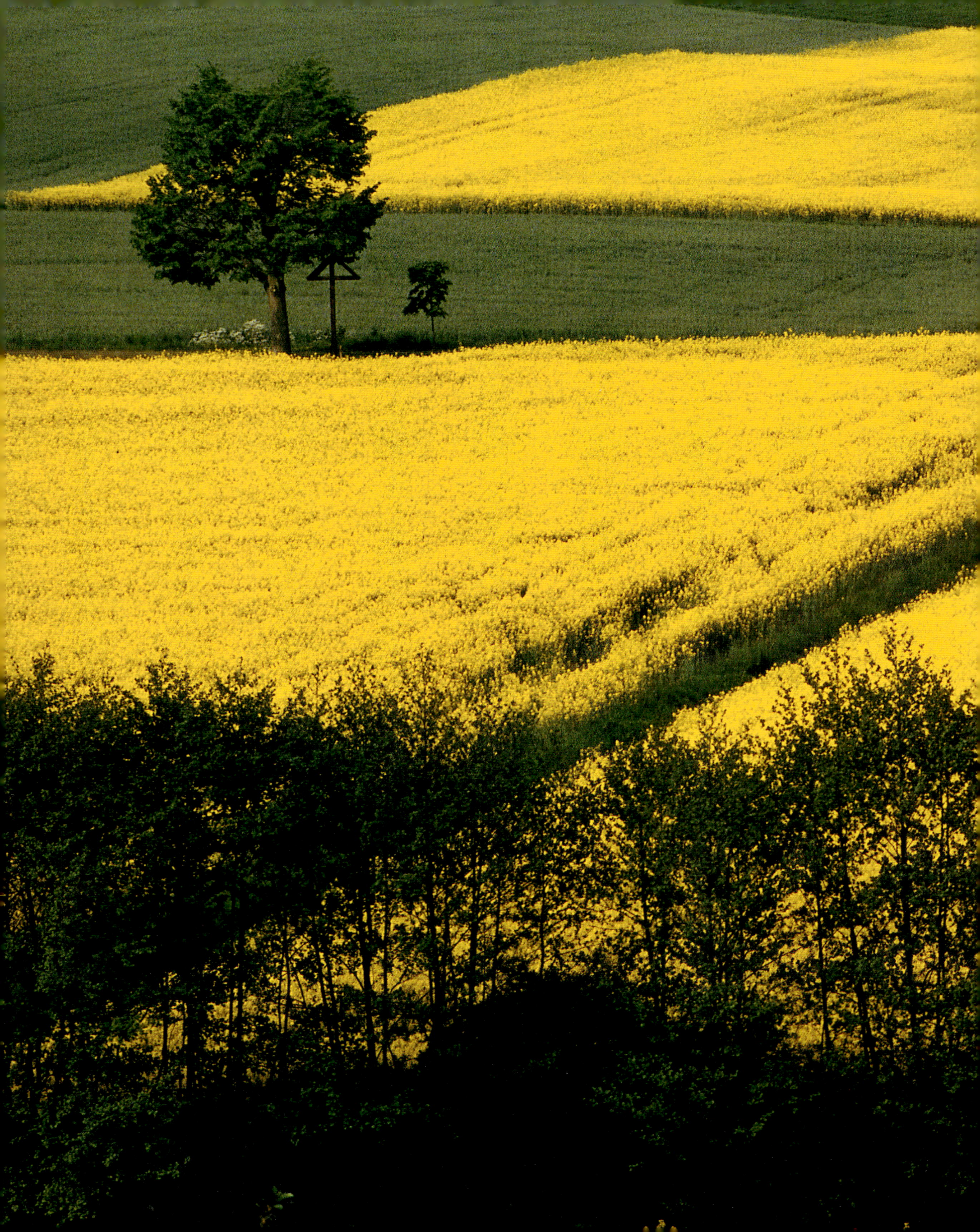

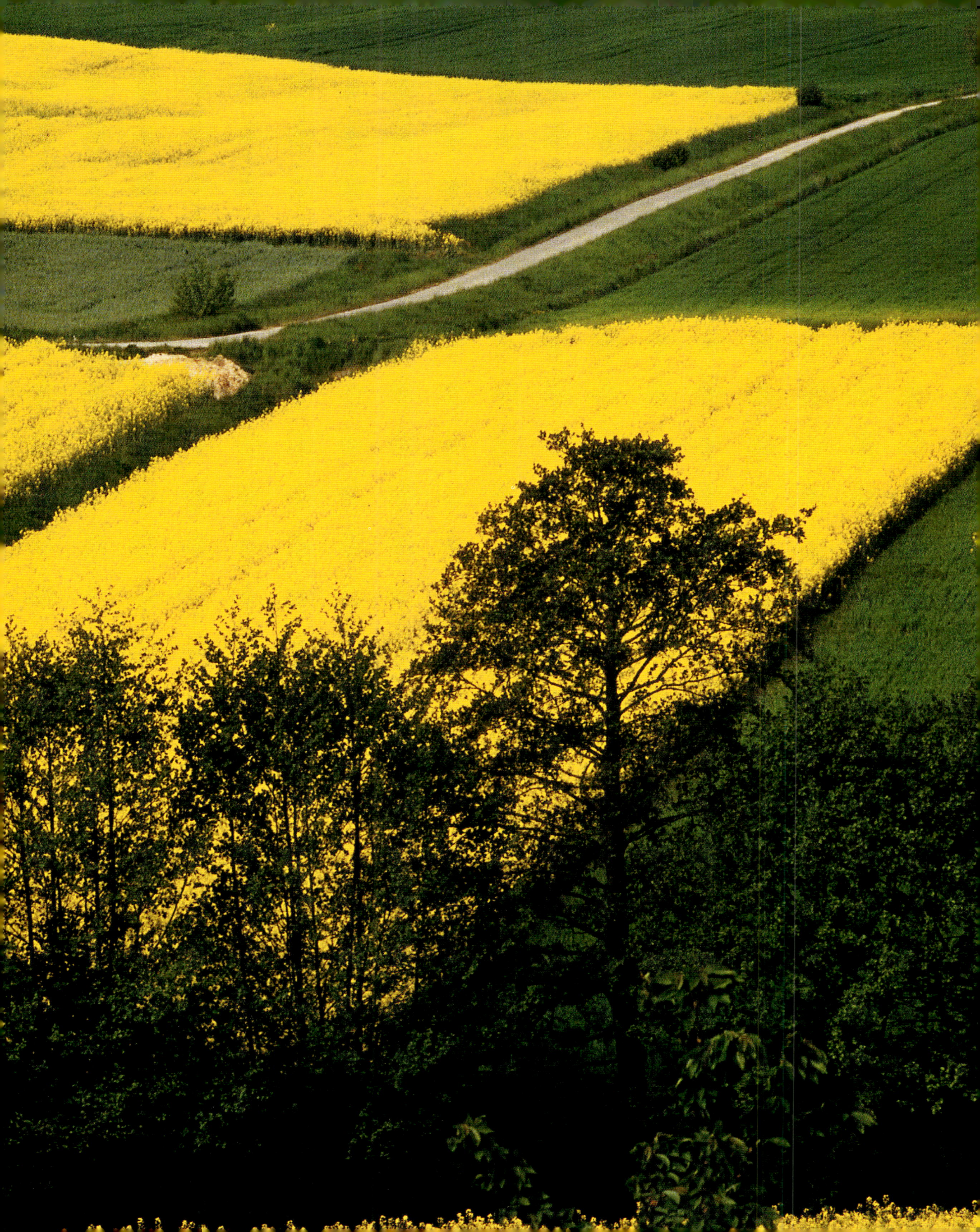

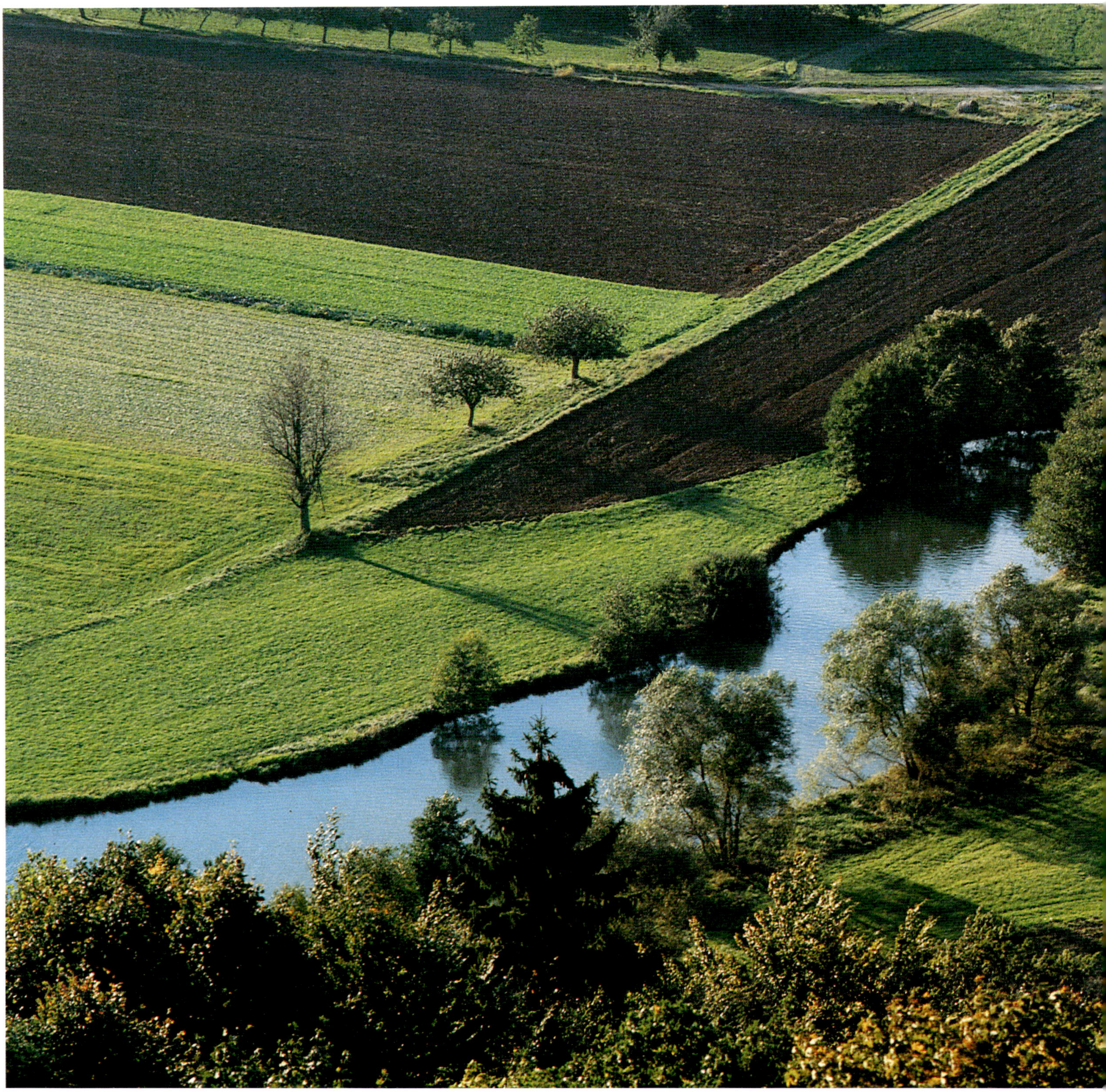

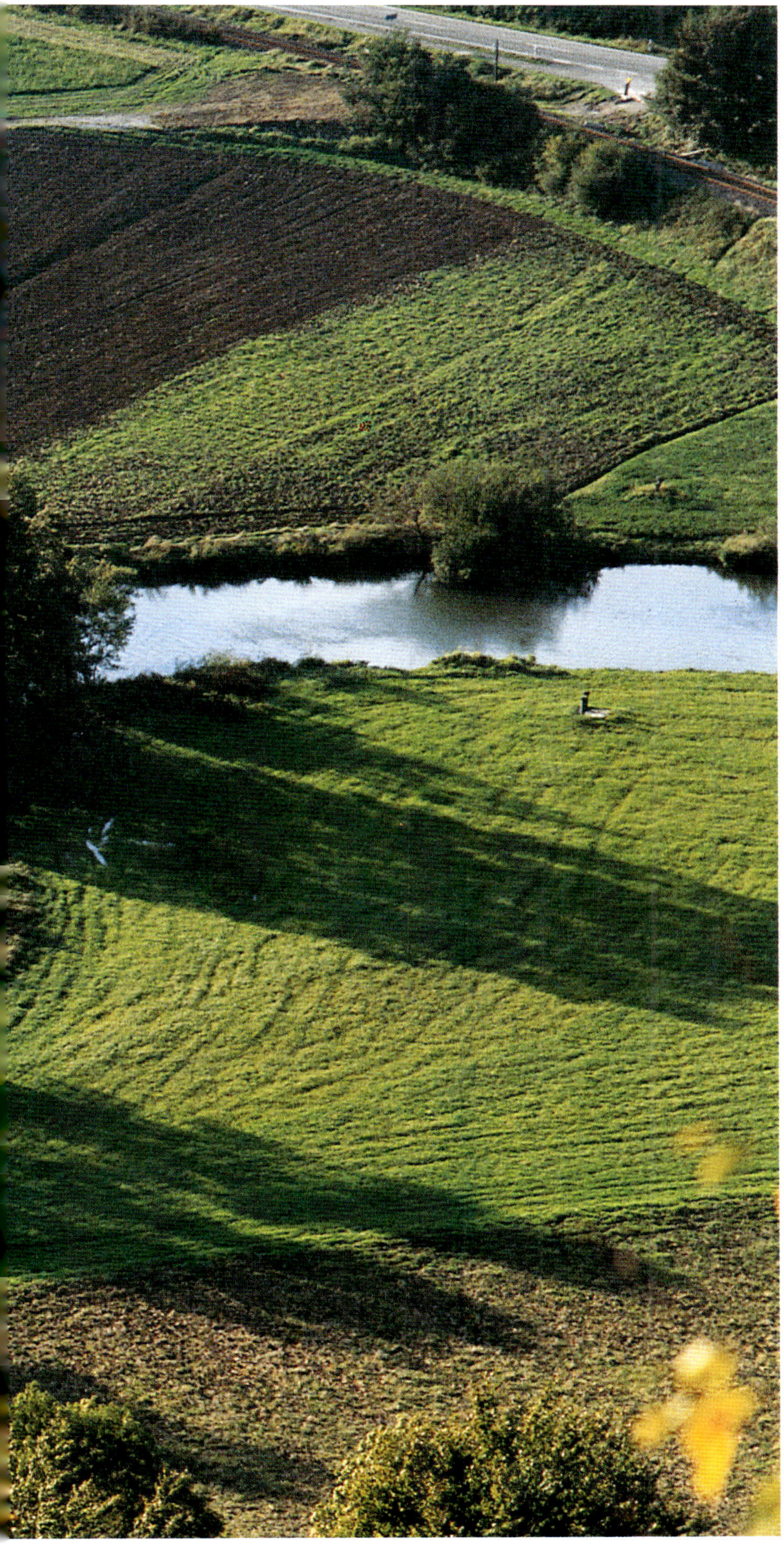

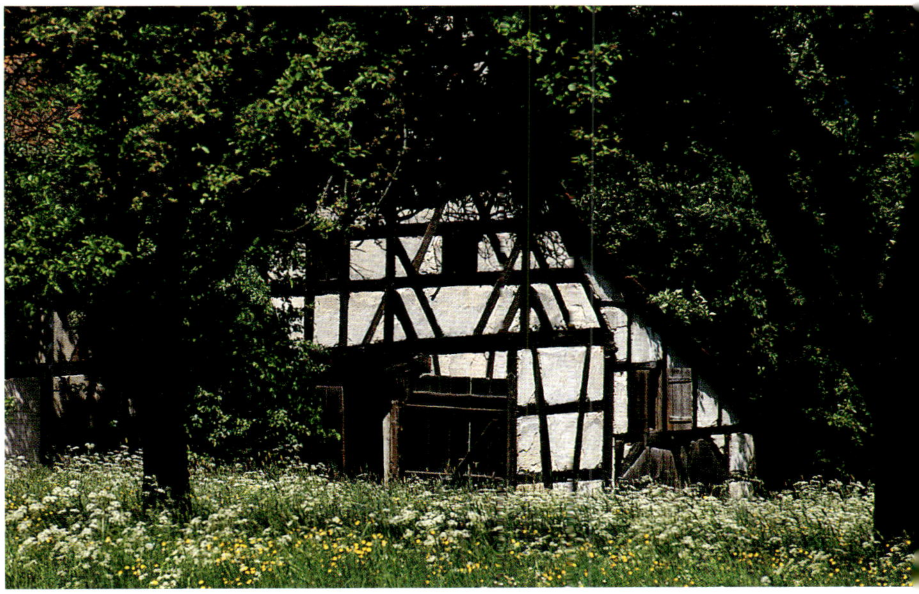

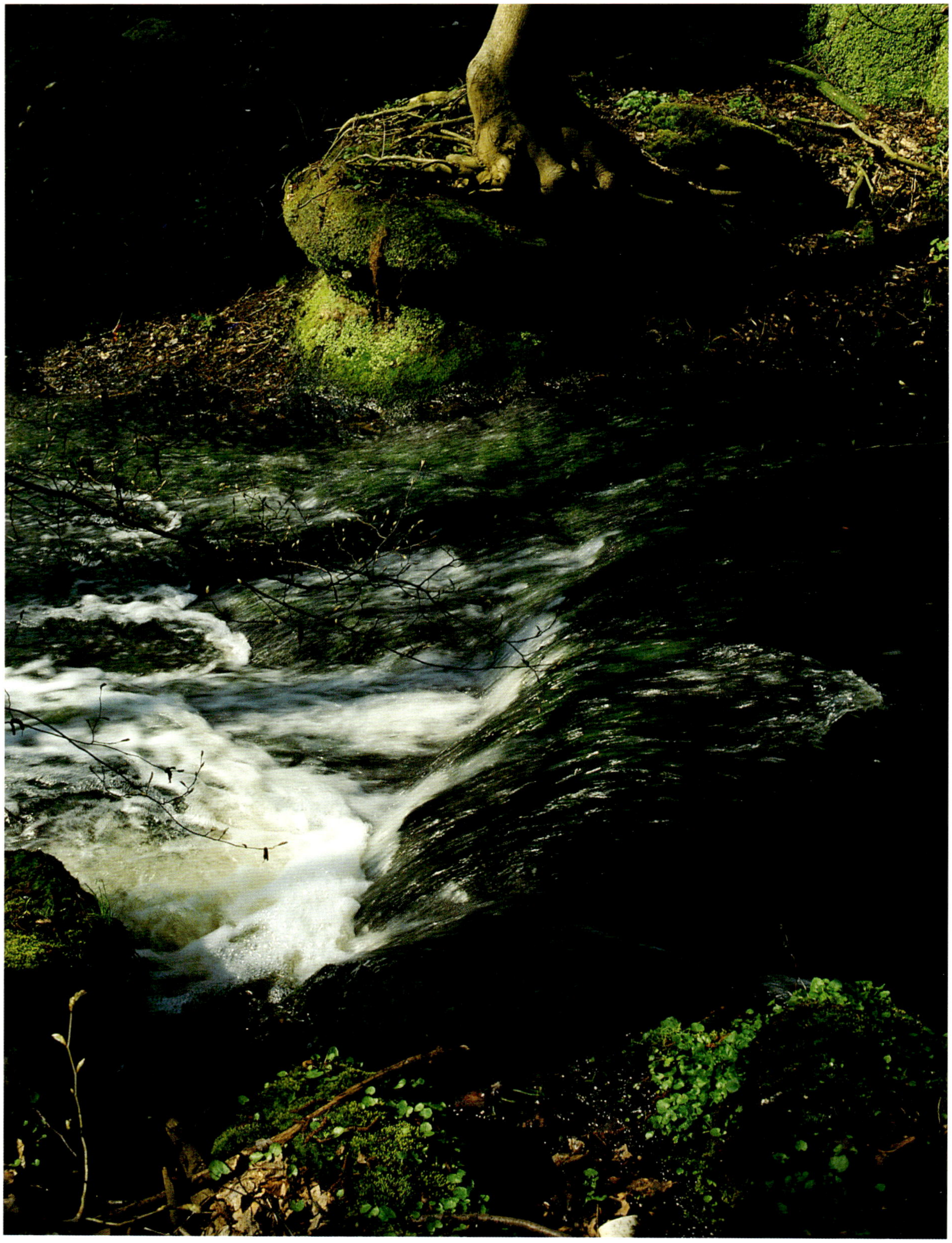

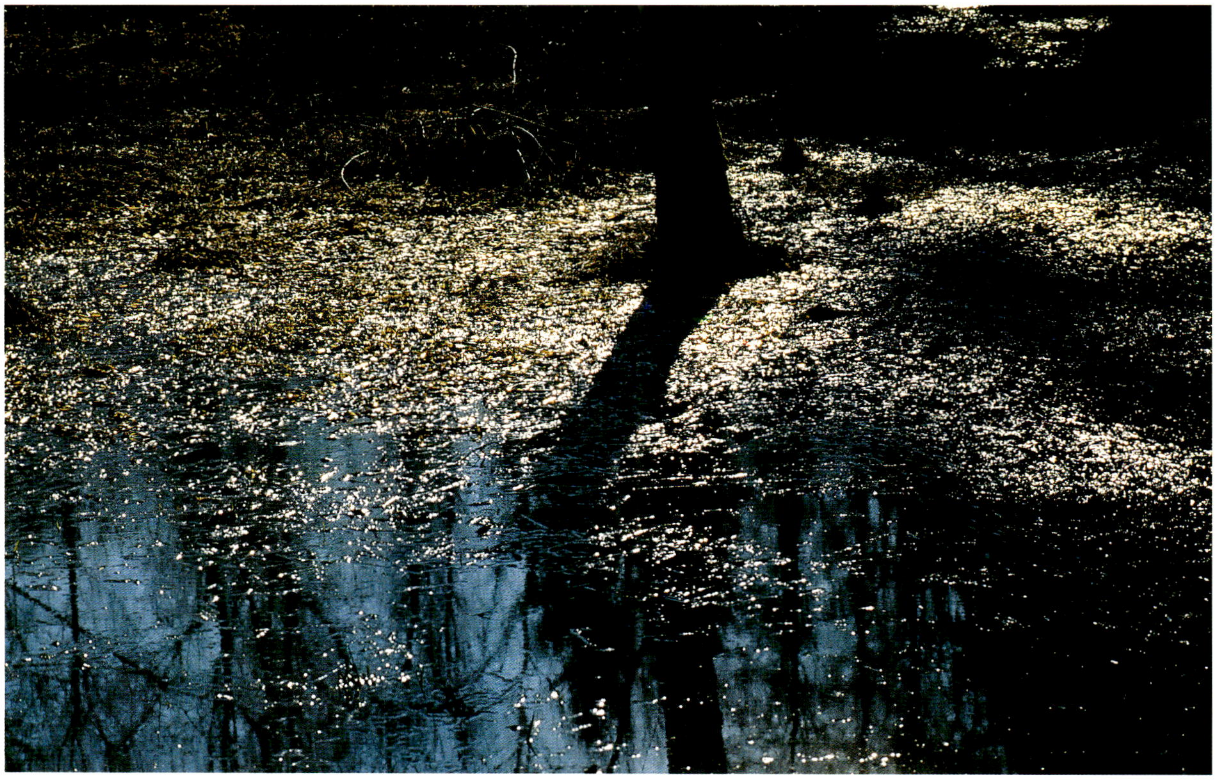

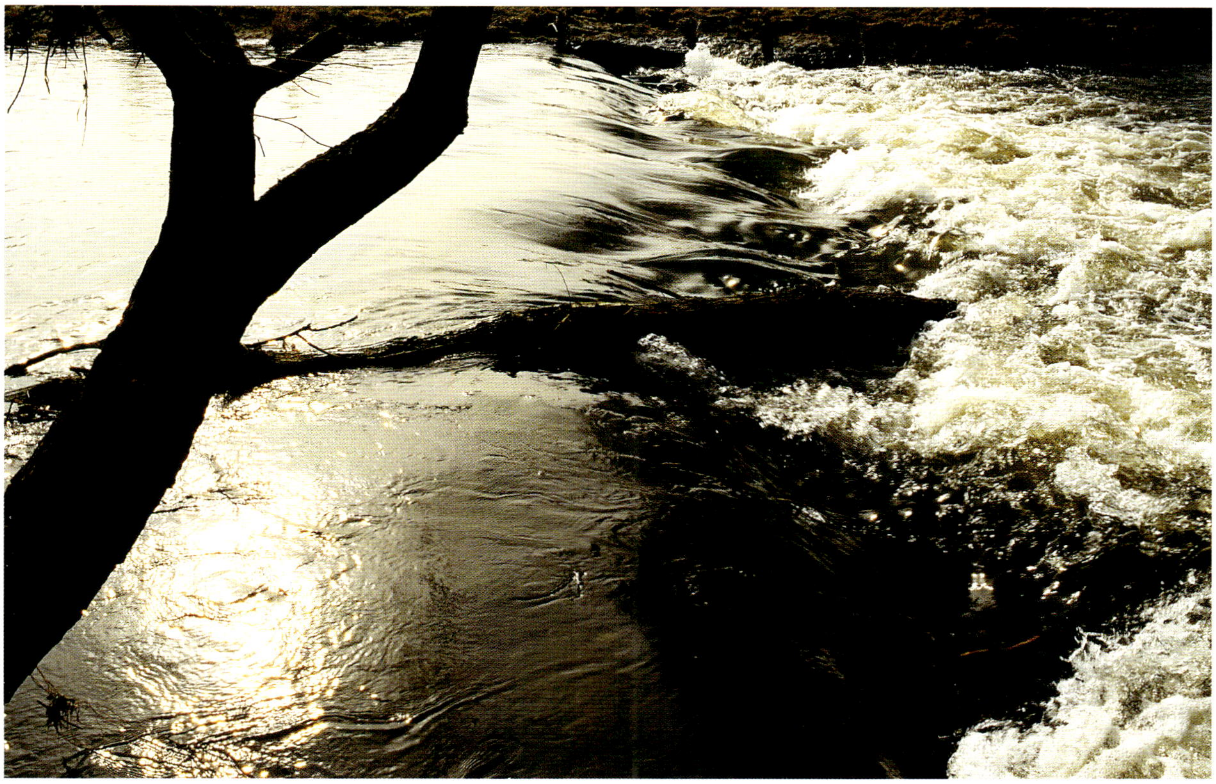

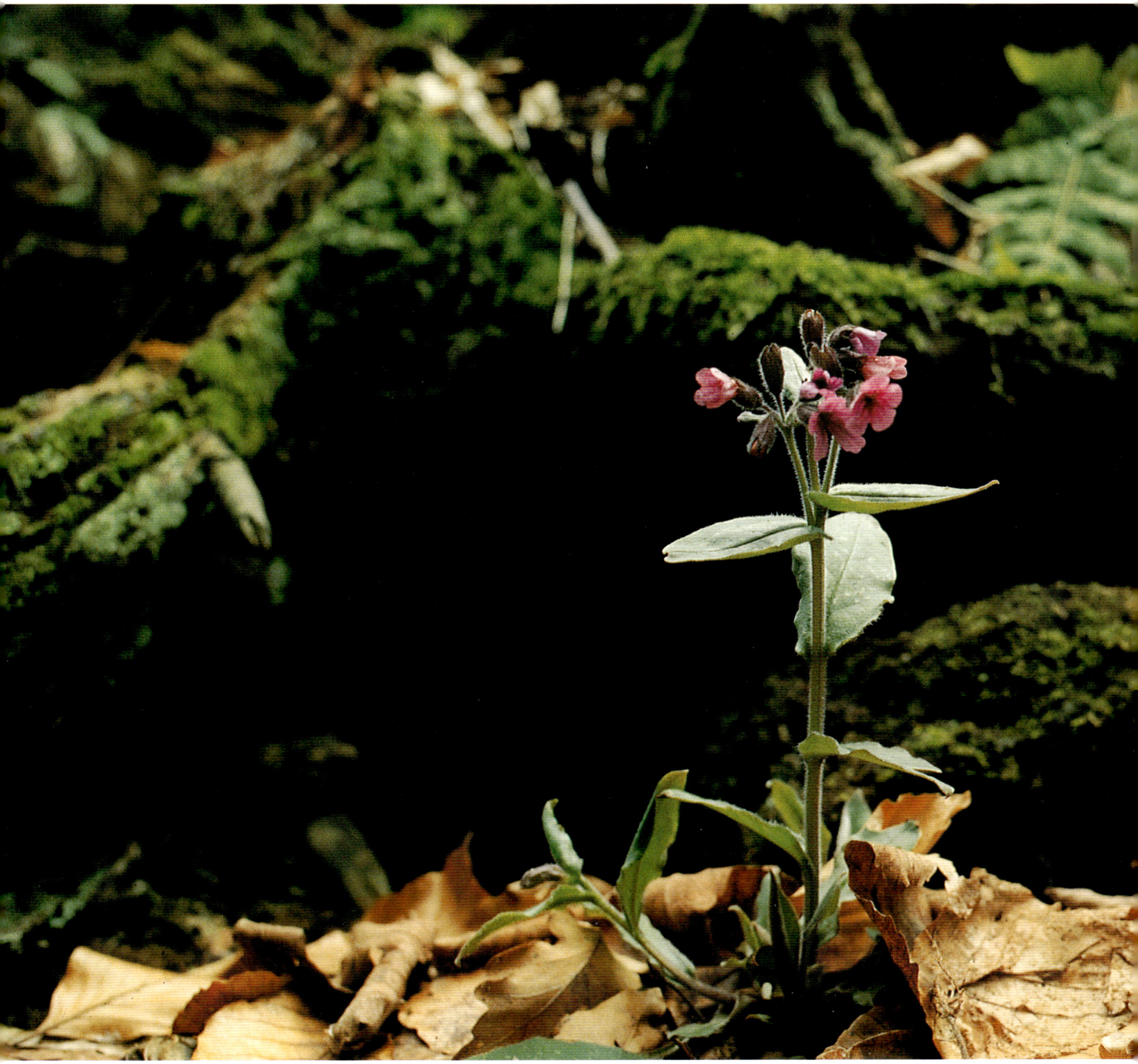

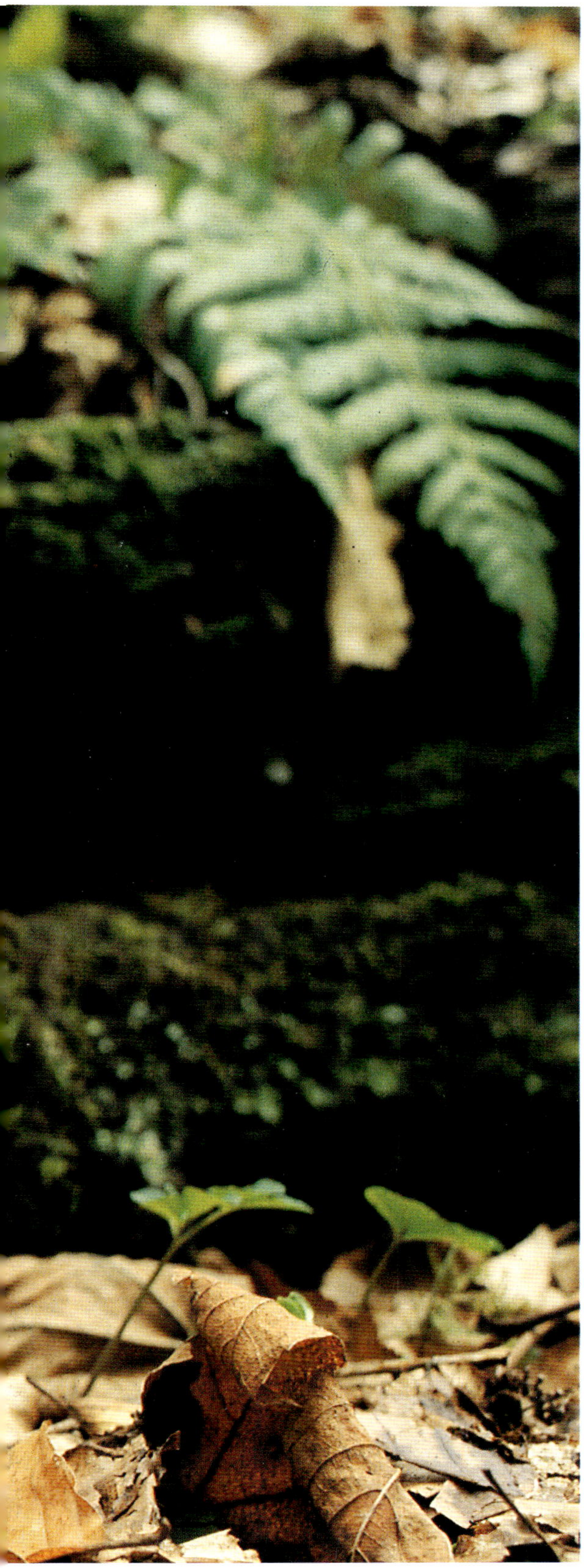

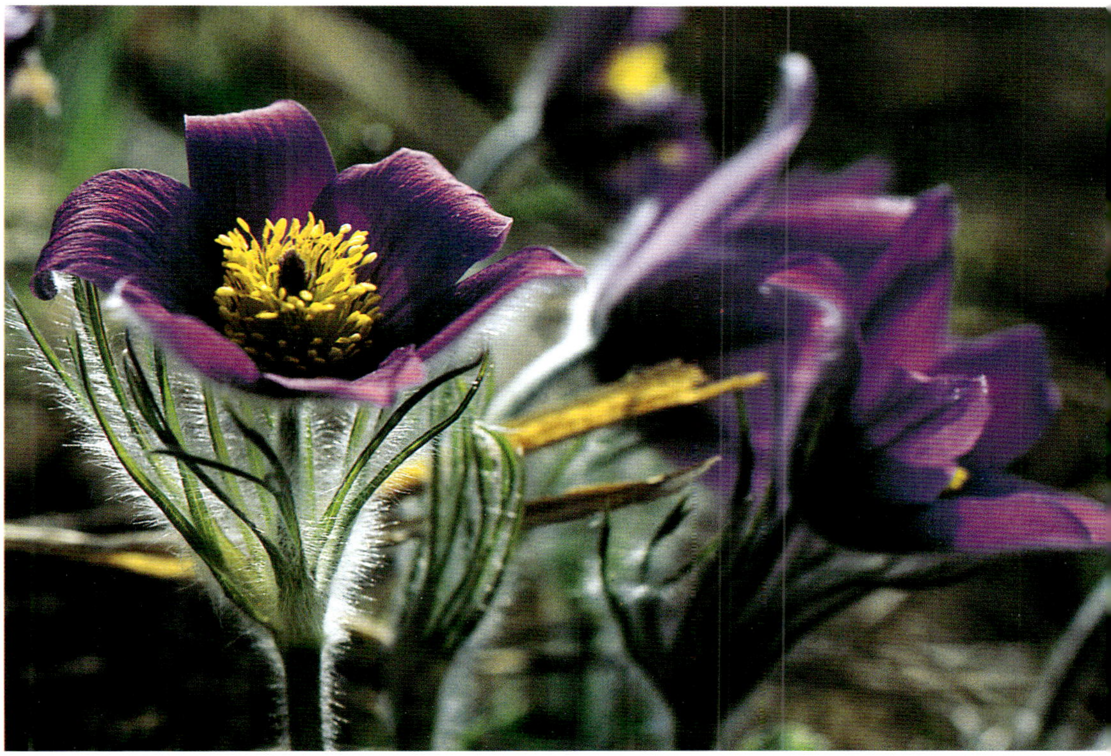

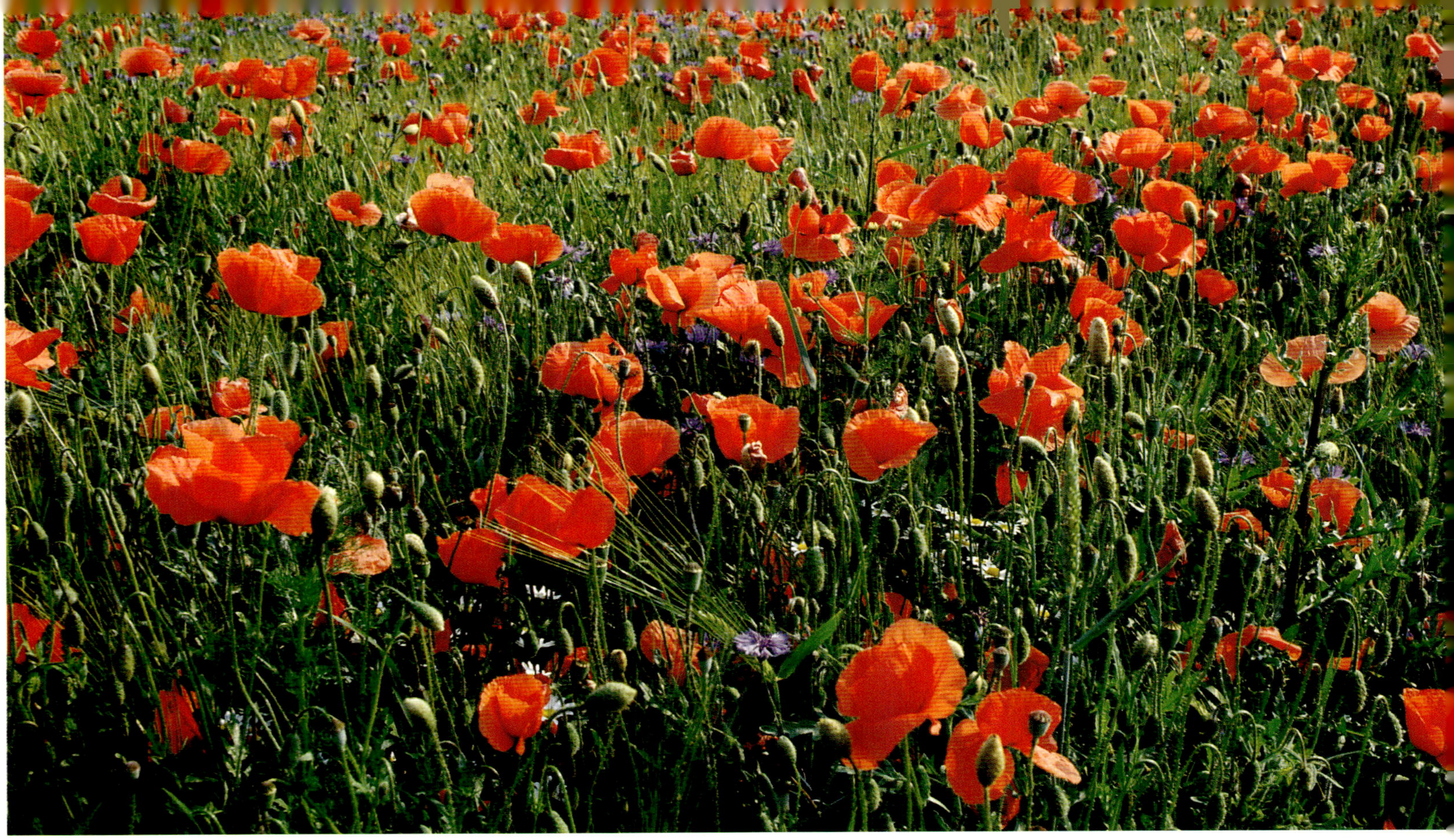

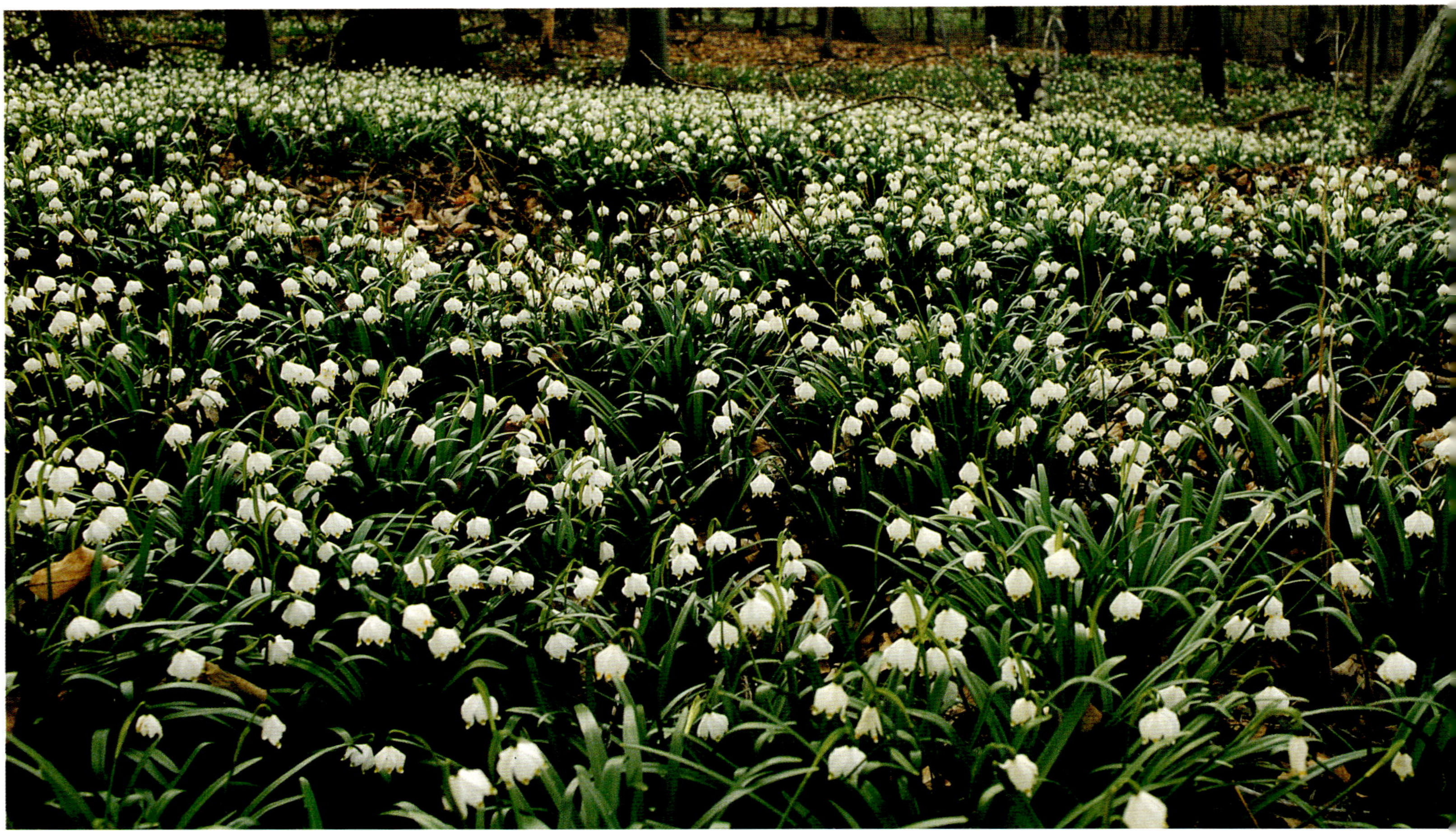

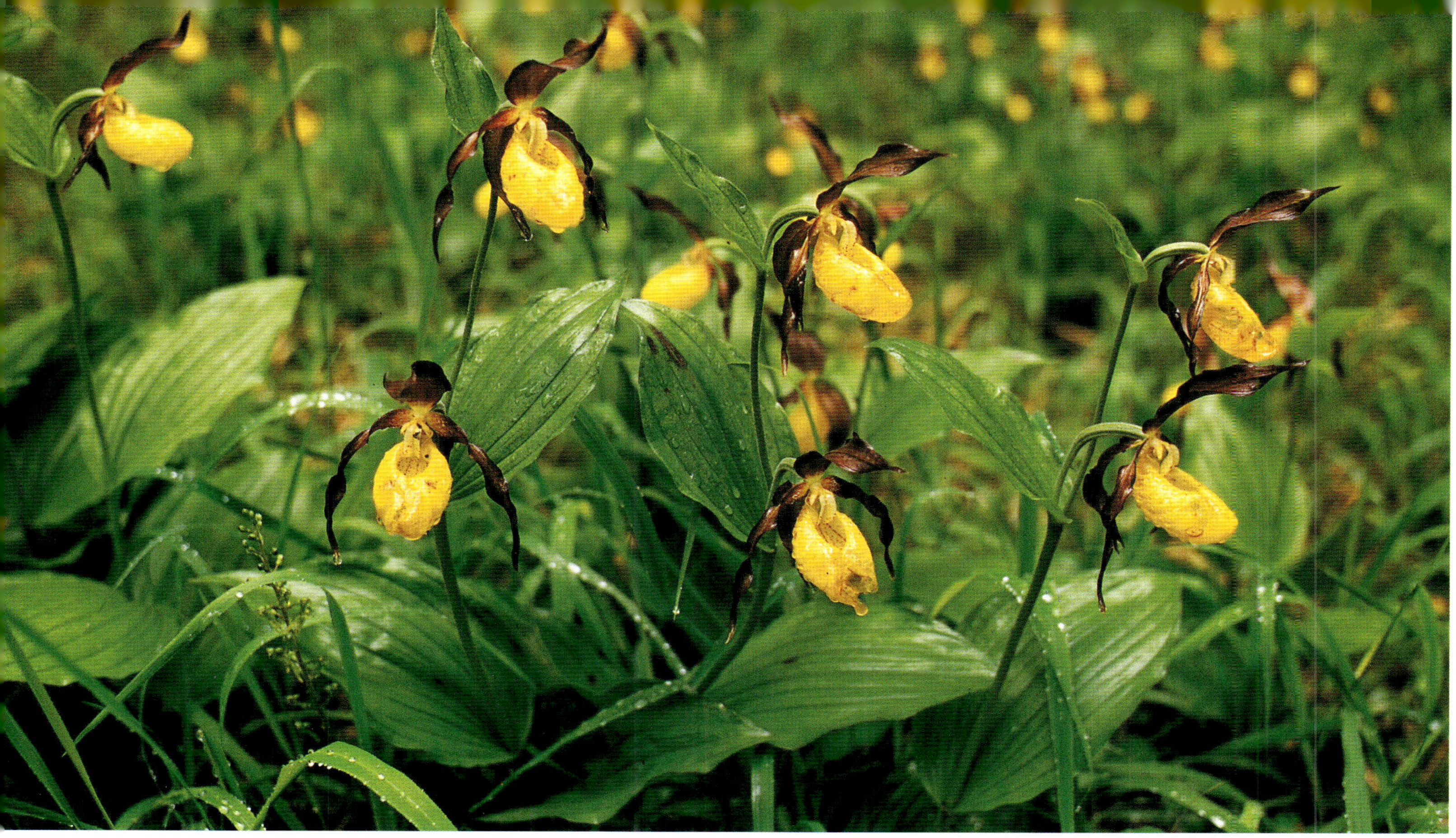

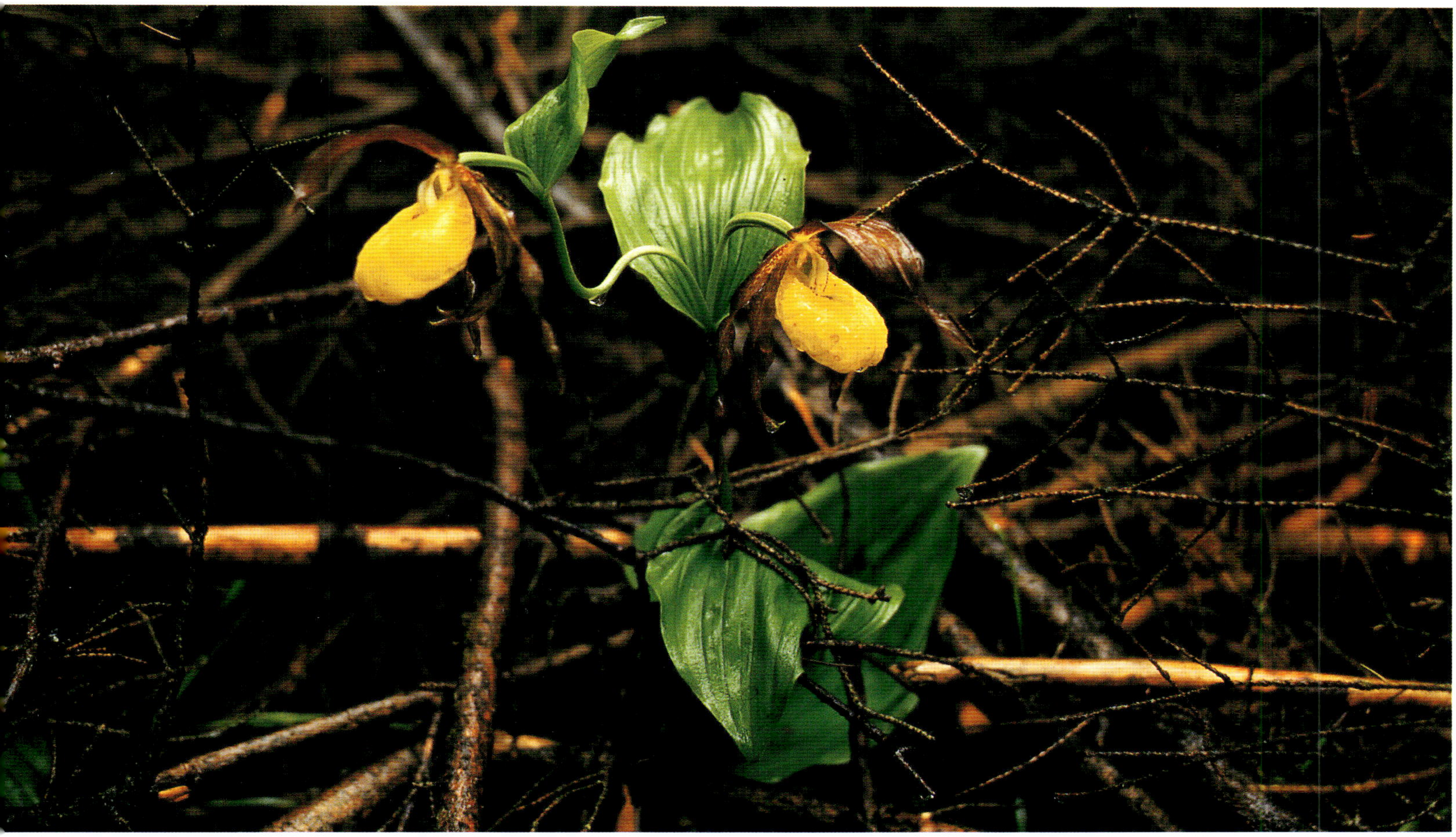

Das Antlitz der Landschaft hat Farbe bekommen.
Wie sonnengebräunt die Felder, blau wie ein flüssiger
Edelstein der Happurger Stausee. Doch noch eine andere
Verwandlung geschieht. Fast ist es ein Zauber.
Der Fotograf als Magier. Ist uns der See hier noch
vertraut, erscheint er beim nächsten Blick schon fremd,
exotisch gar. Die Position des Betrachters ist dieselbe
geblieben, und doch scheint sich alles verändert
zu haben. Sehen wir wirklich noch hinab auf den
vertrauten See, der nun wie Silber glänzt?
Oder ist es ein anderes Land, das da im tiefstehenden
Licht der Sonne liegt? Afrika vielleicht?
Der Victoriasee? War da nicht das Trompeten eines
Elefanten, das Brüllen eines Löwen, das ferne Tosen
der Victoriafälle?

Freilich aber sind wir noch in Franken, begleiten
den Fotografen sogar an einen Ort, der mittendrin
liegt in dieser Heimat, die voller überraschender
Abwechslung und herber, vielgestaltiger Schönheit ist.
Ein Gewitter zieht auf über dem Knoblauchsland.
Tiefblau färbt sich der Himmel. Regungslos
die Bäume am Feldesrand. Und ängstlich fast duckt
sich ein kleines Pumpenhäuschen in die Reihen
der Kohlköpfe, auf die ein letzter Strahl der Sonne fällt.
Mit seinem vergitterten Fensterauge blickt das
Häuschen bang dem kommenden Spuk aus Blitz und
Donner und Regenguß entgegen, während ringsum
die Luft elektrisch knistert.

SOMMER

So rasch wie es gekommen war, hat sich das Toben und Tosen der Elemente auch wieder verzogen. Saftiger, kräftiger, vitaler denn zuvor die Felder, Wiesen und Wälder. Hell und licht und von weißen Wolkenbändern durchzogen der Himmel über der Cadolzburg, die auf ihrem Platz ruht wie aus anderer Zeit. Bei Heldmannsberg hingegen ragt winzig ein Kirchlein mit seinem roten Dach über die Wellen der Äcker und Fluren.

Erneut wechselt die Perspektive von der Totalen zum Detail. Der Fotograf lenkt unseren Blick vom Horizont hinab zu unseren Füßen. Zum Beispiel auf den grasgrünen Frosch, der, reglos schwimmend, seinerseits uns fixiert mit seinen wachen Augen. Oder der Fotograf nimmt uns mit zu jenem hölzernen Kahn an der Regnitz. Die Planken noch frisch und hell, als wäre das schlanke Gefährt eben erst gezimmert worden. Ein beschauliches Stillleben, so ruhig wie das sacht treibende Wasser des Flusses.

Dramatisches aber über uns. Eine Symphonie der Wolken, eine vieltönende Komposition aus Licht und sich stetig wandelnder Form – als hätten sich alle Wolken des Planeten just hier über dem Knoblauchsland nur für diesen einen, grandiosen Augenblick getroffen. Eine Verabredung mit unserem Fotografen? Eine heimliche Übereinkunft zwischen ihm und den federleichten Majestäten des Himmels? Fast möchten wir es glauben! Auch glauben könnten wir, daß gleichsam überirdische Kräfte eben noch geschussert haben mit den prallen, runden Strohballen, die wie vergessenes Spielzeug auf dem weiten rotbraunen Stoppelfeld liegen.

Der Fotograf bleibt in Bewegung. Beharrlich,
nie jedoch hastig oder rastlos durchstreift er das Land.
Sein Blick ist wach und empfänglich für vielerlei
Details, für das große, weite Panorama ebenso wie
für die kleine, reizvolle Szene am Rande.
Hin und wieder nimmt er uns mit zu den Orten
des Menschen. Zu einem Gehöft beispielsweise,
wo uns ein stolzer Hahn mit seinem Harem empfängt.
Ein hell gefiederter Pascha – daß ihm der feuerrote
Kamm denn doch nicht allzu eitel und
herrscherisch zu schwellen vermag, liegt wohl auch
an dem Platz, mit dem sich der gecke Gockel
bescheiden muß: Der Herr hält Hof auf einem
Misthaufen! Doch ehe der Hahn dreimal kräht,
sind wir schon weiter. Begegnen einem Kruzifix,
das uns an die Vergänglichkeit alles Irdischen
gemahnt. Ein stilles und unaufdringliches
Memento mori wie auch der lichtdurchflutete
Torbogen der Kapellenruine bei Arzlohe.

Alles fließt, alles bewegt sich. Der Mensch ist nur Gast
für einen Augenblick. Das große Immer,
die ewige Wiederkehr bleibt der Natur vorbehalten.
Mit dem Fotografen gelangen wir an verwunschene
Winkel, in denen die Zeit stillzustehen scheint.
Orte voller Geheimnis. Ein Findling ruht seit Urzeiten
unter seinem Felsendach. Am Gailnauer Felssturz
dann eine gefallene Birke. Der schlanke,
verzweigte Stamm lehnt leblos an der blaugrün
schimmernden Wand. Und selbst im Vergehen
besitzt der weiße Baum noch Eleganz und Grazie.
Stiller, dunkler Zauber überall. Auch dort,
wo sich andere Felsen wie Bollwerke in den
dschungelhaften Wald schieben. Wo sich mächtige,
wie von Riesenhand zusammengewürfelte
Blöcke ein weiches Kleid aus Moos über den runden,
fülligen Körper ziehen, sich harmonisch einfügen
in den Märchenwald. Der uns nicht schrecken will,
sondern geheimnisvoll fesseln.

Die Natur formt sich ihr eigenes, unverwechselbares
Gesicht. Sie tut es mit sanfter Stetigkeit, langsam,
sehr langsam, in vielen Tausenden von Jahren.
Ewig fließt das Wasser, gräbt sich behutsam ein Bett
in Boden und Fels, gräbt weiche Falten ins Gesicht
der Erde, formt mit unendlicher Geduld Schluchten
selbst im härtesten Gestein.

Aufwärts wieder. Hinter uns gelassen die
von glucksenden Quellen, plätschernden Rinnsalen
durchfeuchteten Tiefen. Hinauf, dorthin,
wo der Wald lichter wird, wo sich die Sonnenstrahlen
wieder einen Weg bahnen können durchs
Unterholz und hohe Stämme lange Schatten werfen
lassen. Der Fotograf zeigt uns, wie das Licht
vom Waldboden emporschwebt, wie es,
einem Kamm gleich, das gerade Geflecht der Äste
durchstreift. Stetig wechselt der Blick. Hinab
zur Schnecke in der Narbenmulde einer Baumrinde,
hinauf zum bizarr geformten Teufelstisch.
Seit Menschengedenken steht er da, als müßte er
jeden Moment kippen. Der Pferdefüßige aber
hat Vorsorge getroffen, daß seine tonnenschwere
steinerne Tafel im Ballsaal der Natur noch
ungezählte Menschengenerationen wird standhaft
überdauern können.

Die Spinne im Netz, die Eidechse. Kleinodien
am Wegesrand. Der Wald bald hinter uns.
Die Passage führt hinaus aufs weite Feld. In ein Meer
von Sonnenblumen. Es reicht an alle Seiten
des Bildes — und weit darüber hinaus. Und es läßt
uns ahnen, wie trunken ein solcher Anblick
einen Maler wie Vincent van Gogh gemacht hat.
Das Schauspiel Natur. Schönheit, die zu sehr Bild ist,
als daß ihr Worte genügen könnten.

Die Sonne neigt sich und mit ihr der Sommer.
Eine Lichtinszenierung, wie sie kein irdischer Regisseur
subtiler erfinden könnte, taucht ein sumpfiges
Gewässer in dunklen Glanz. Die schemenhafte
Wasserfläche — ein schottisches Hochmoor,
ein versiegender See in afrikanischer Steppe?
Der fränkische Winkel aber liegt bei Hersbruck!

Blutrot und glühend der Himmel. Die Sonne
versinkt hinter einem Bergrücken am Horizont.
Durch die hohen Stämme des Waldes flammt die
Scheibe auf wie ein fernes Feuer. Die Glut des
Sommers verlischt in einem kosmischen Schauspiel.
Dahinter wartet der Herbst.

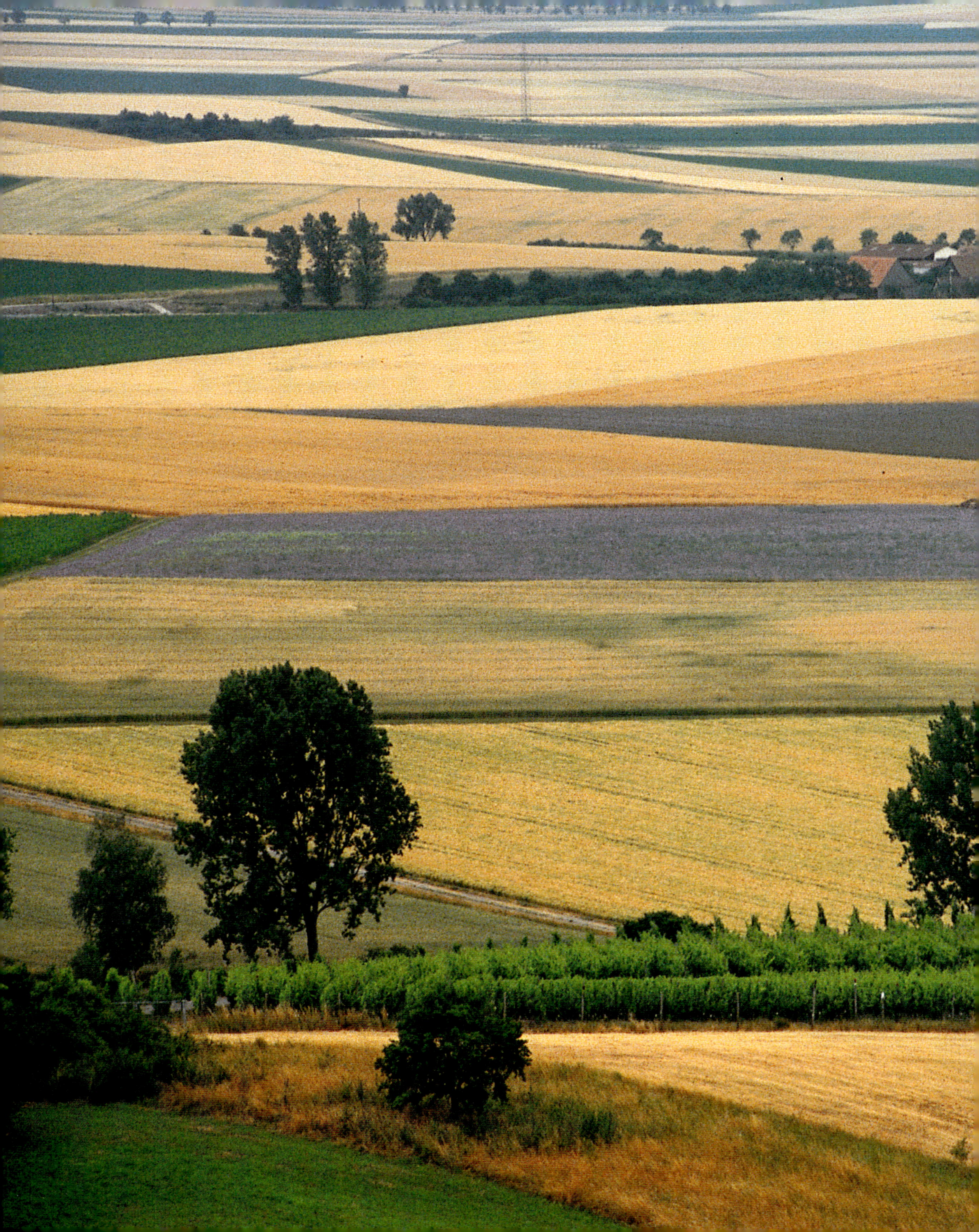

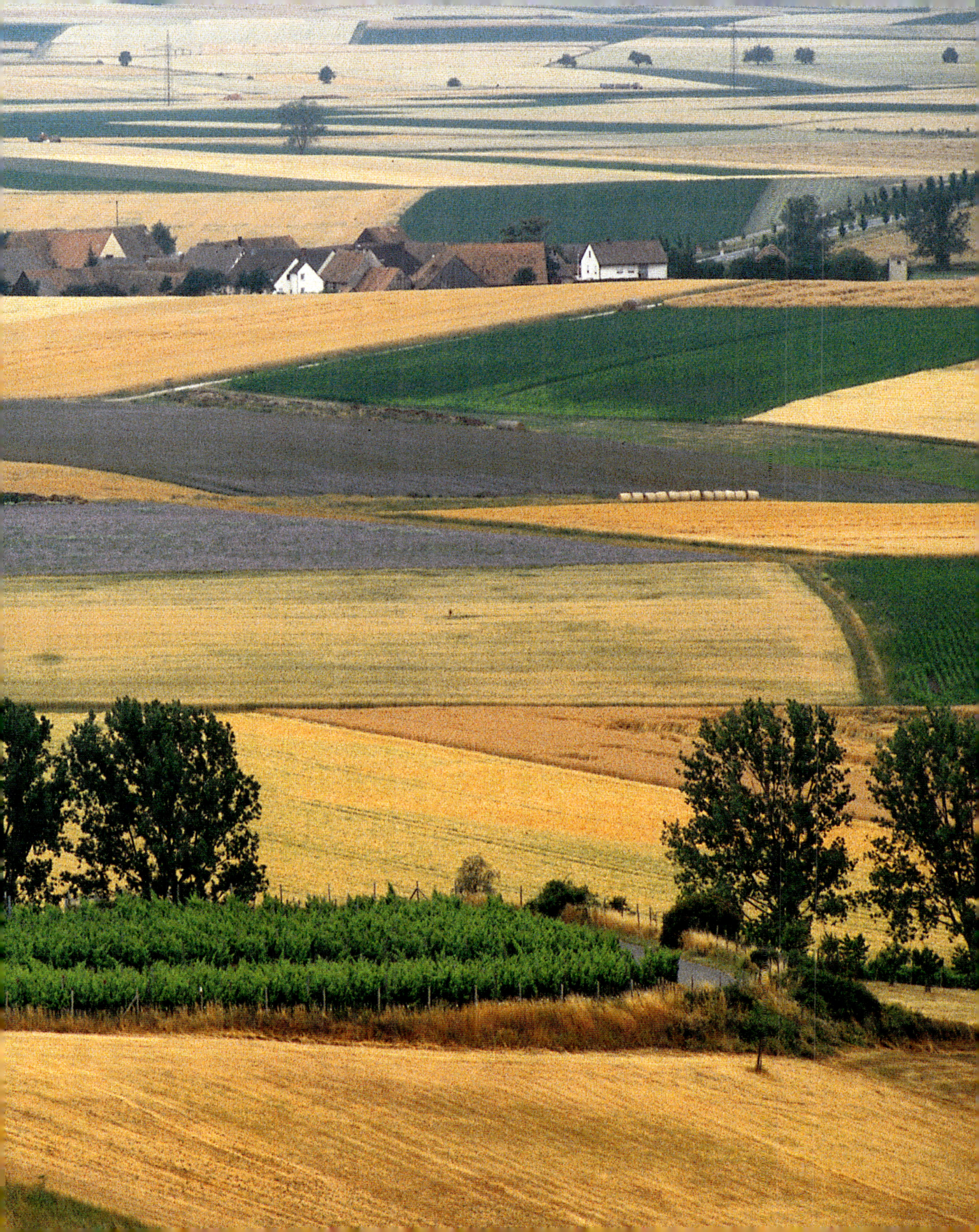

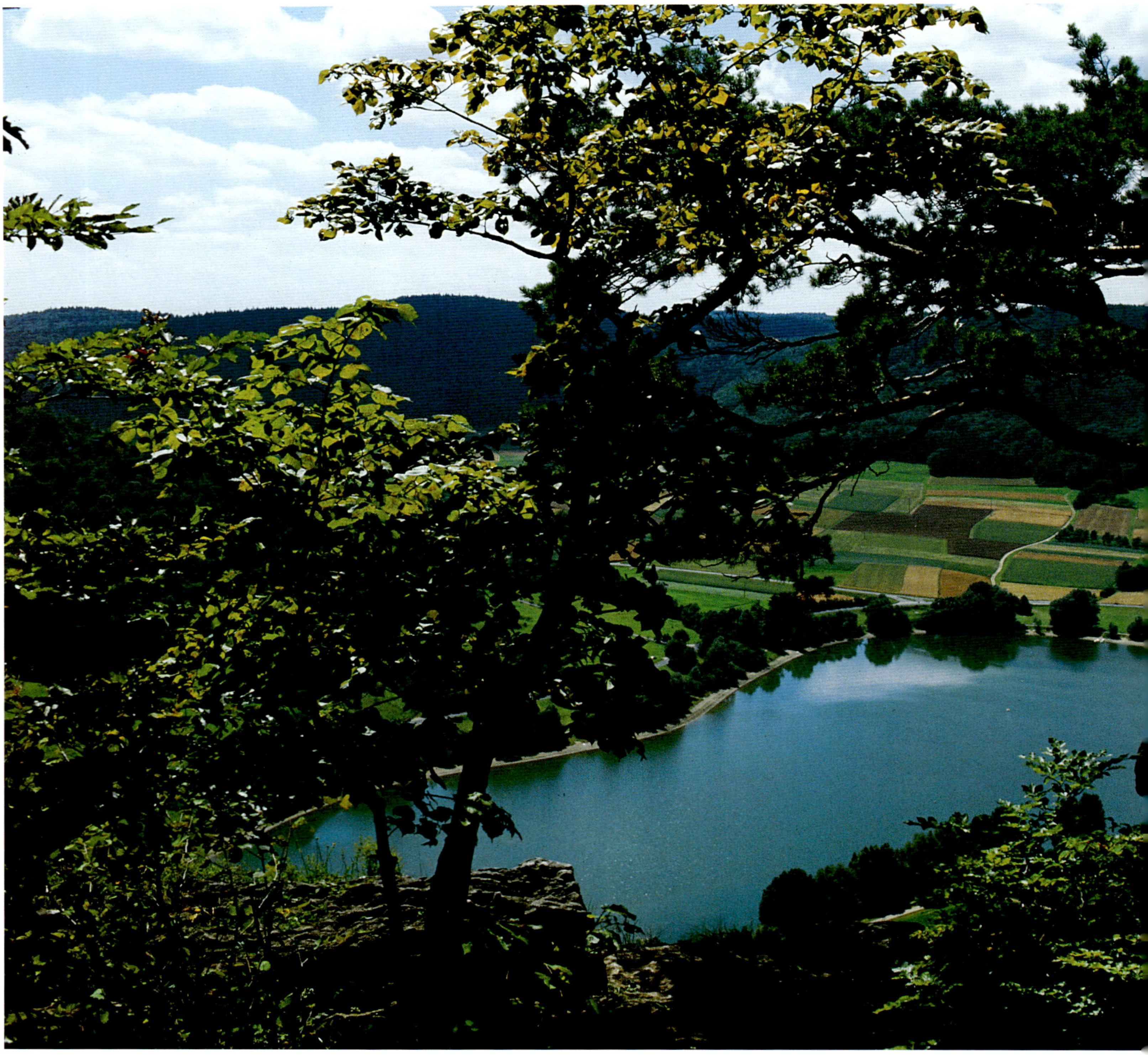

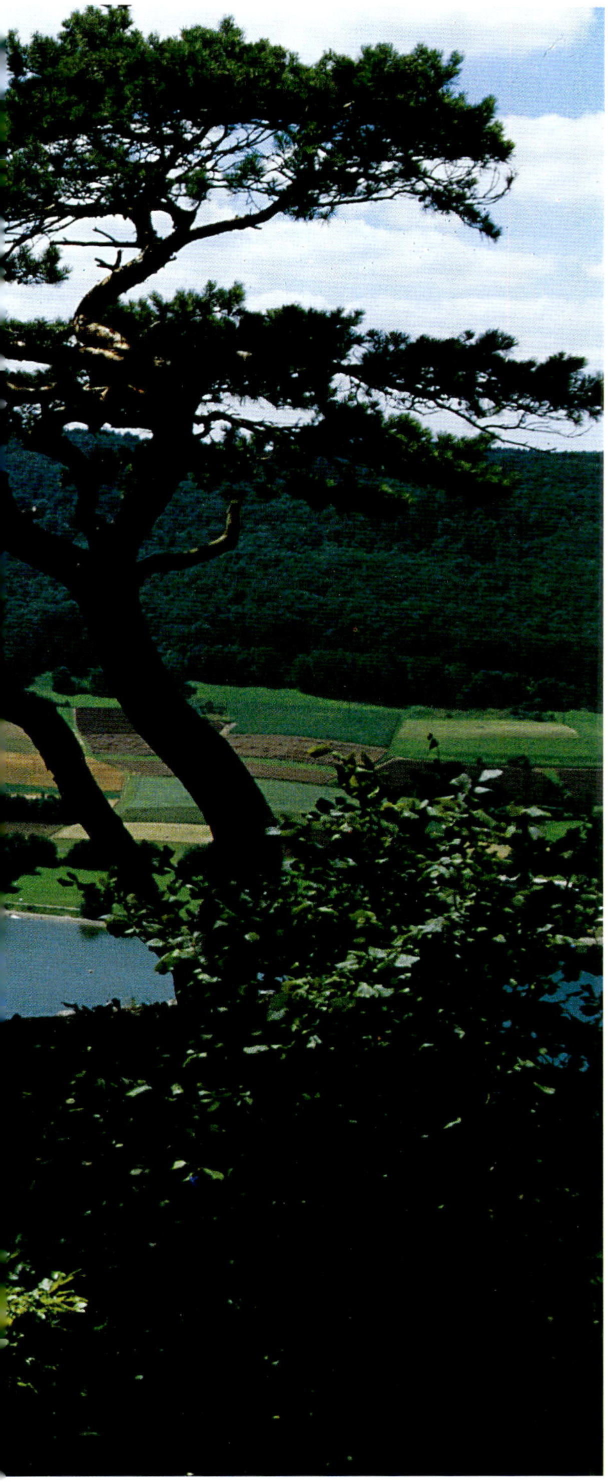

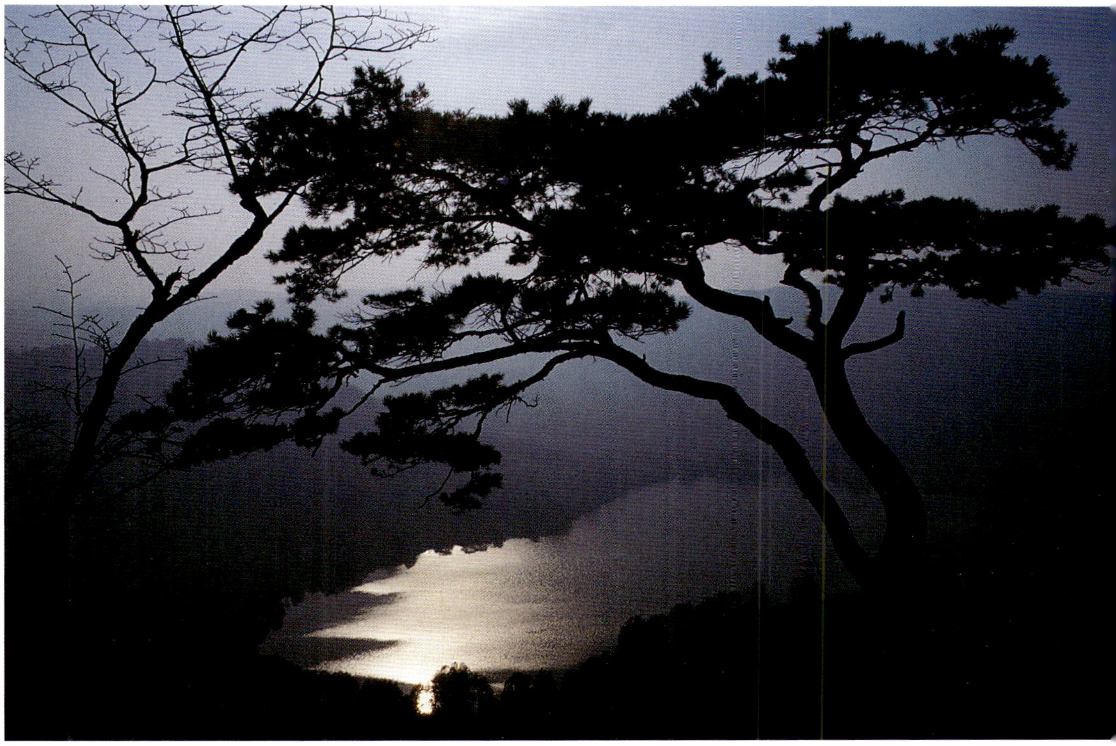

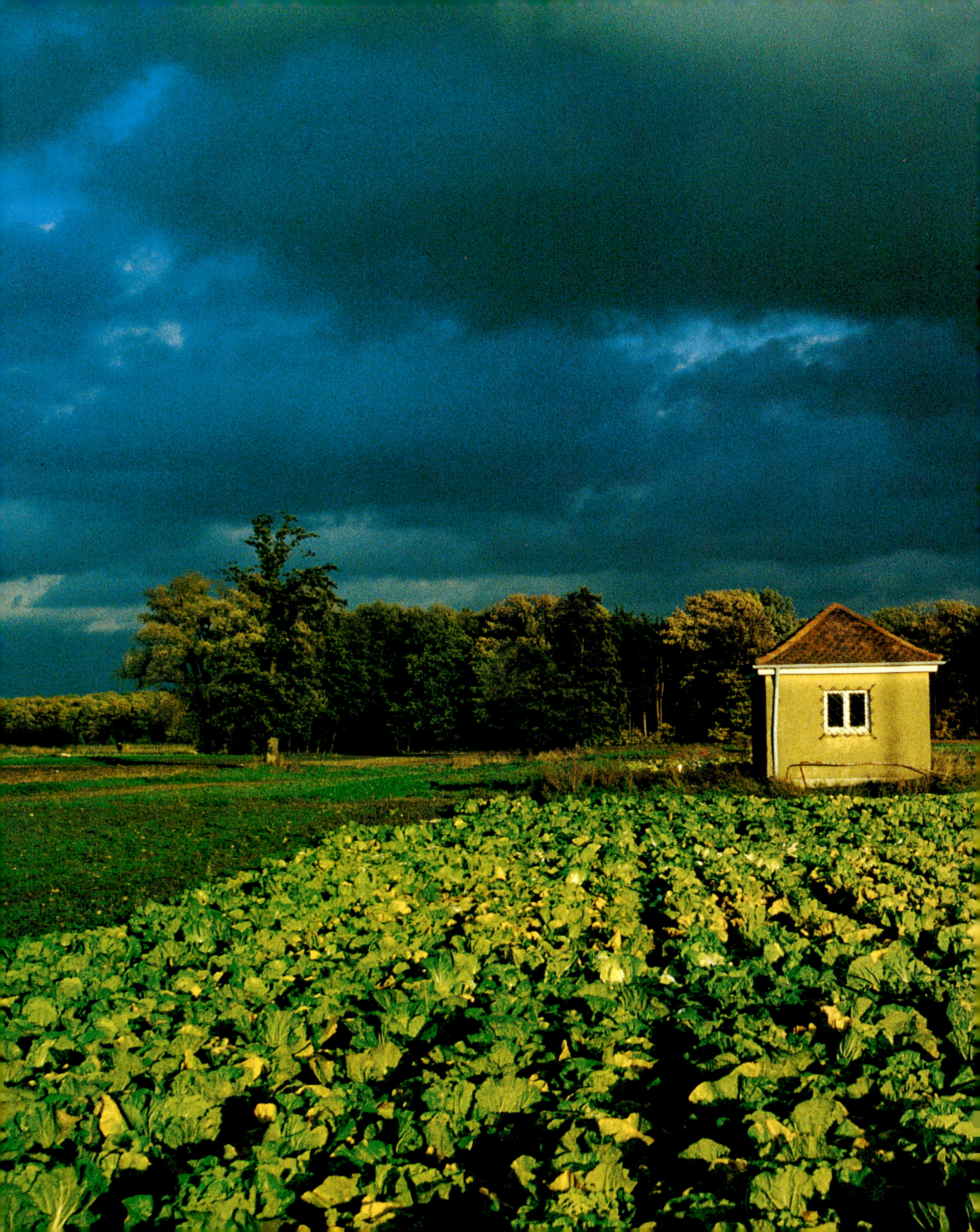

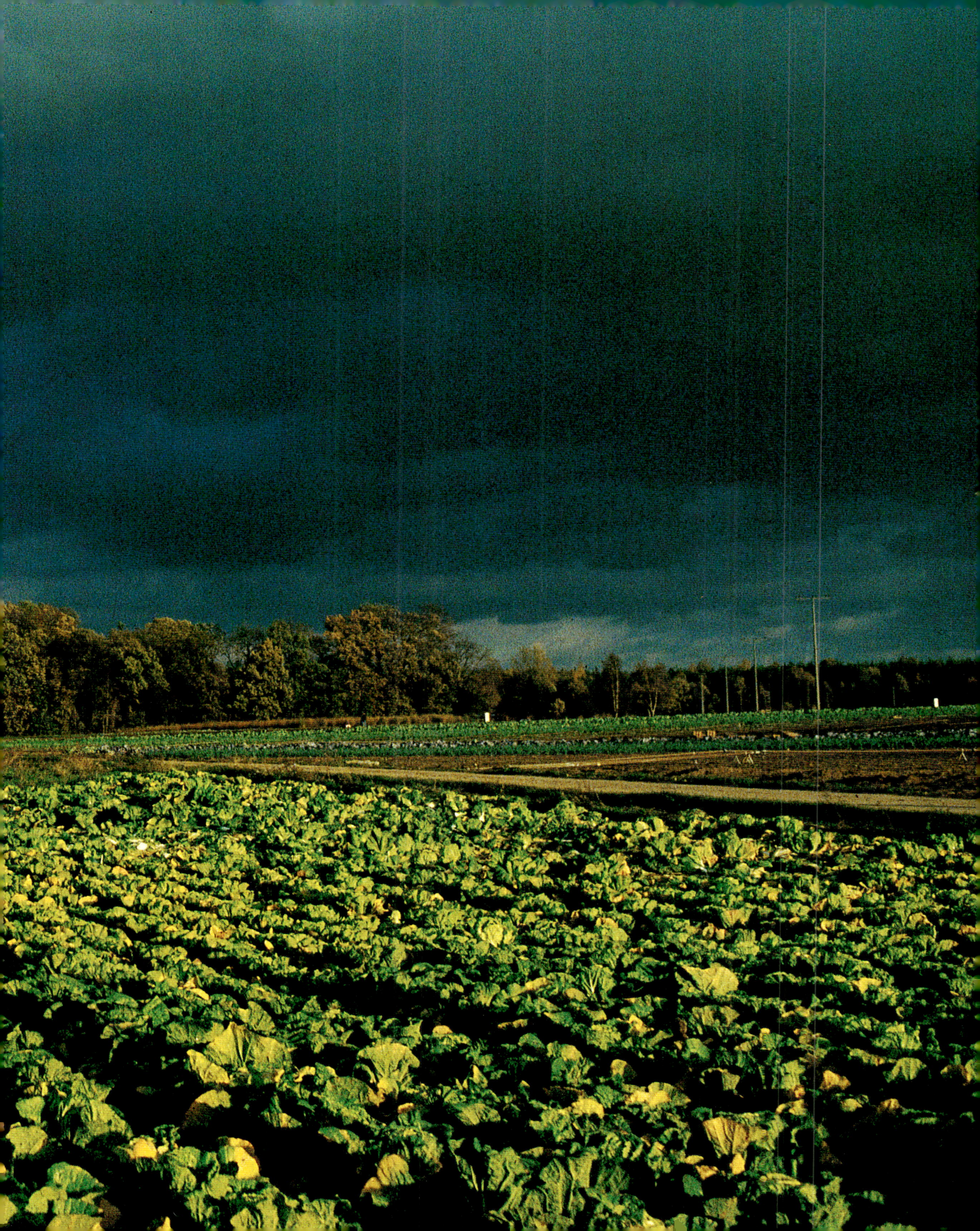

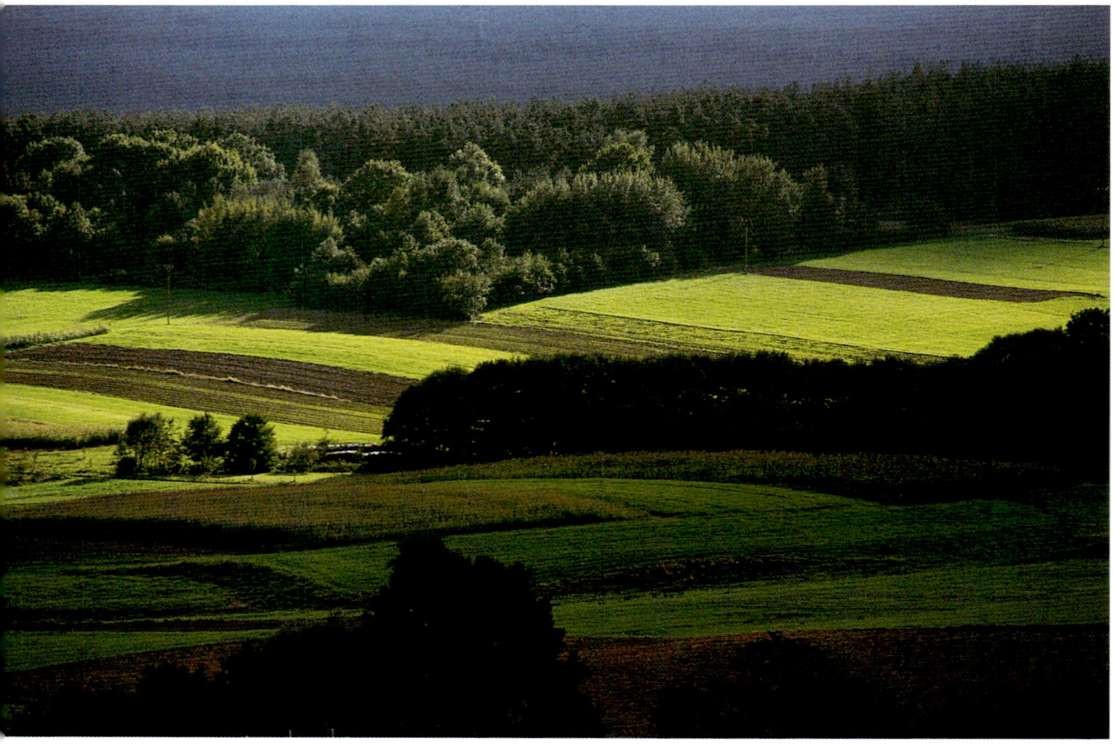

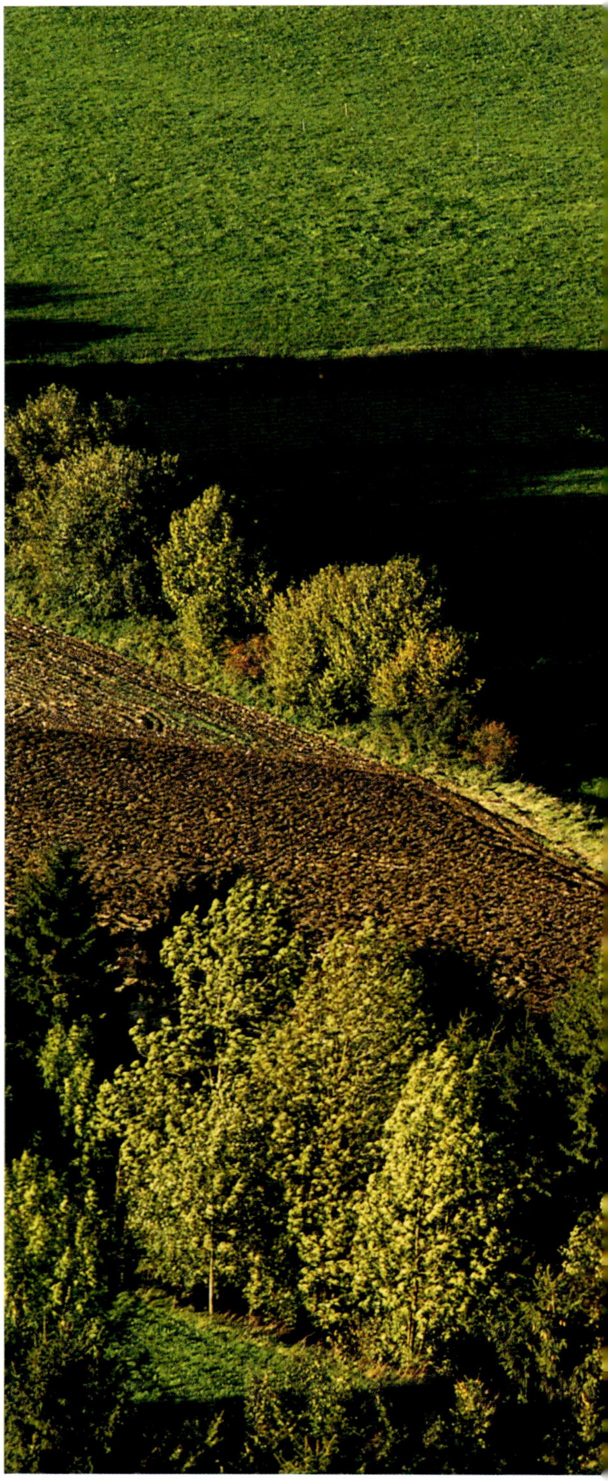

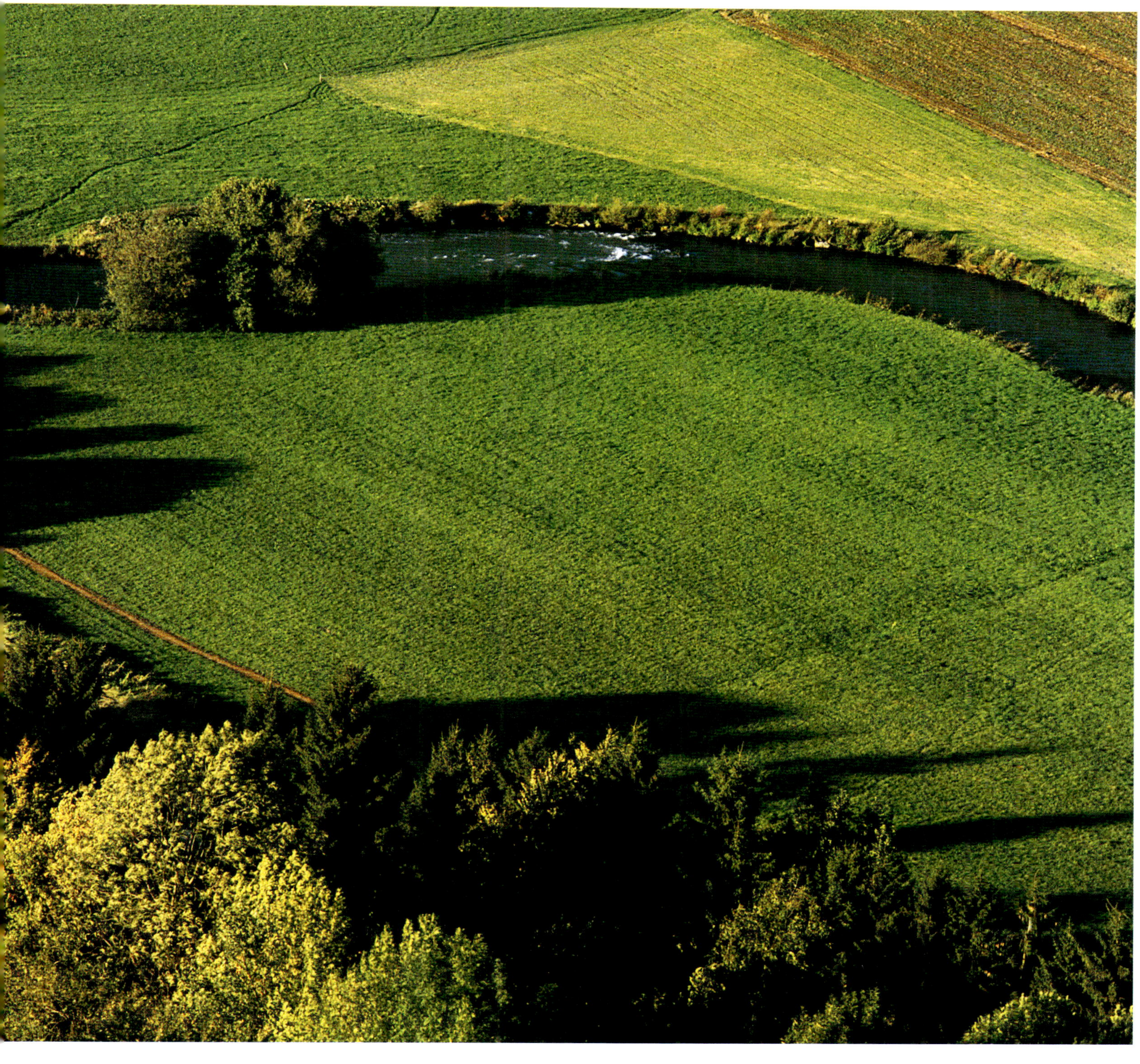

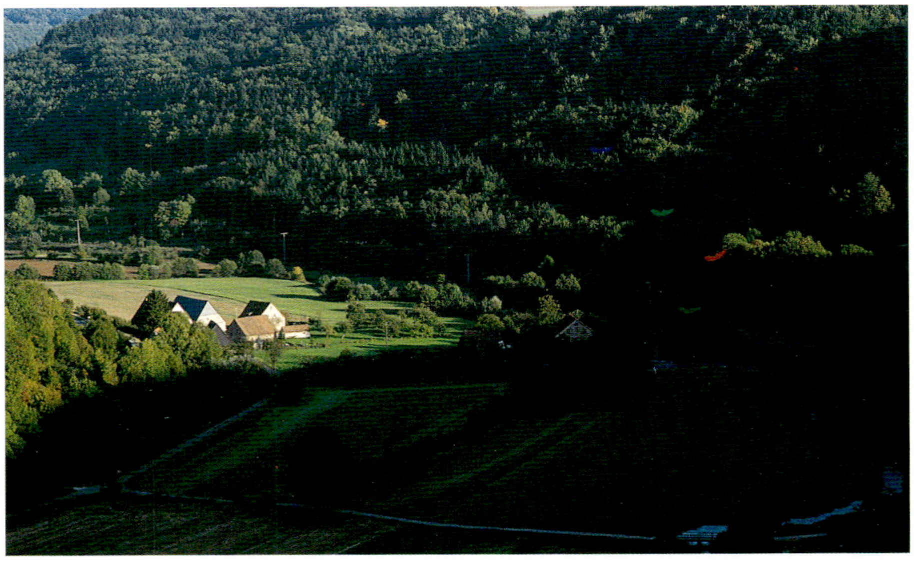

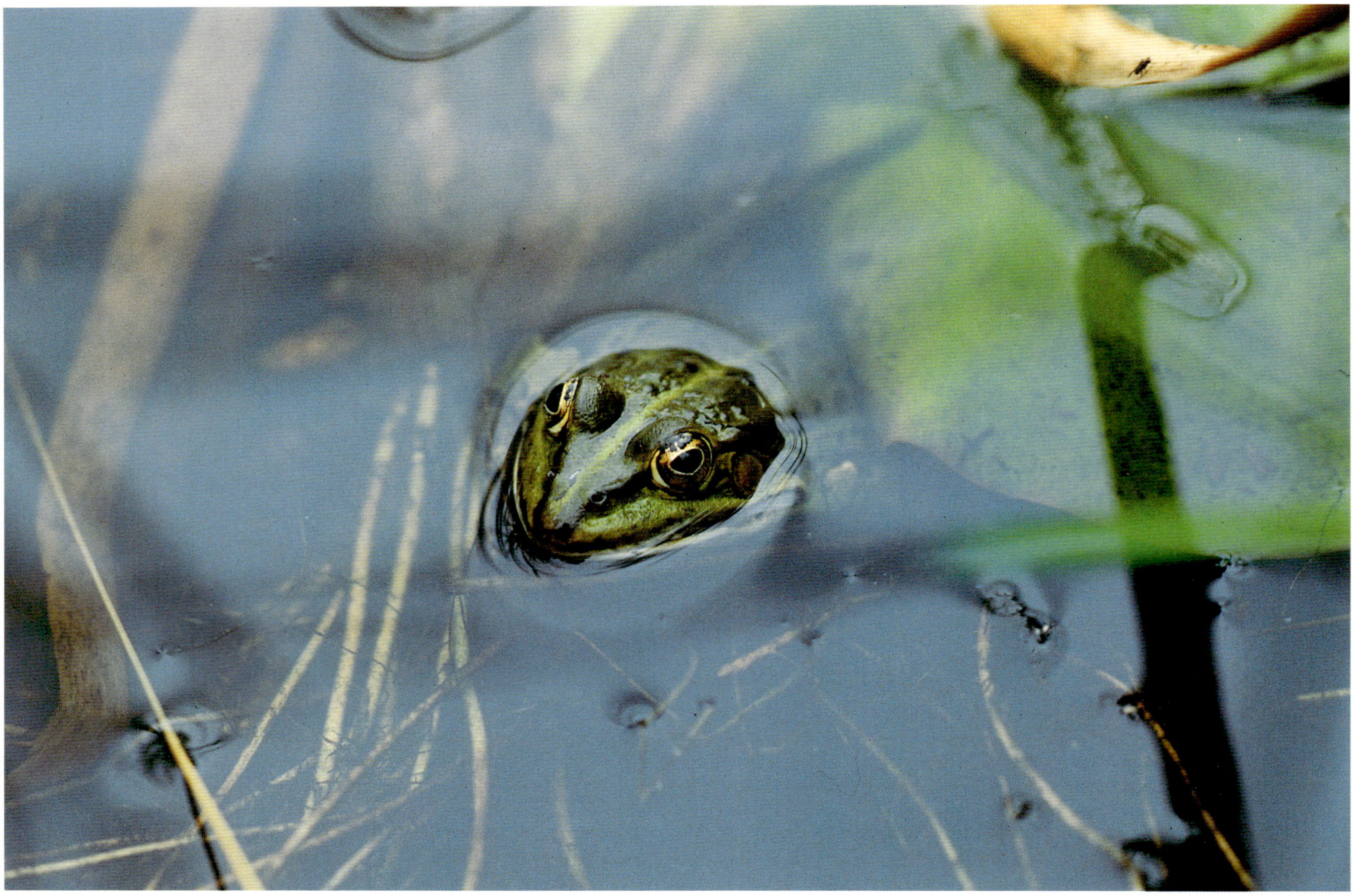

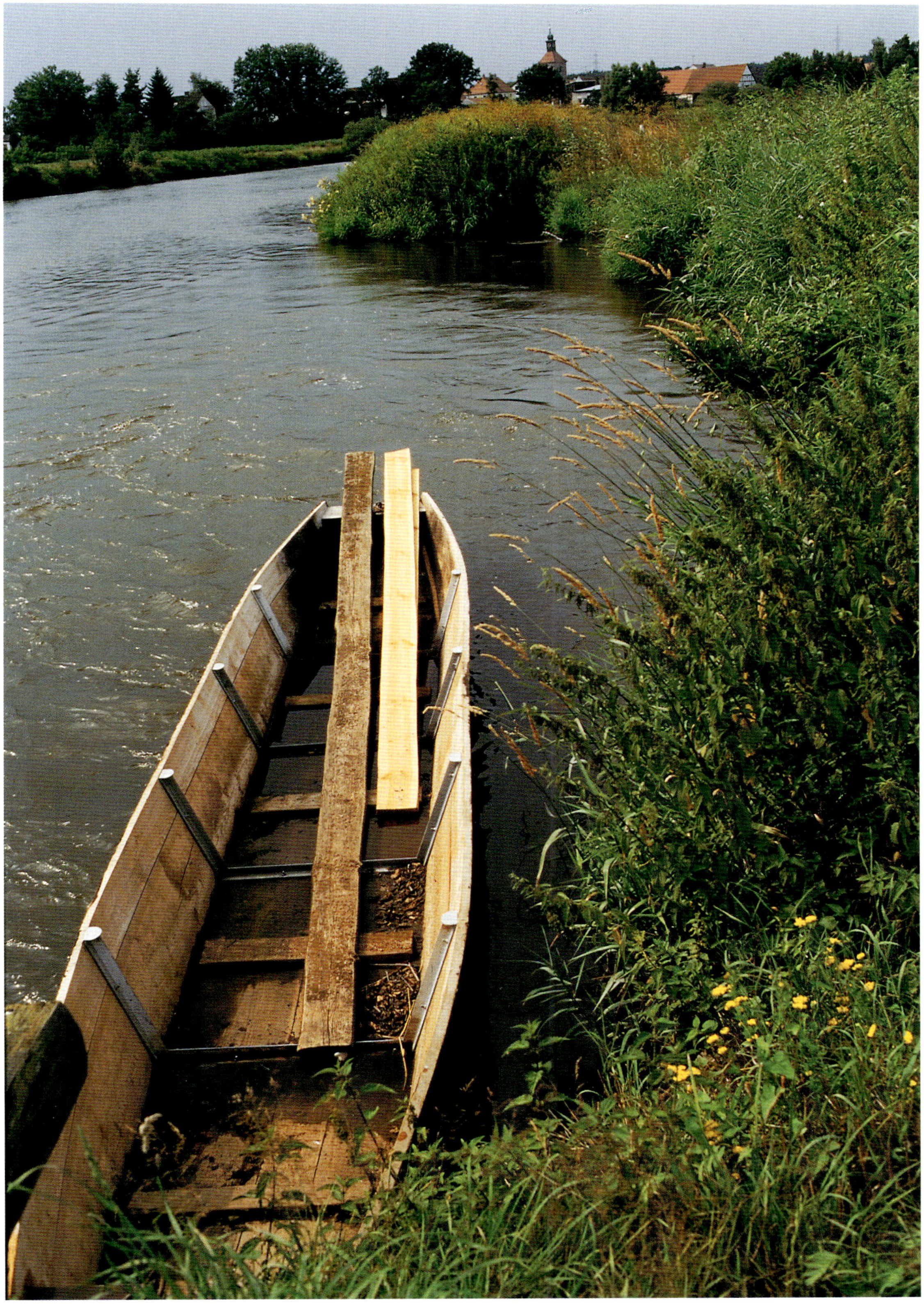

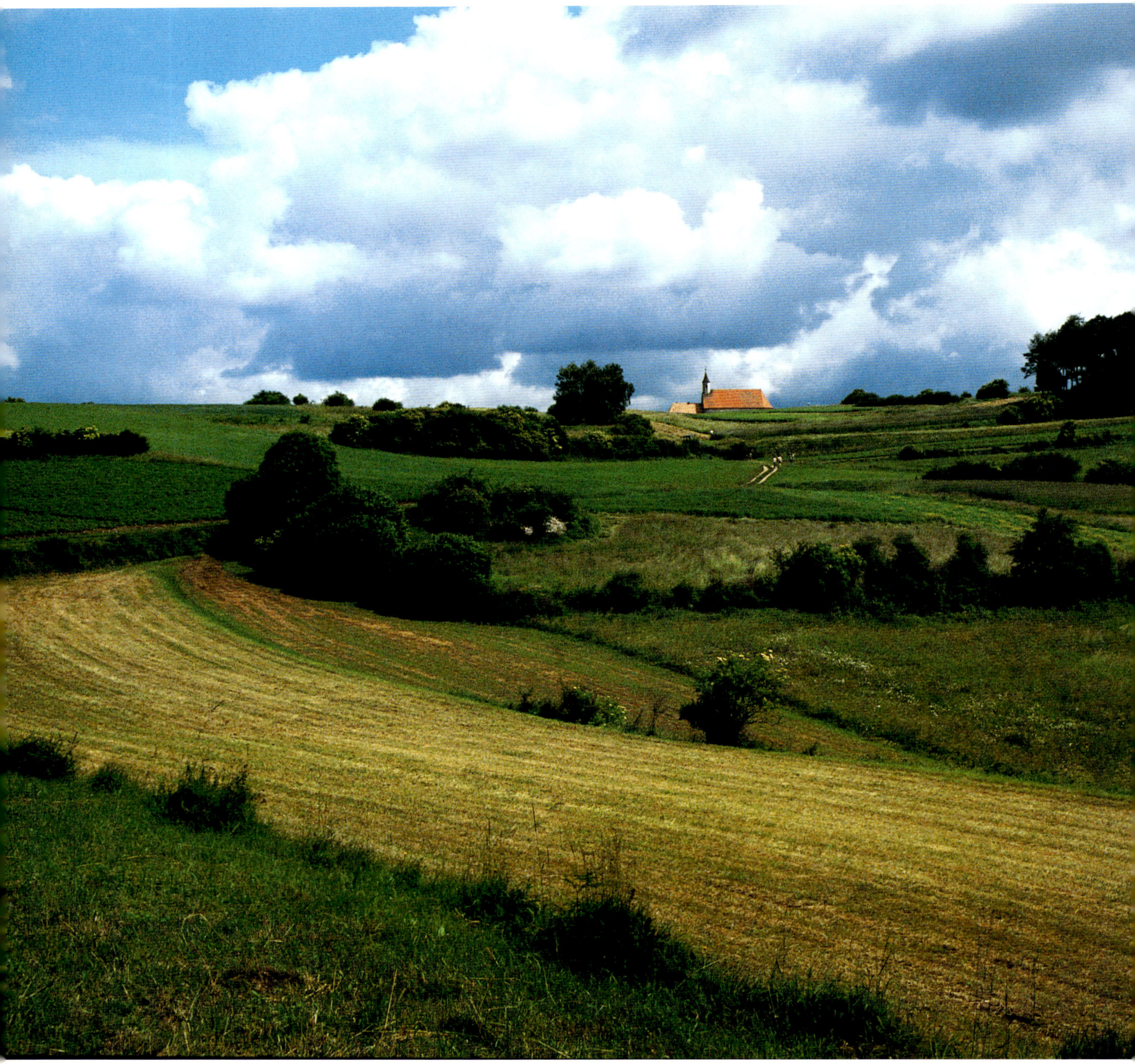

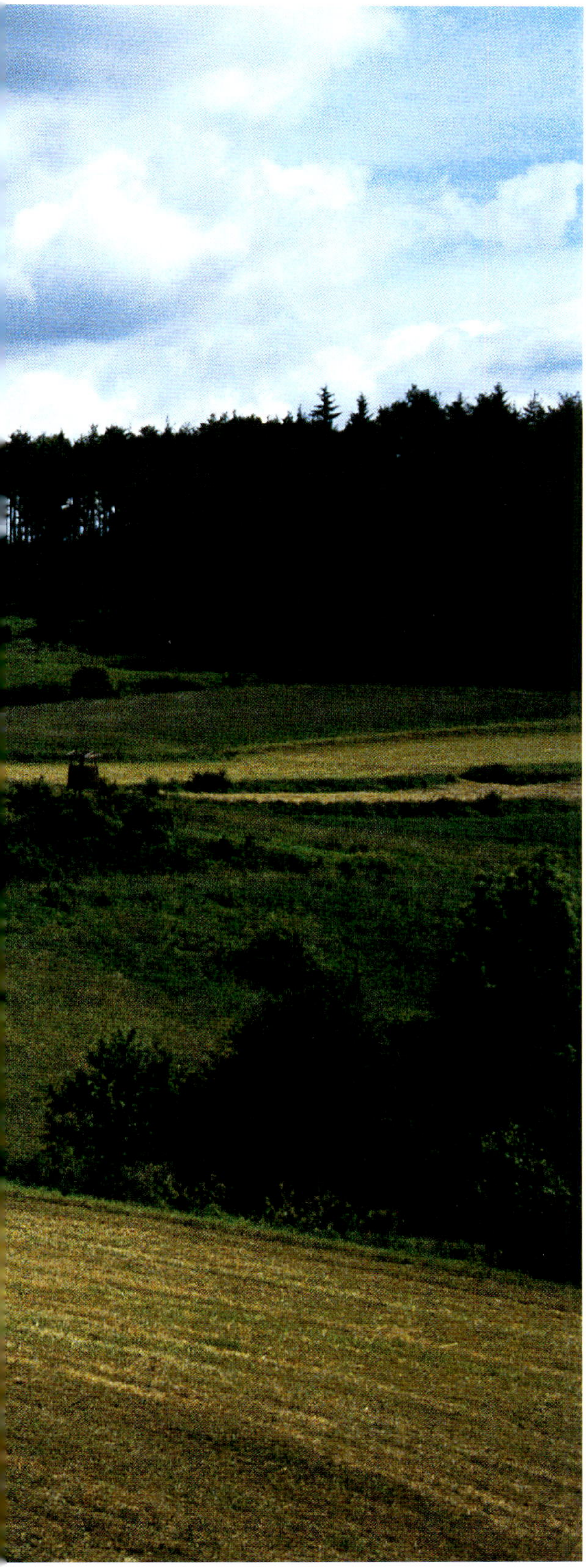

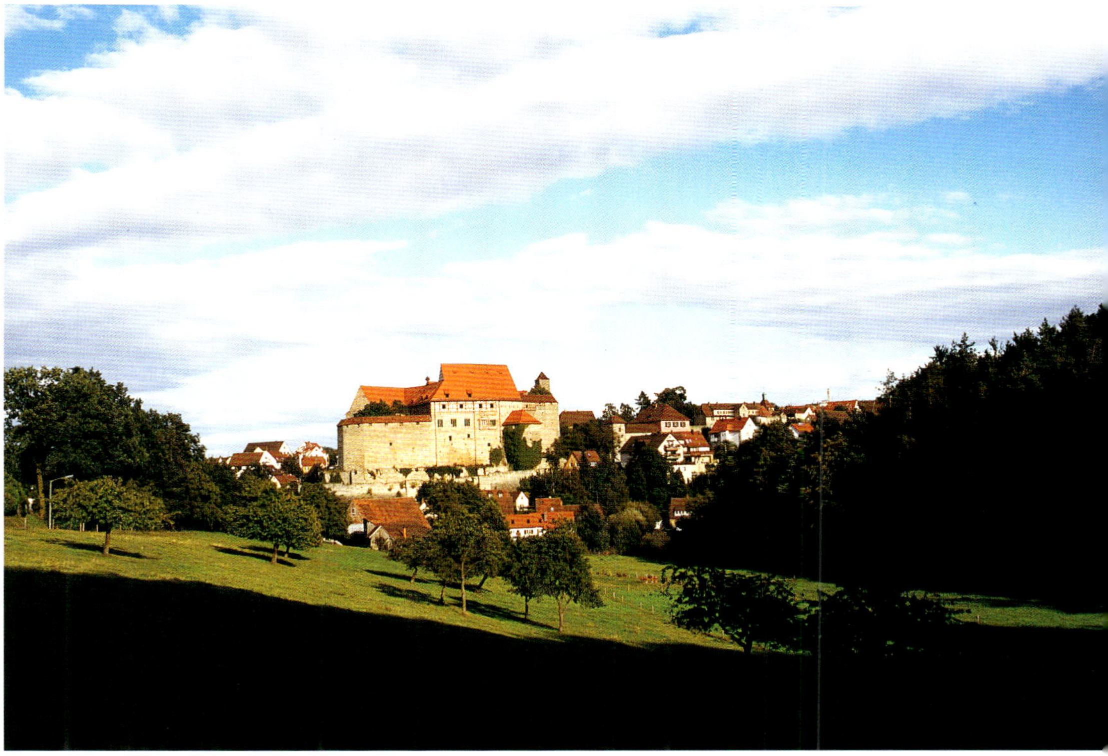

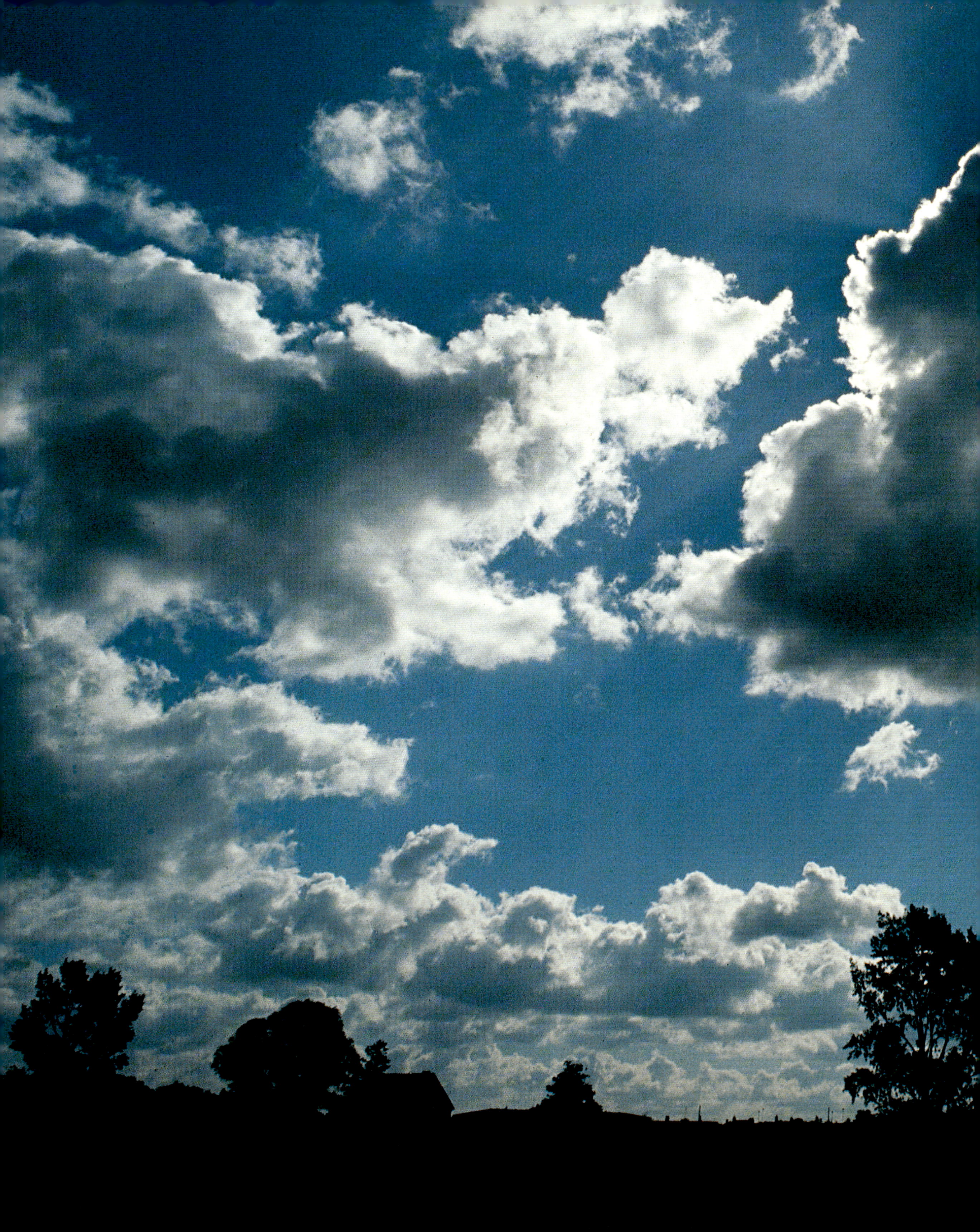

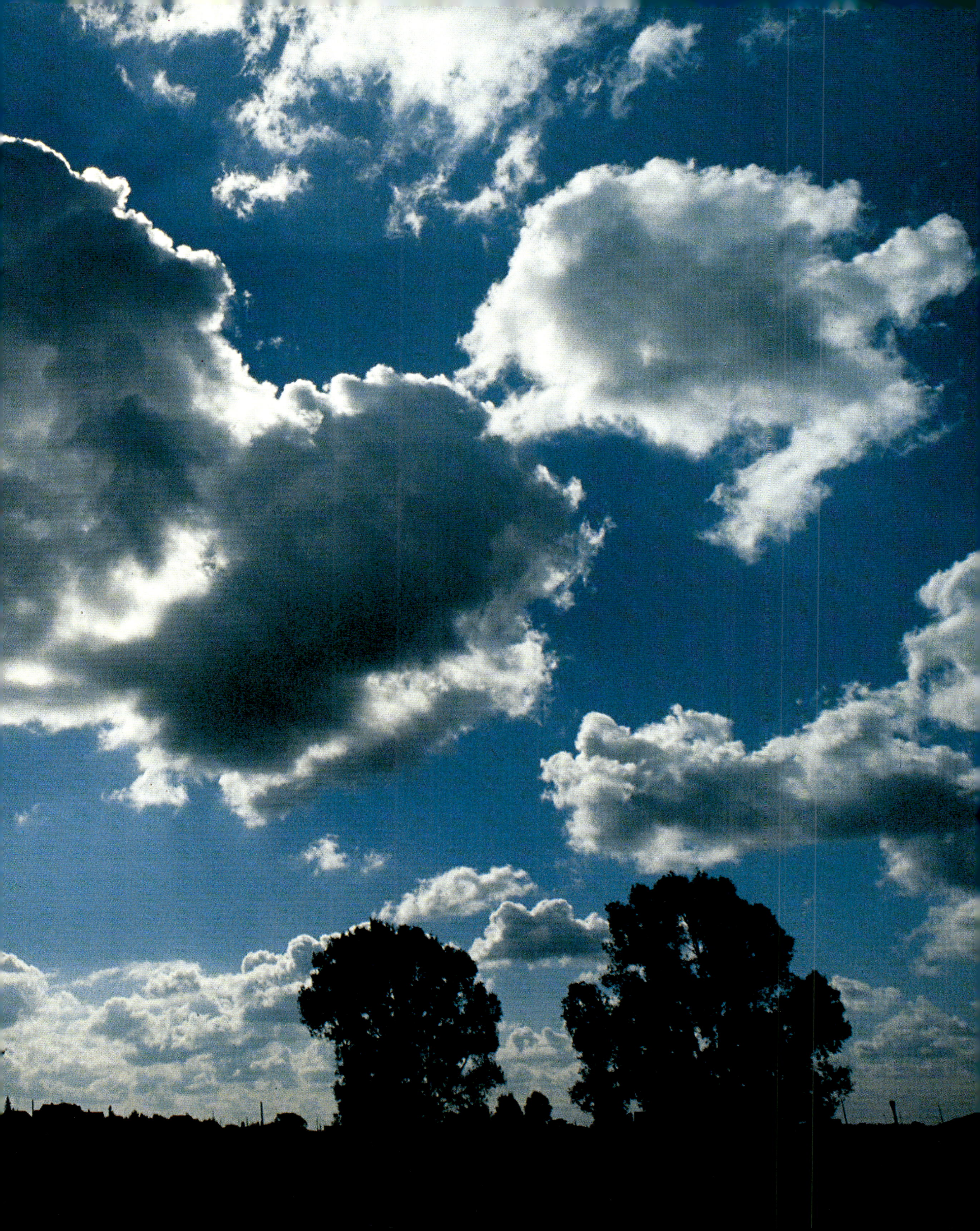

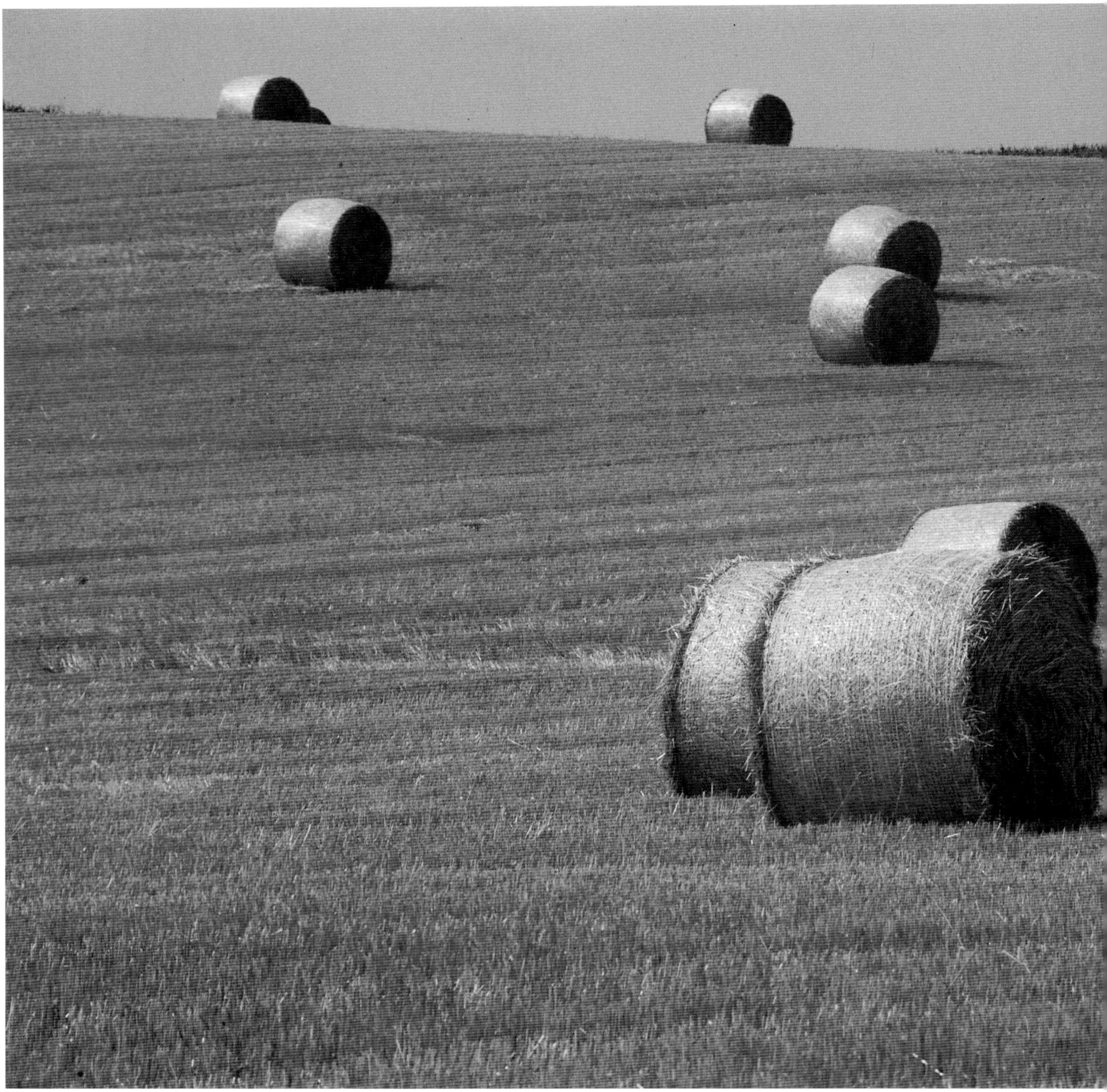

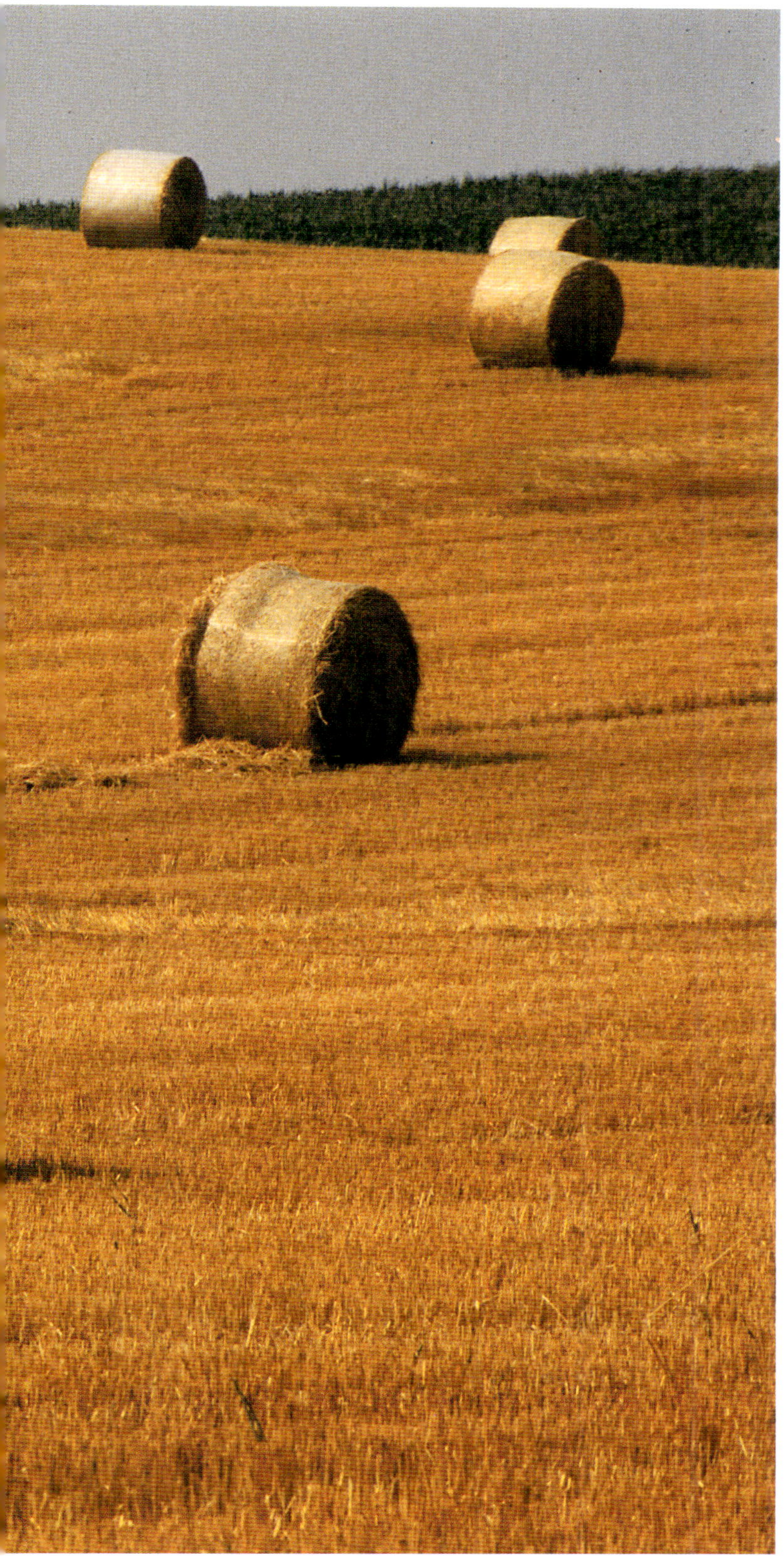
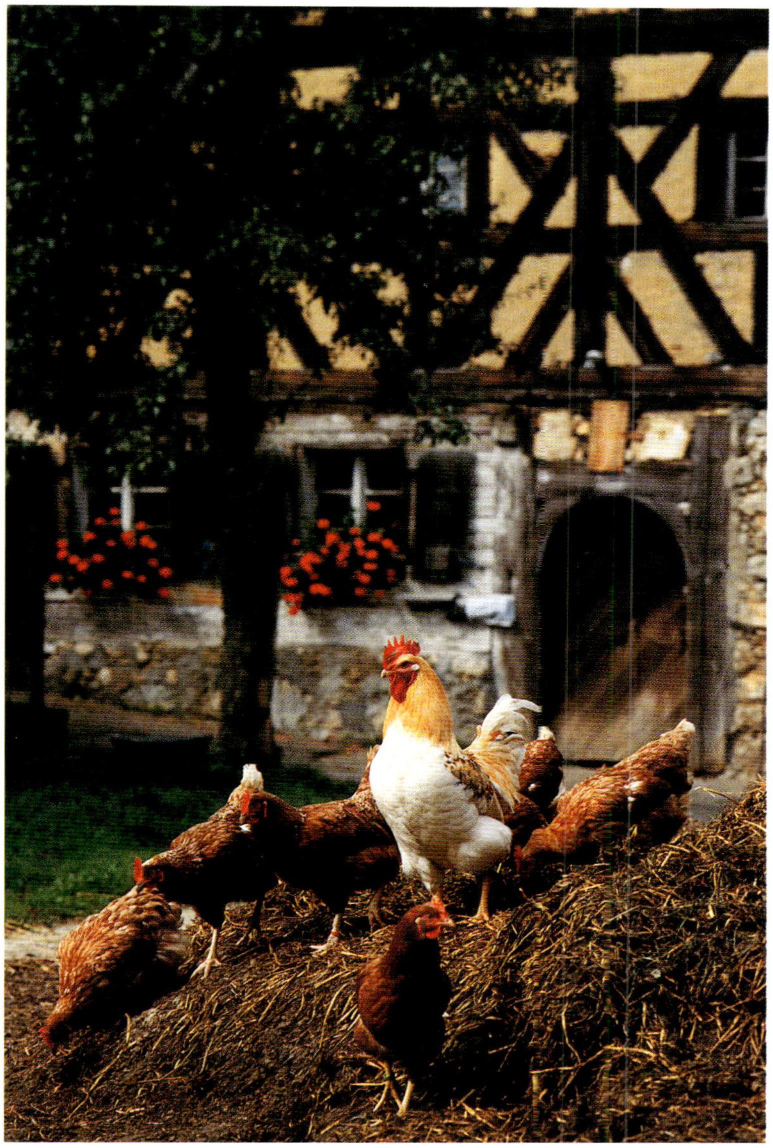

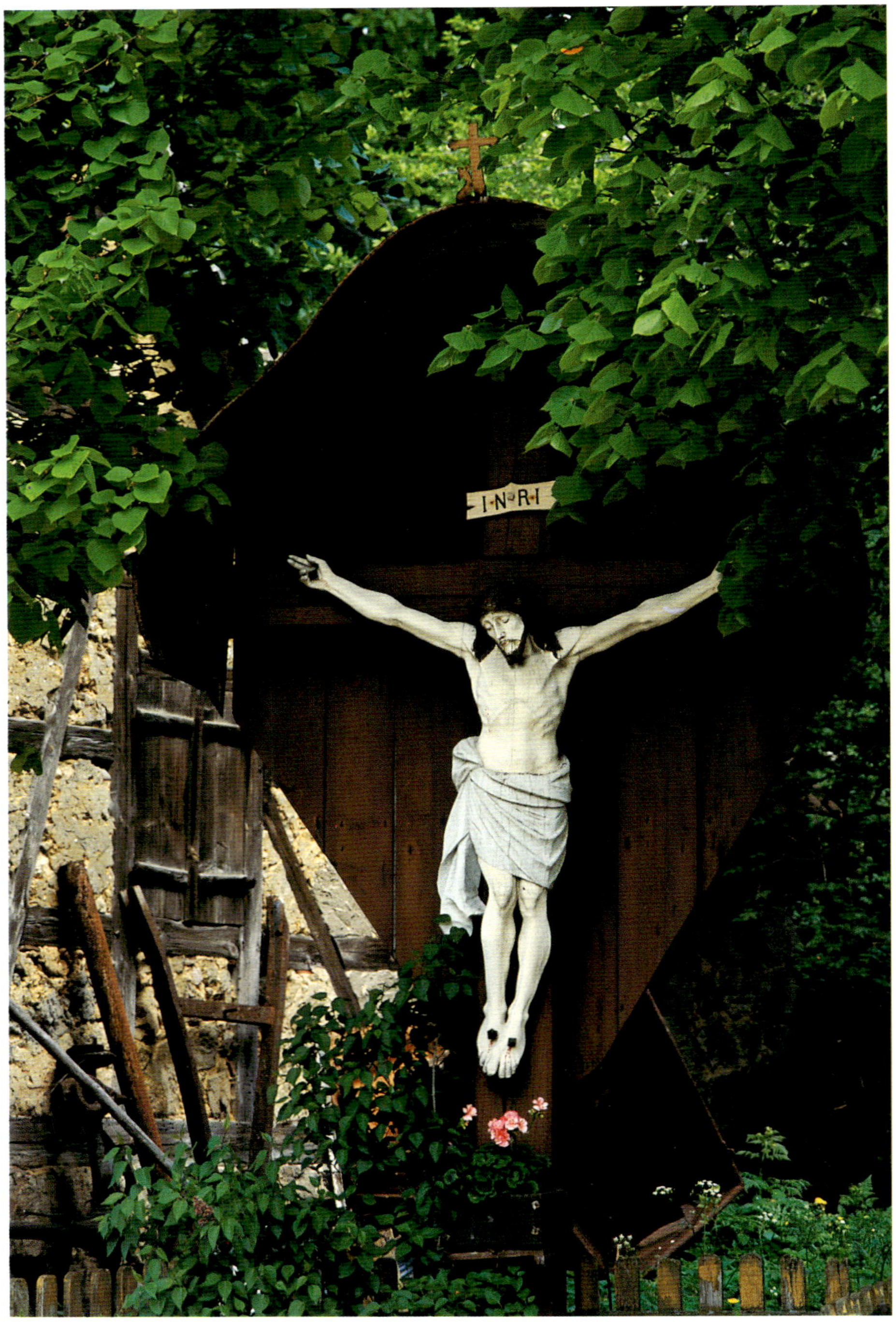
I·N·R·I

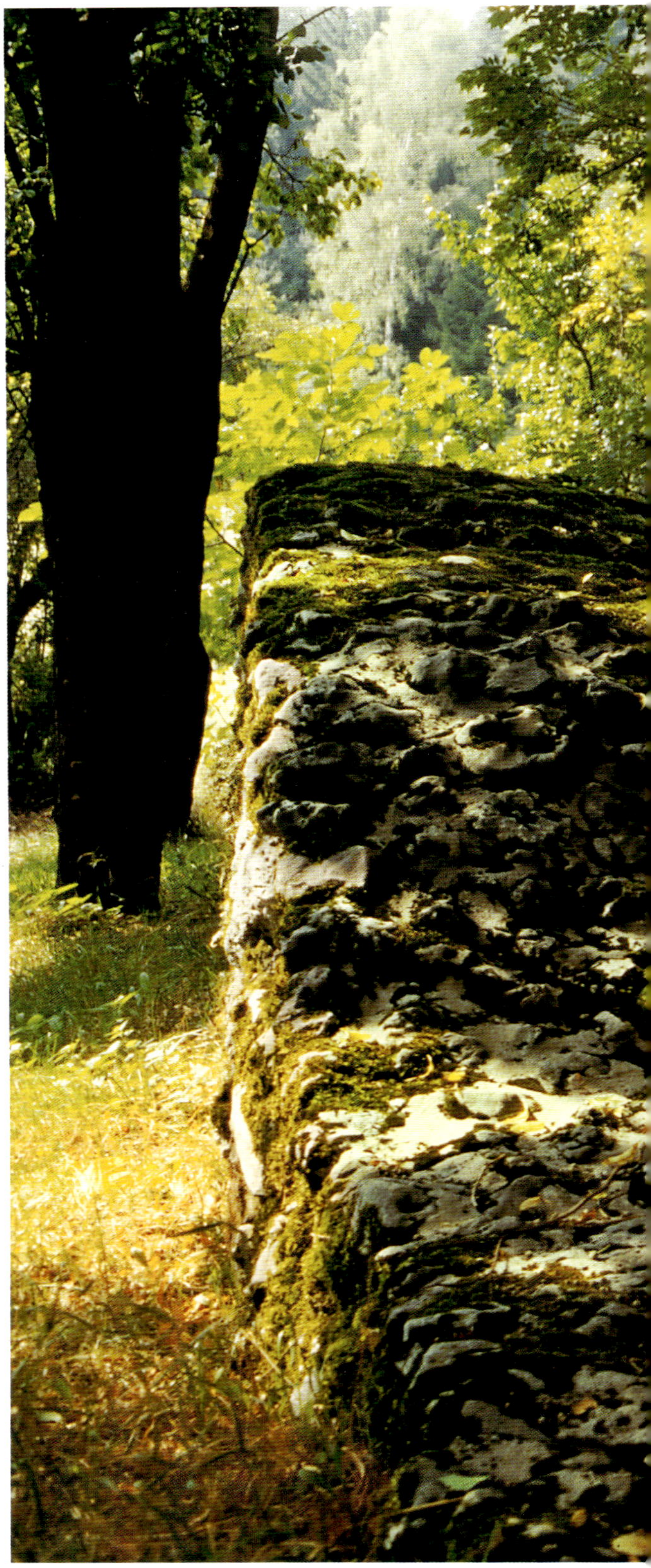

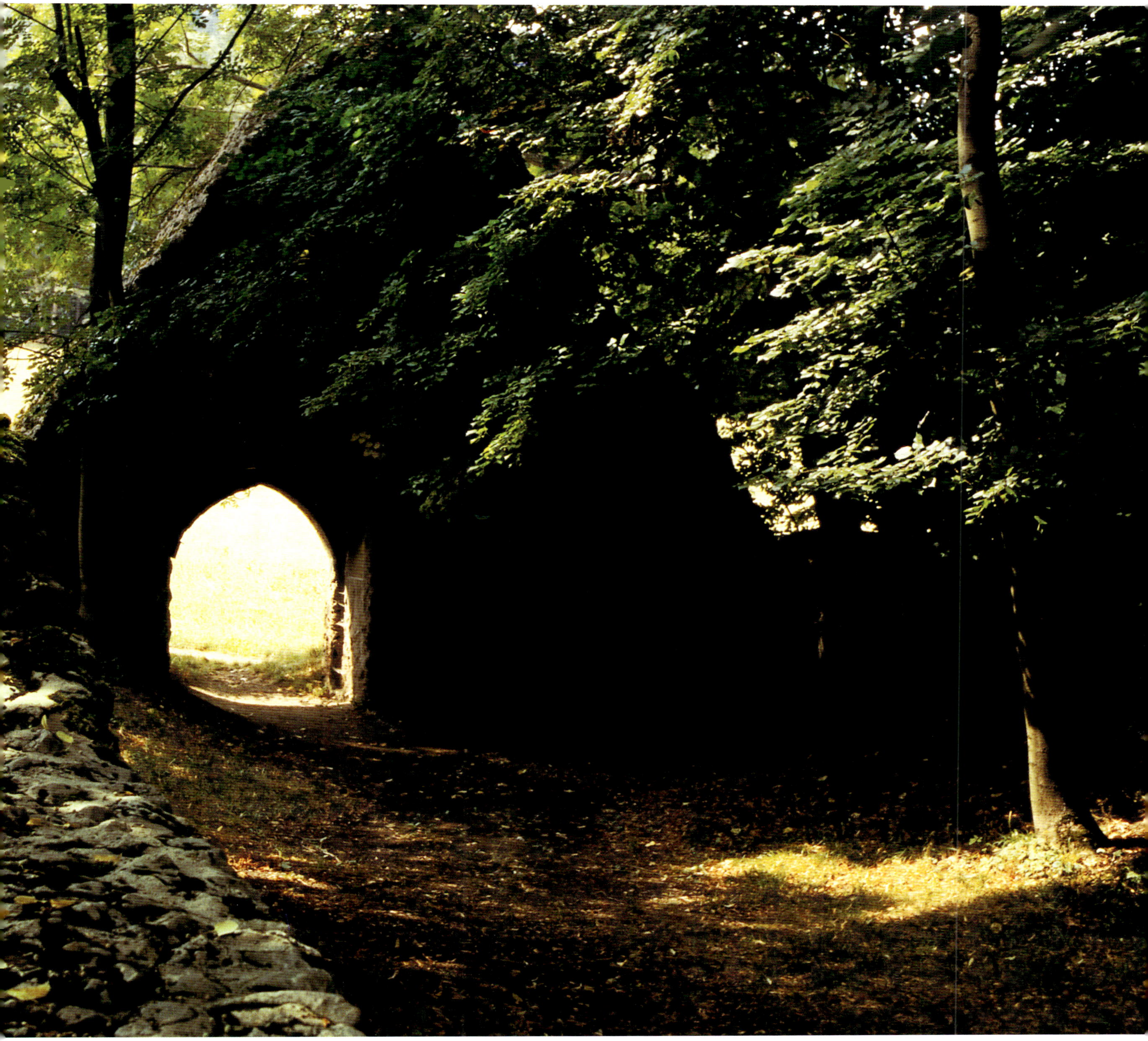

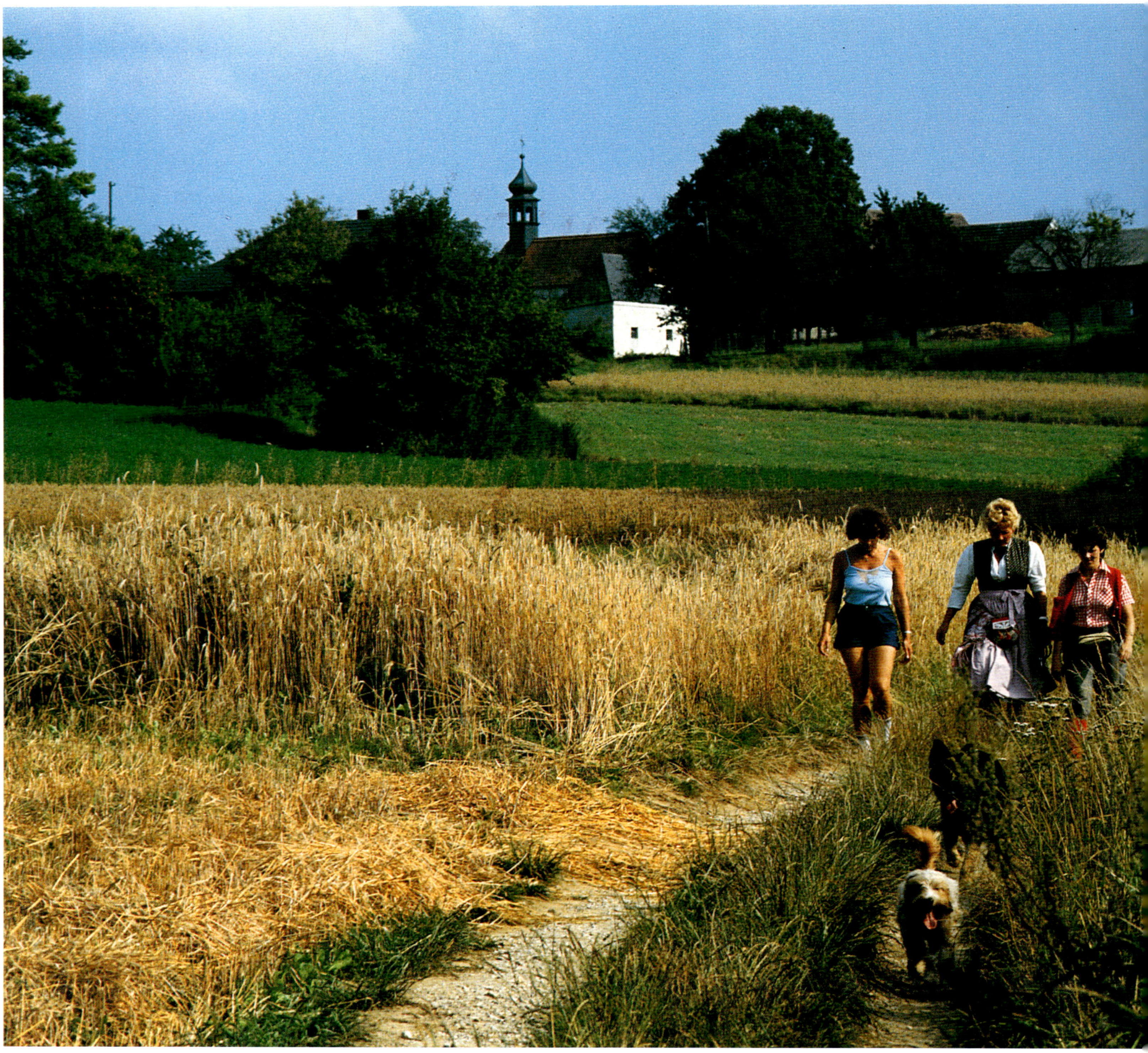

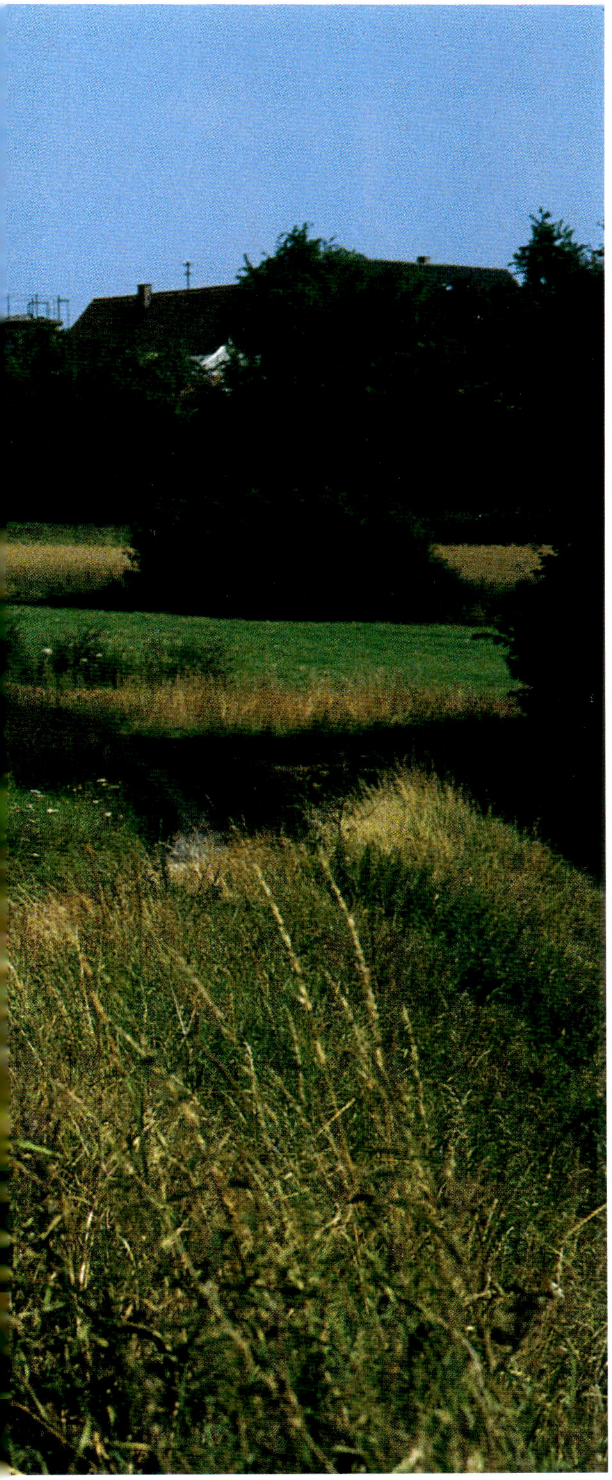

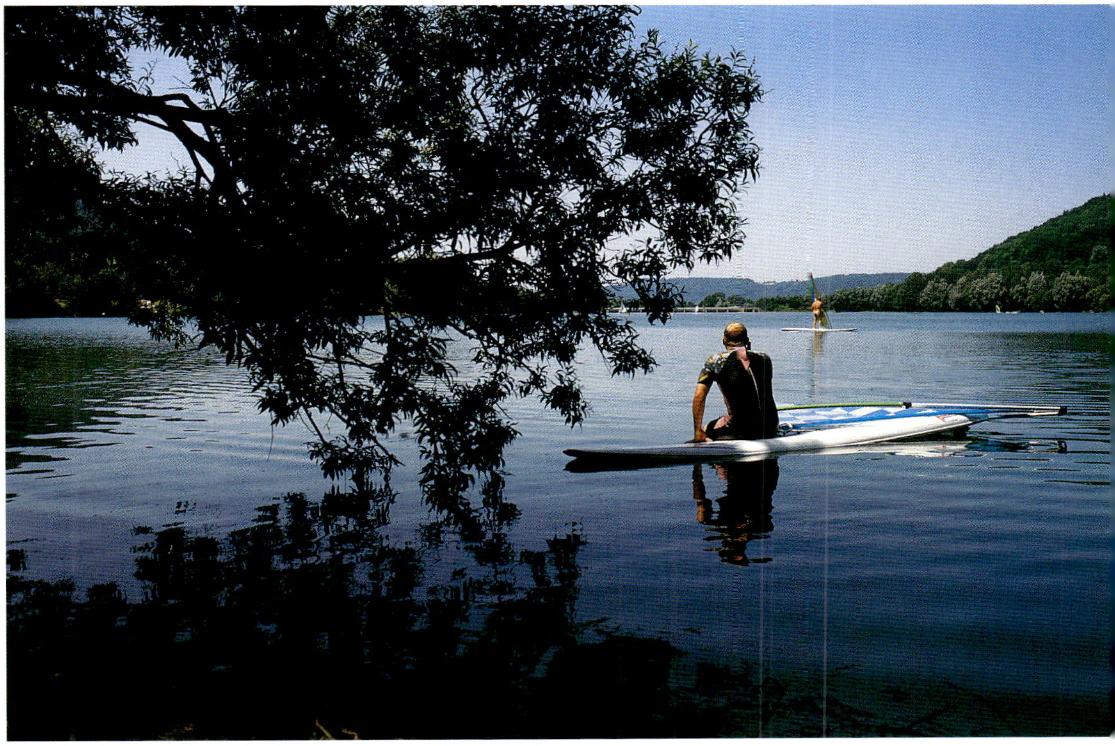

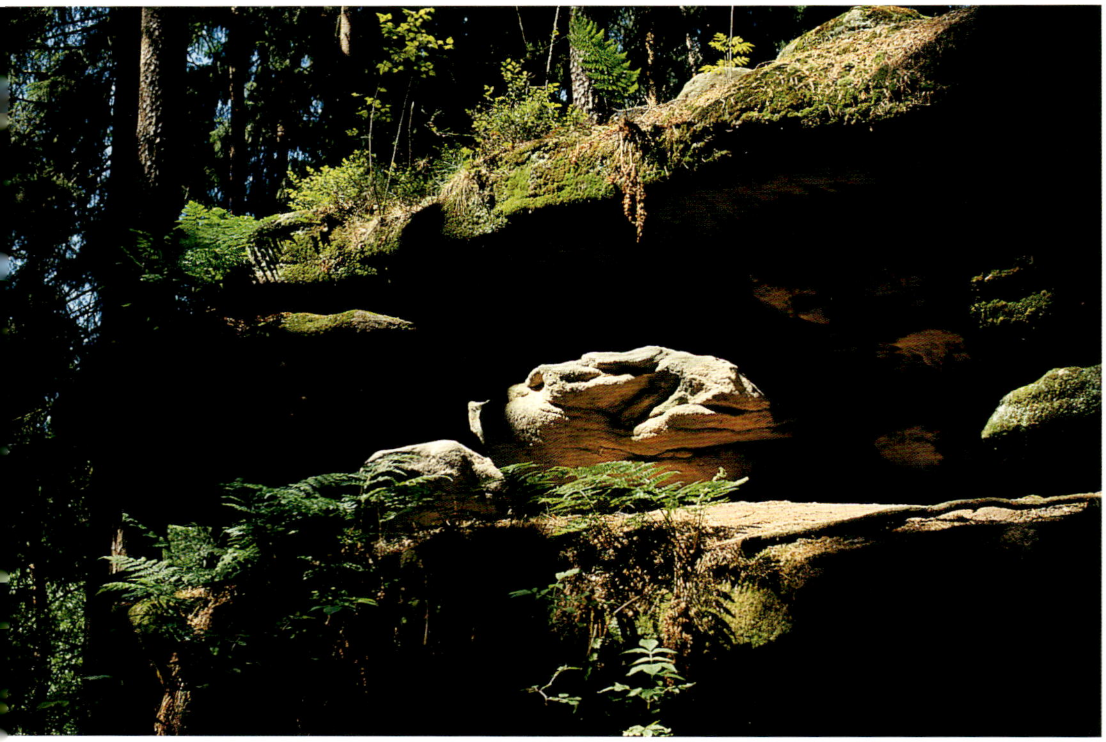

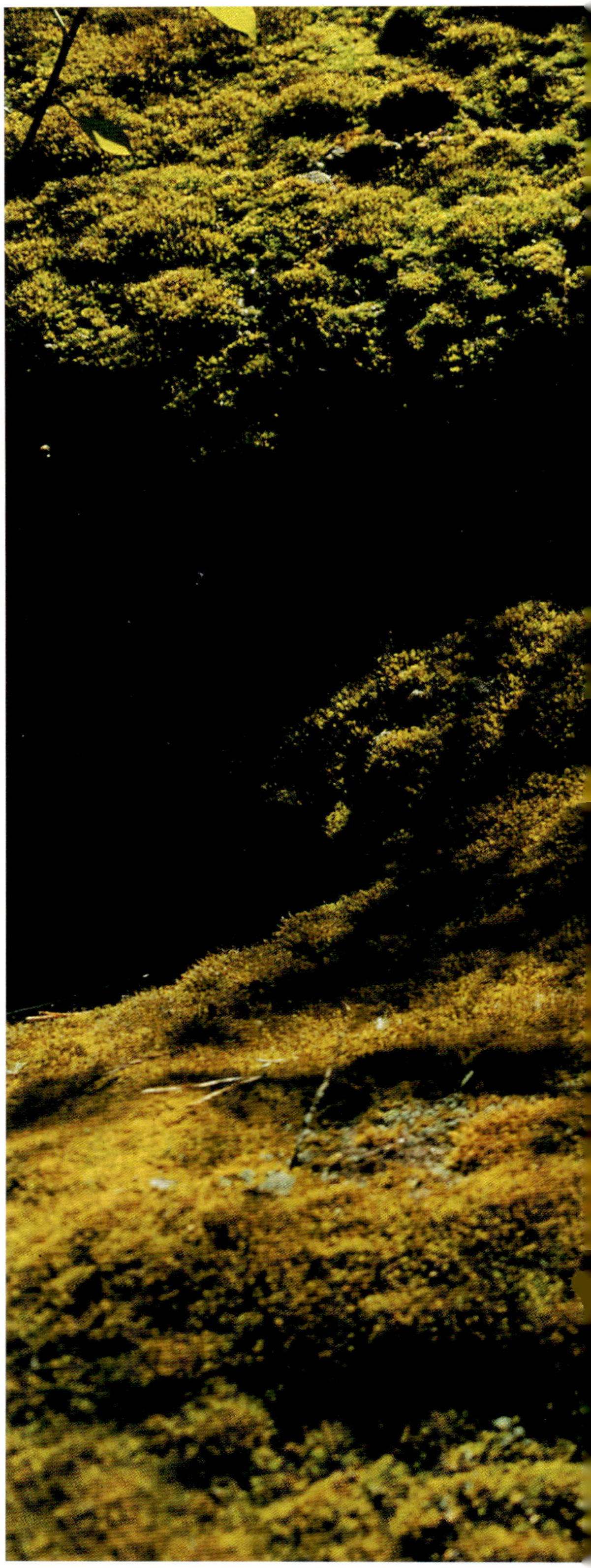

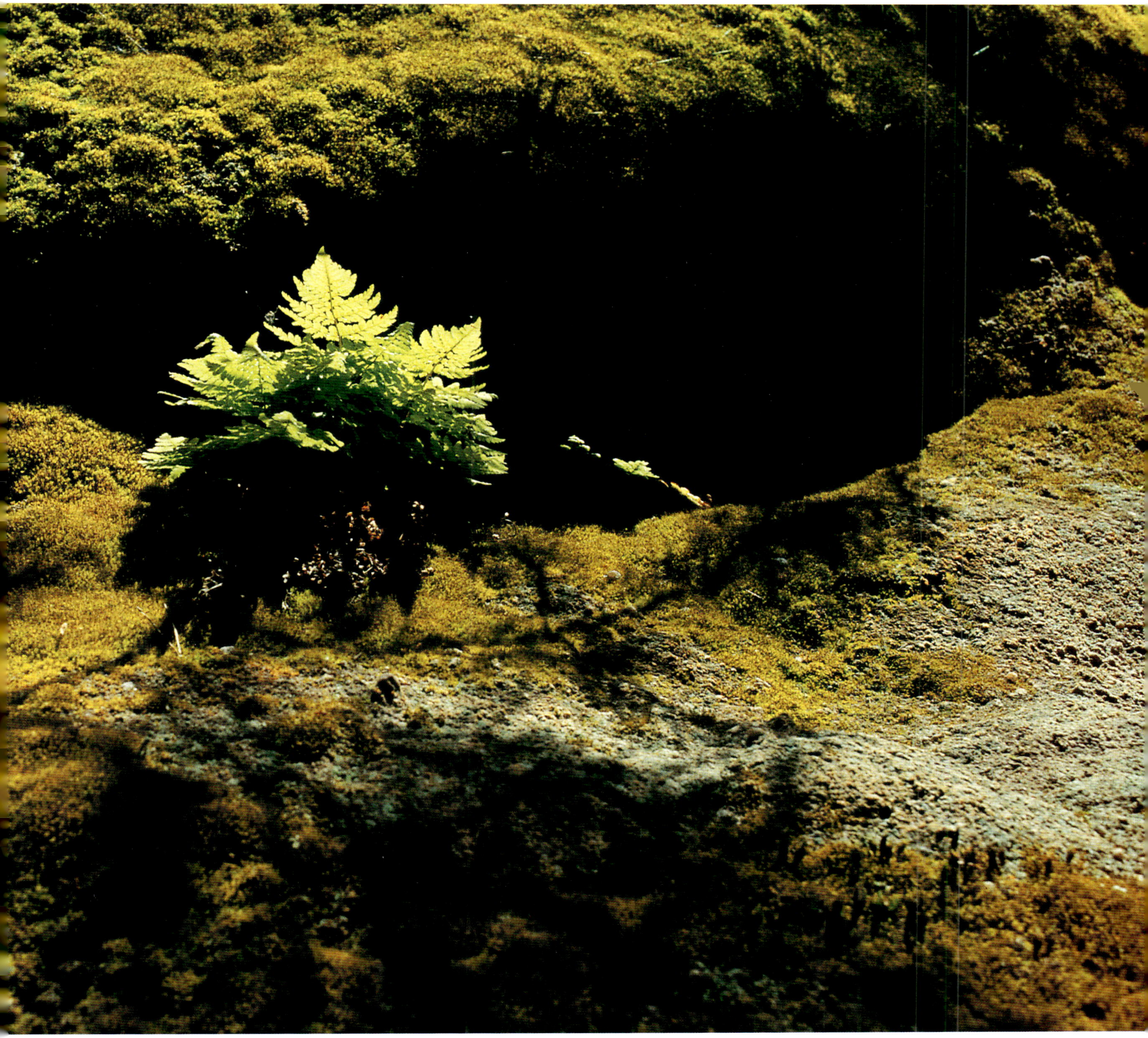

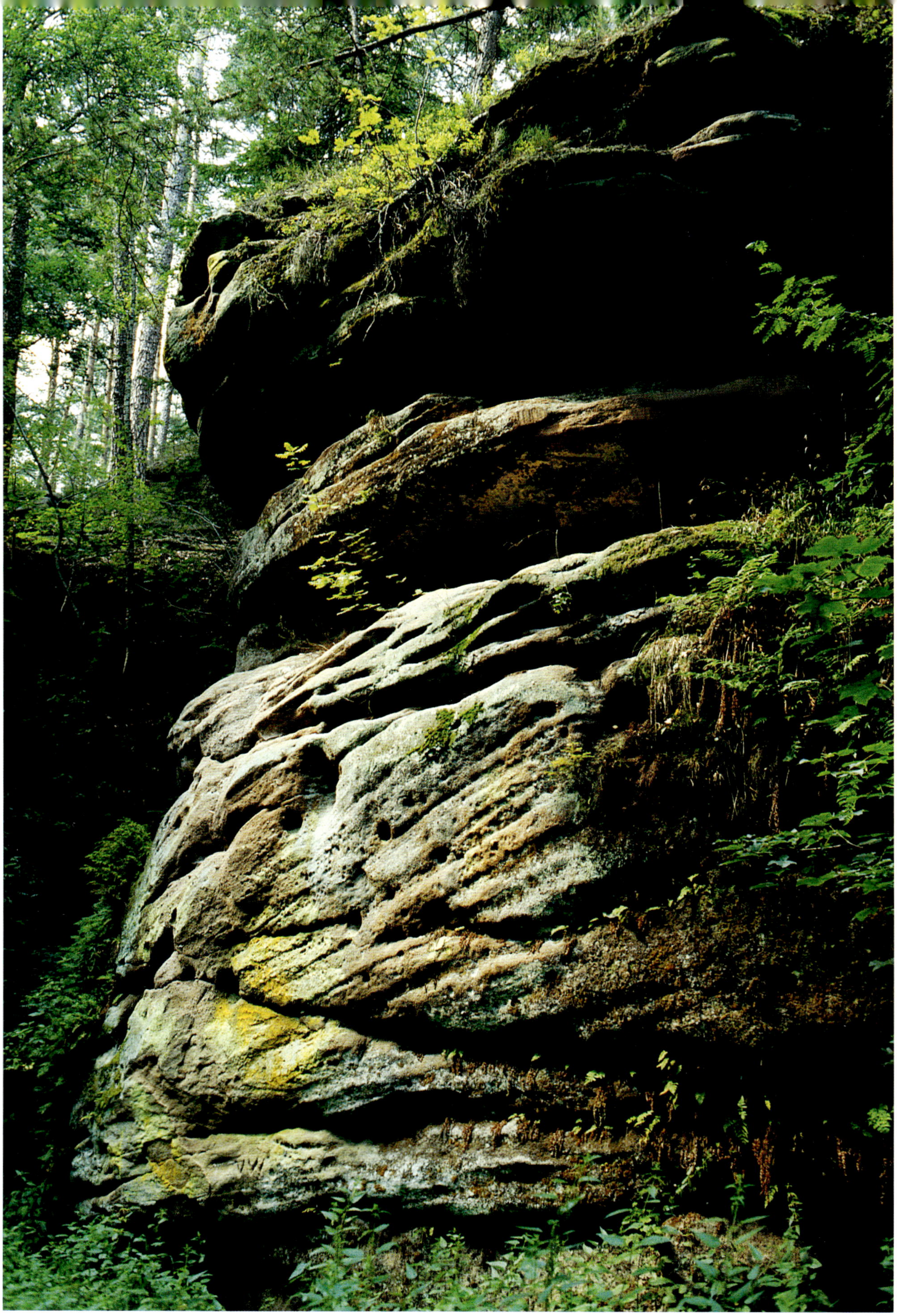

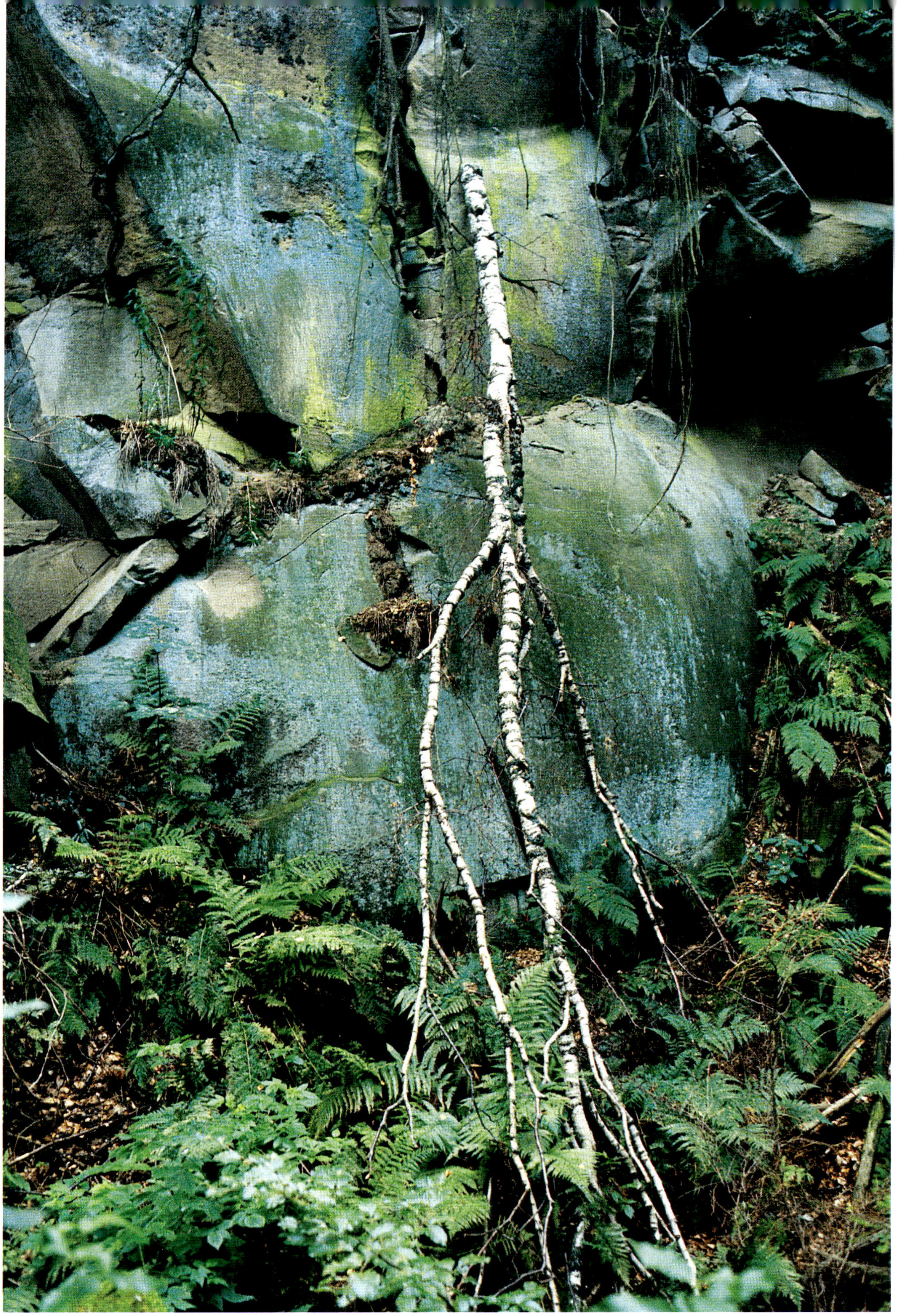

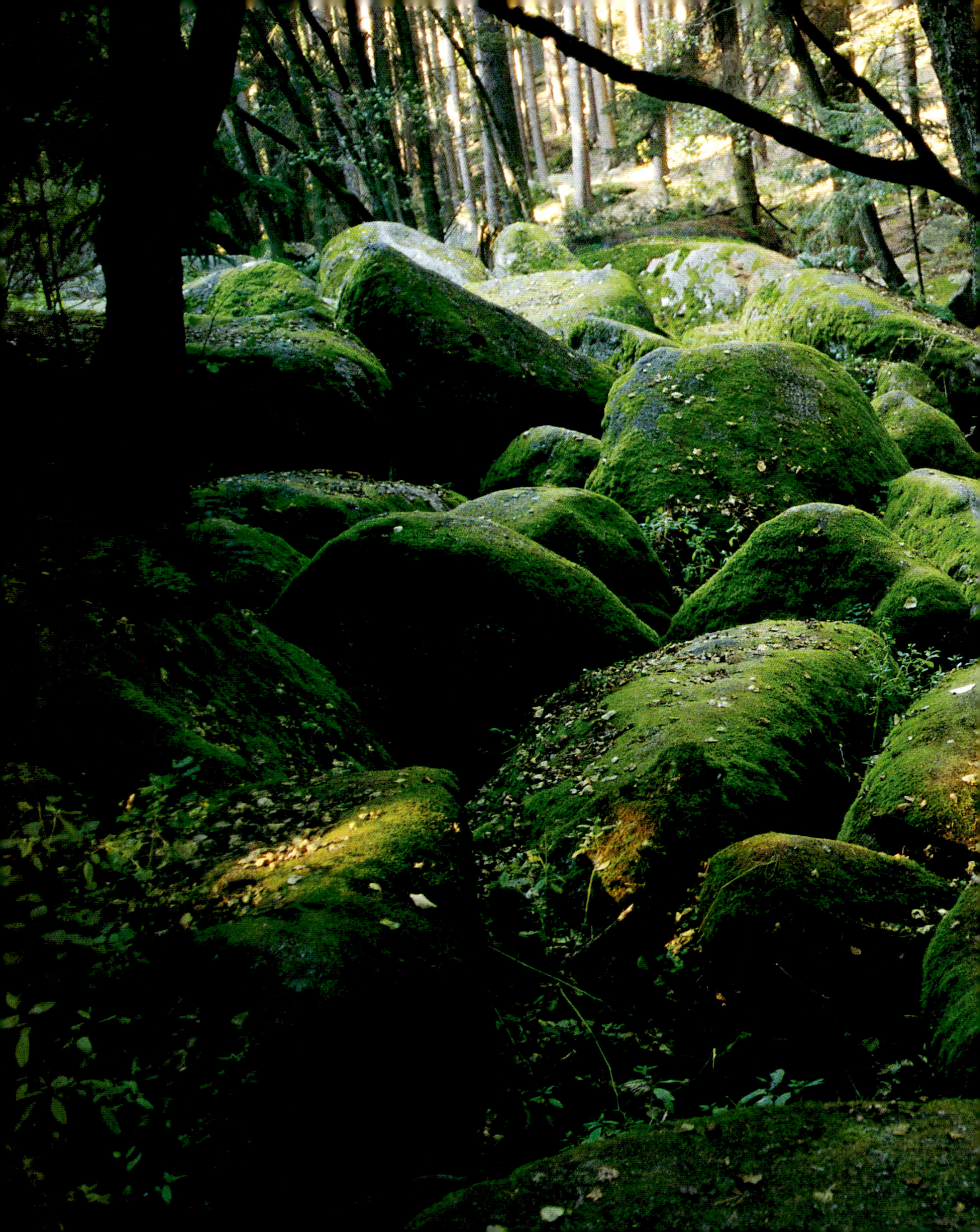

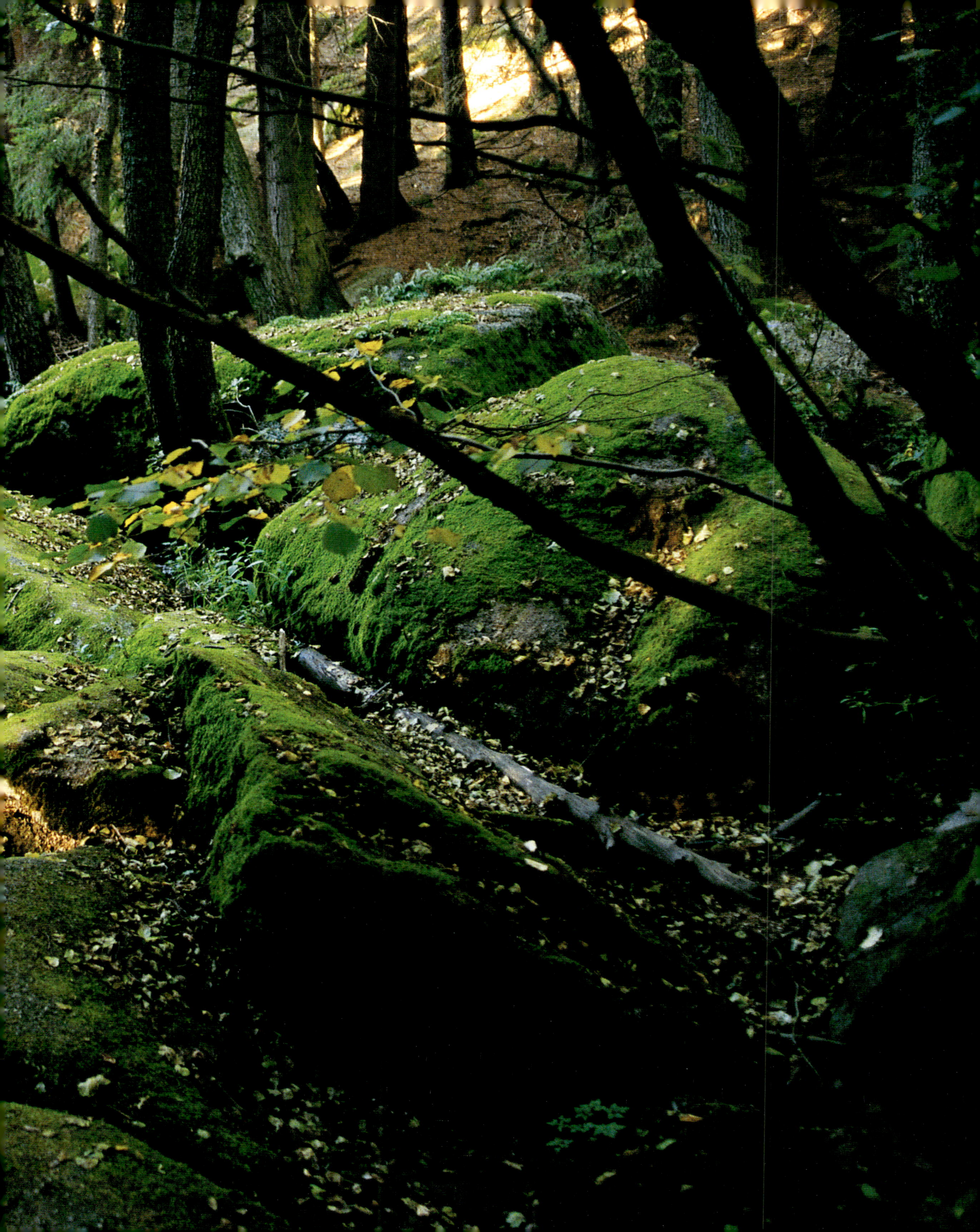

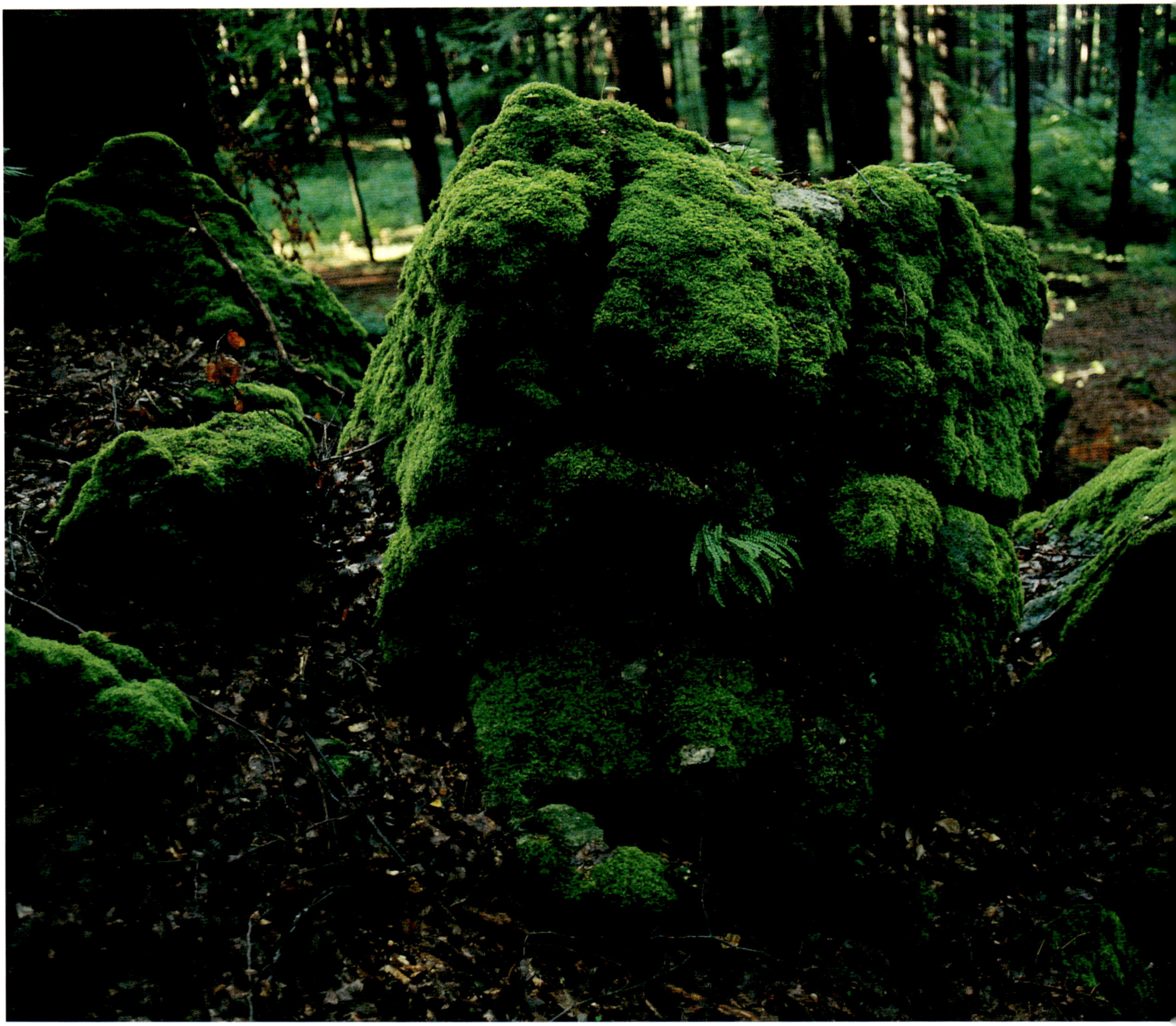

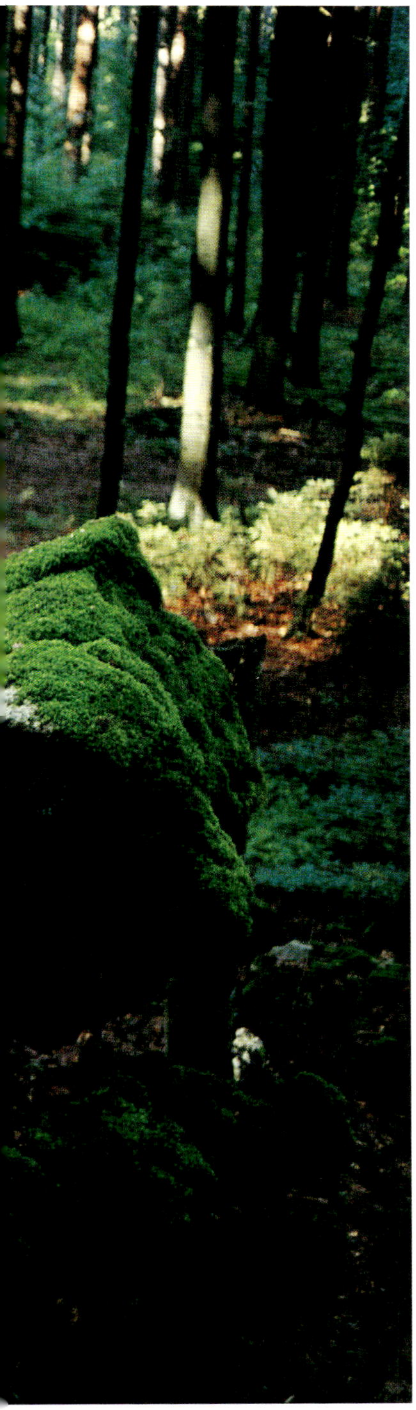

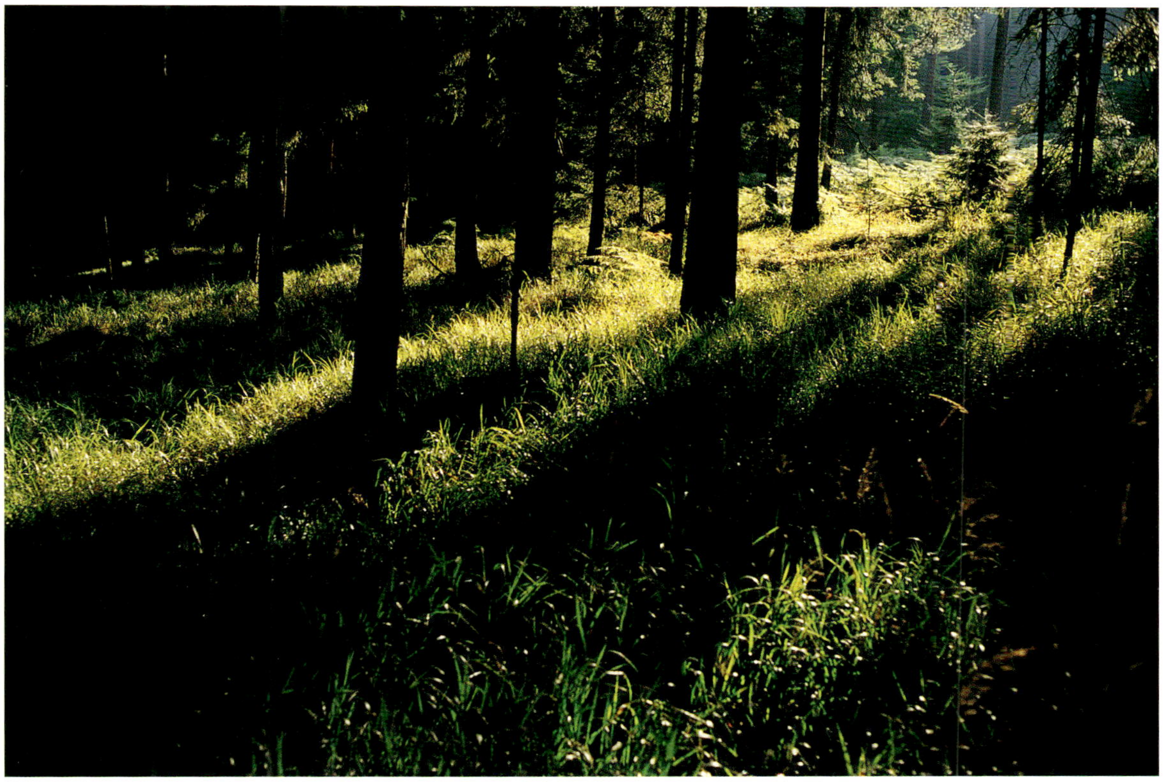

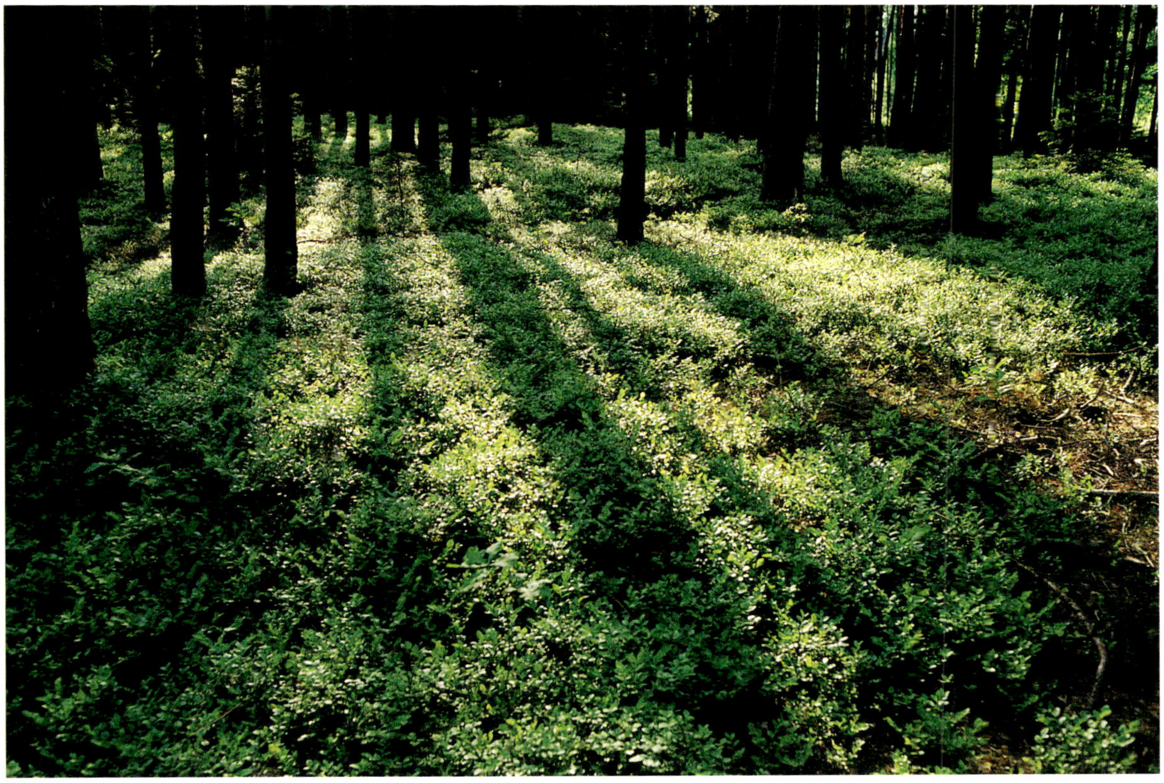

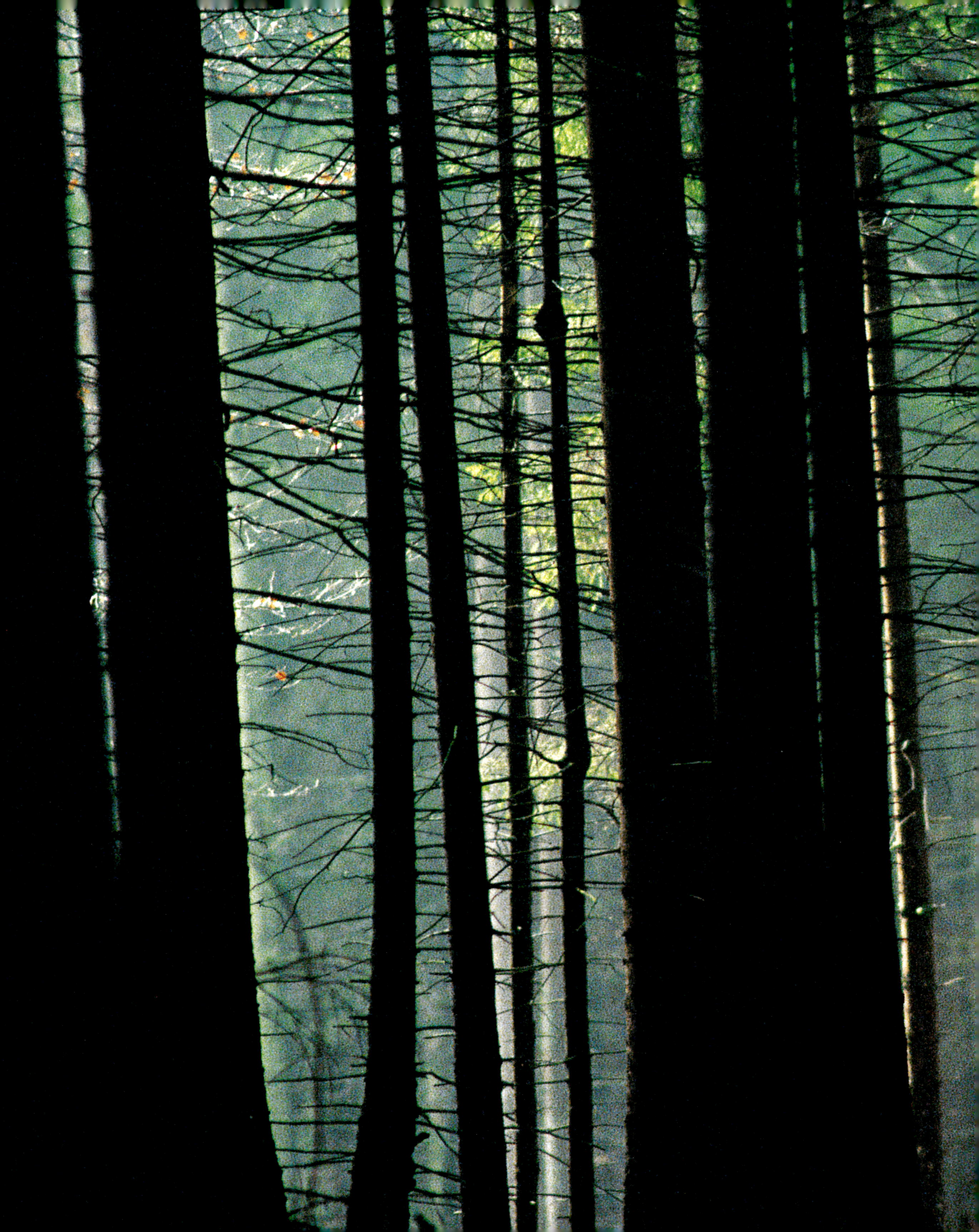

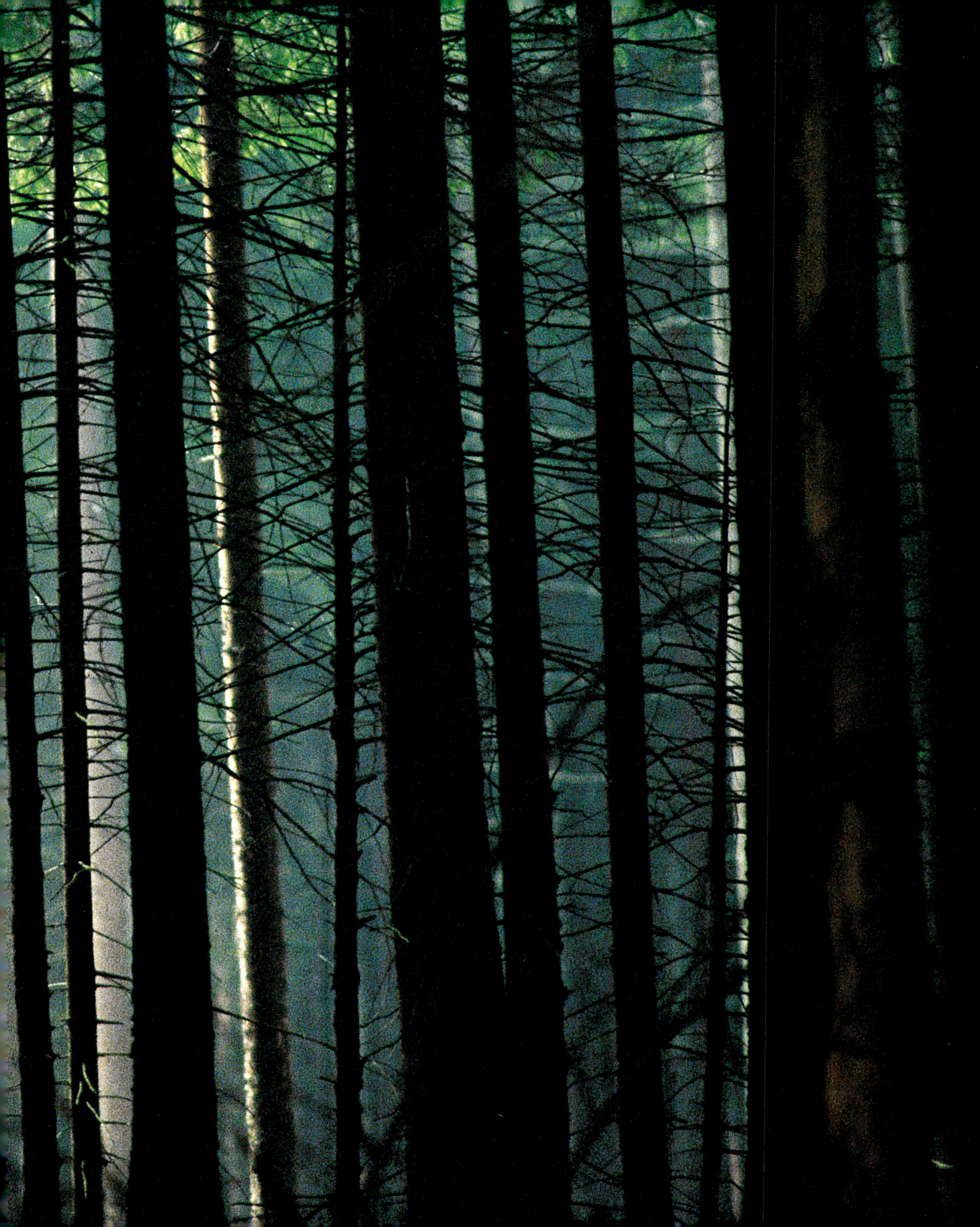

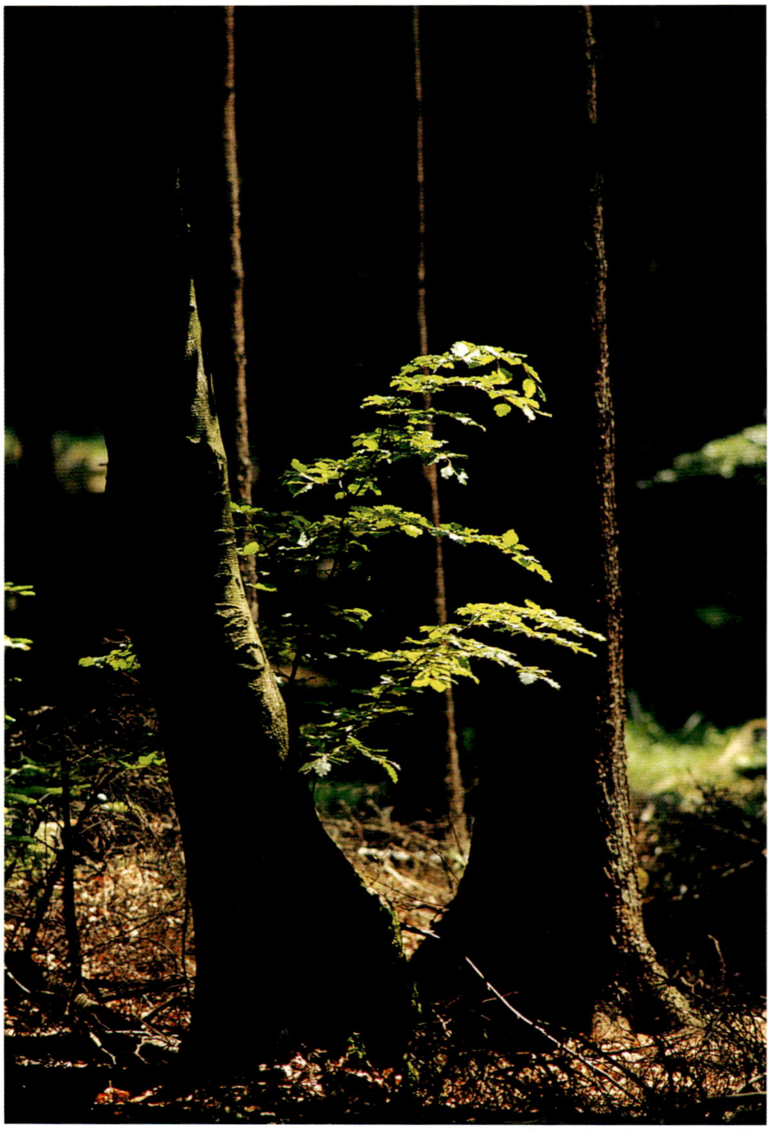

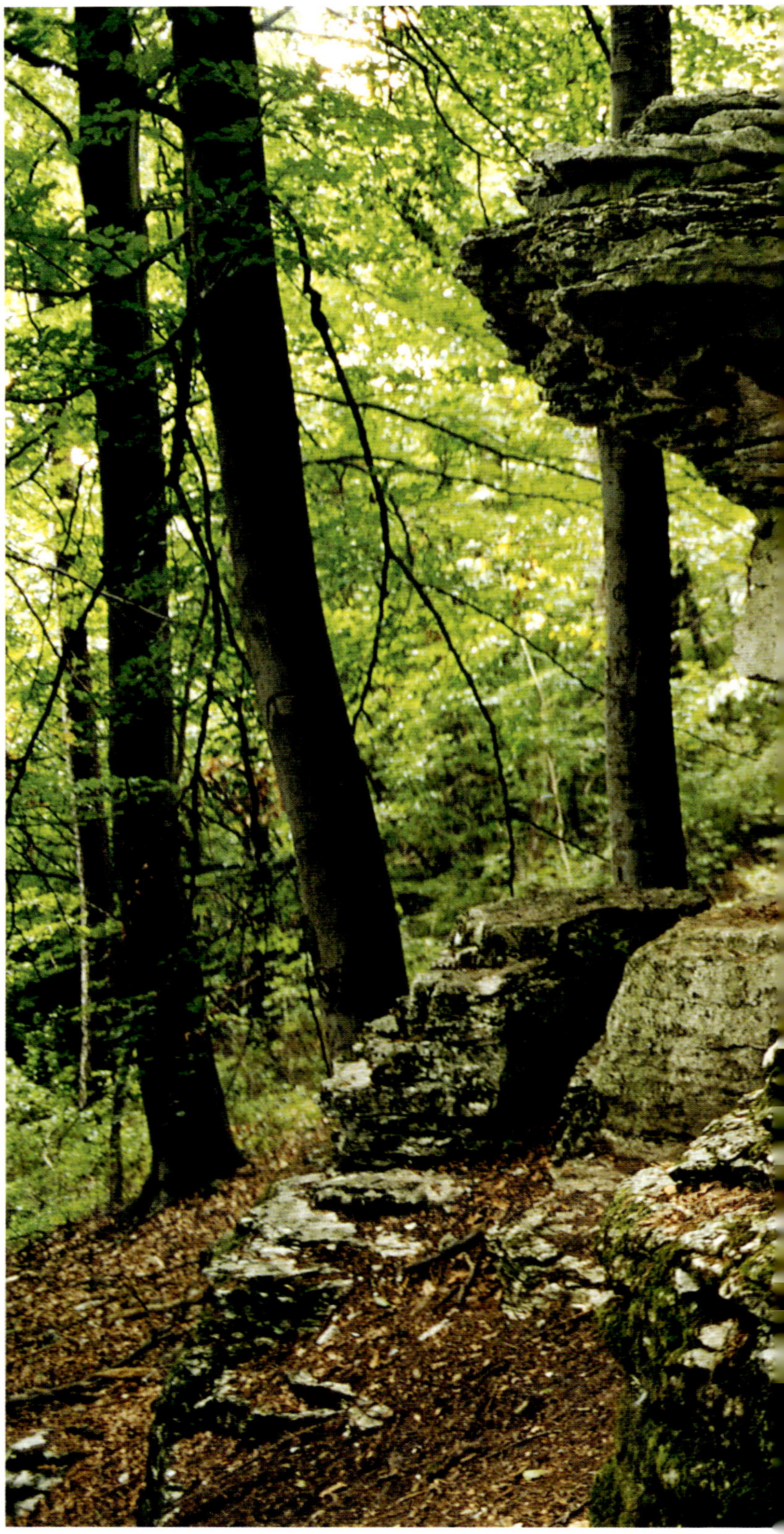

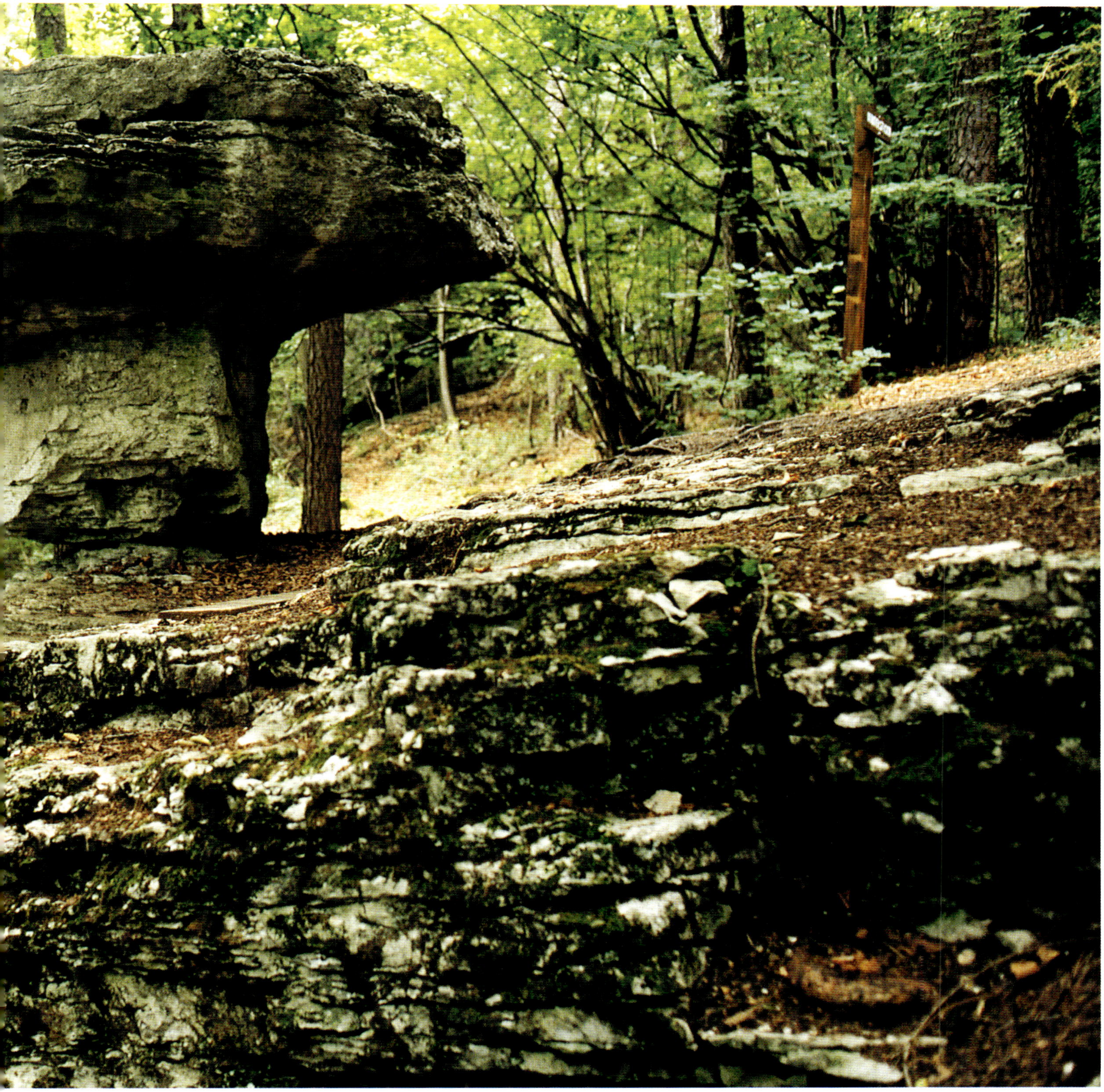

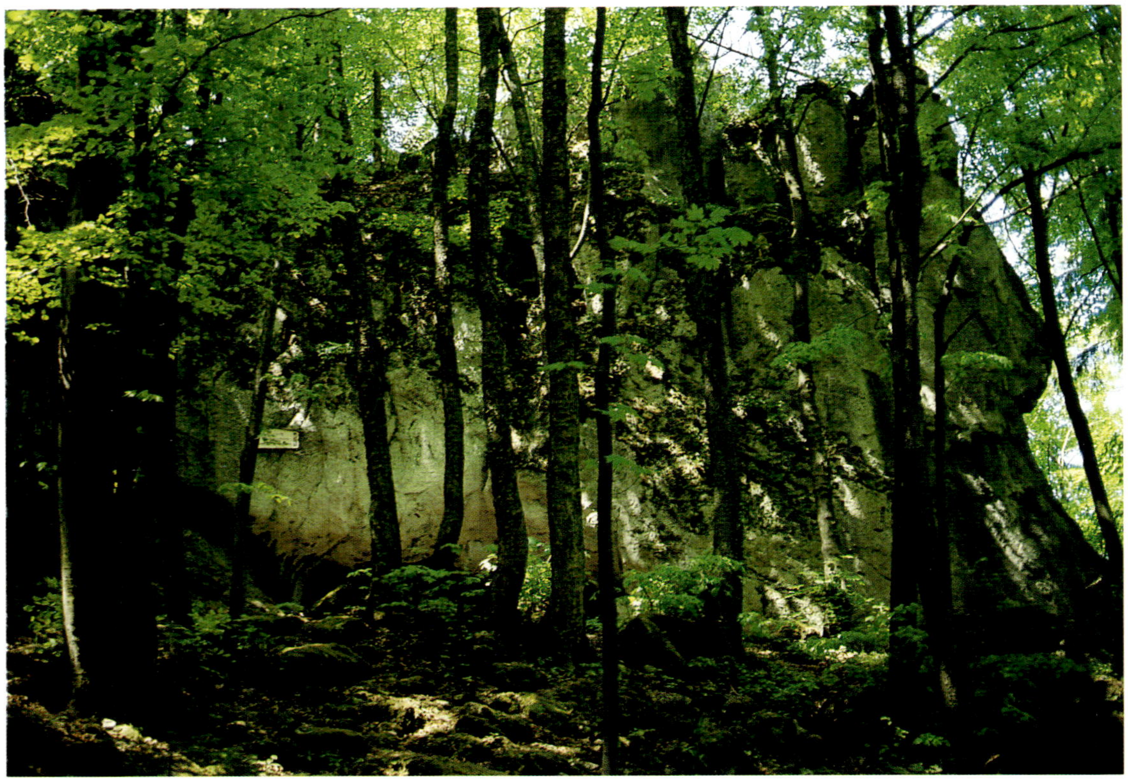

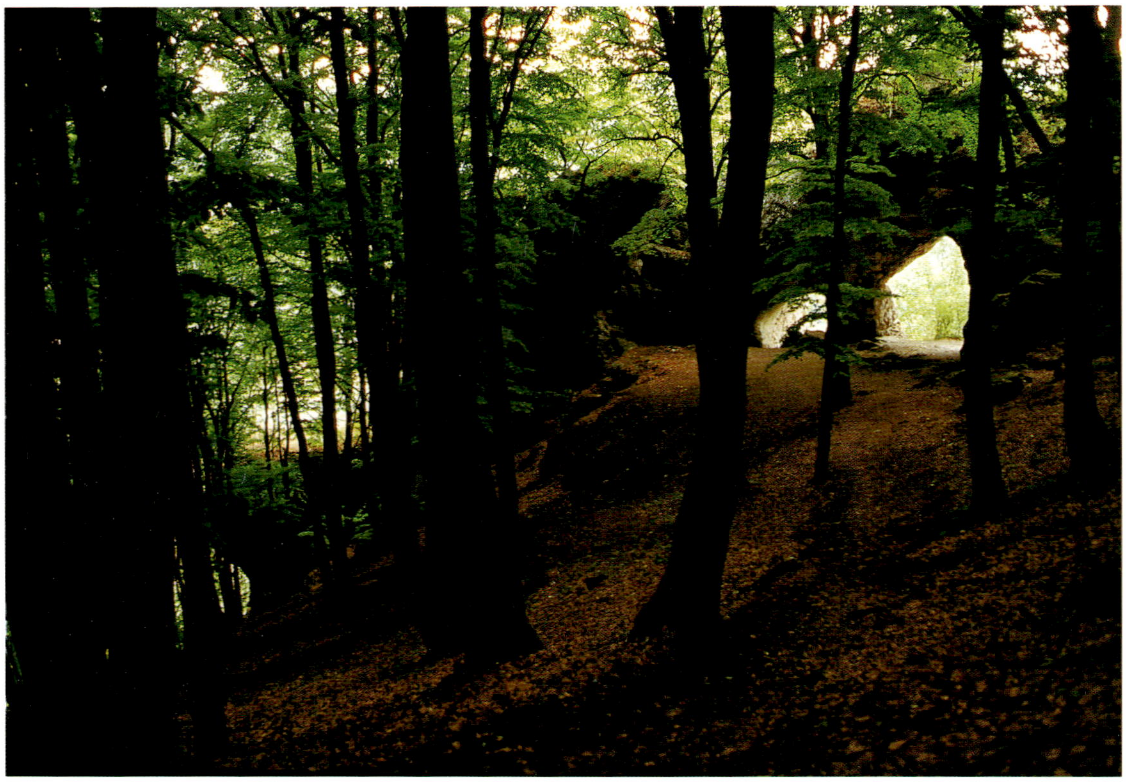

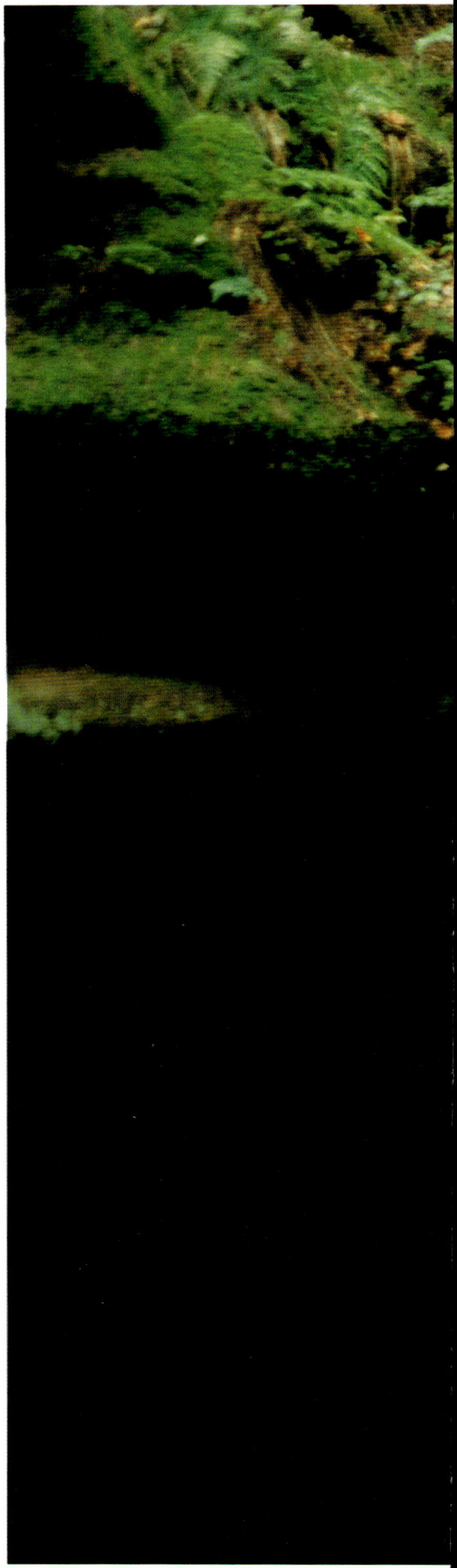

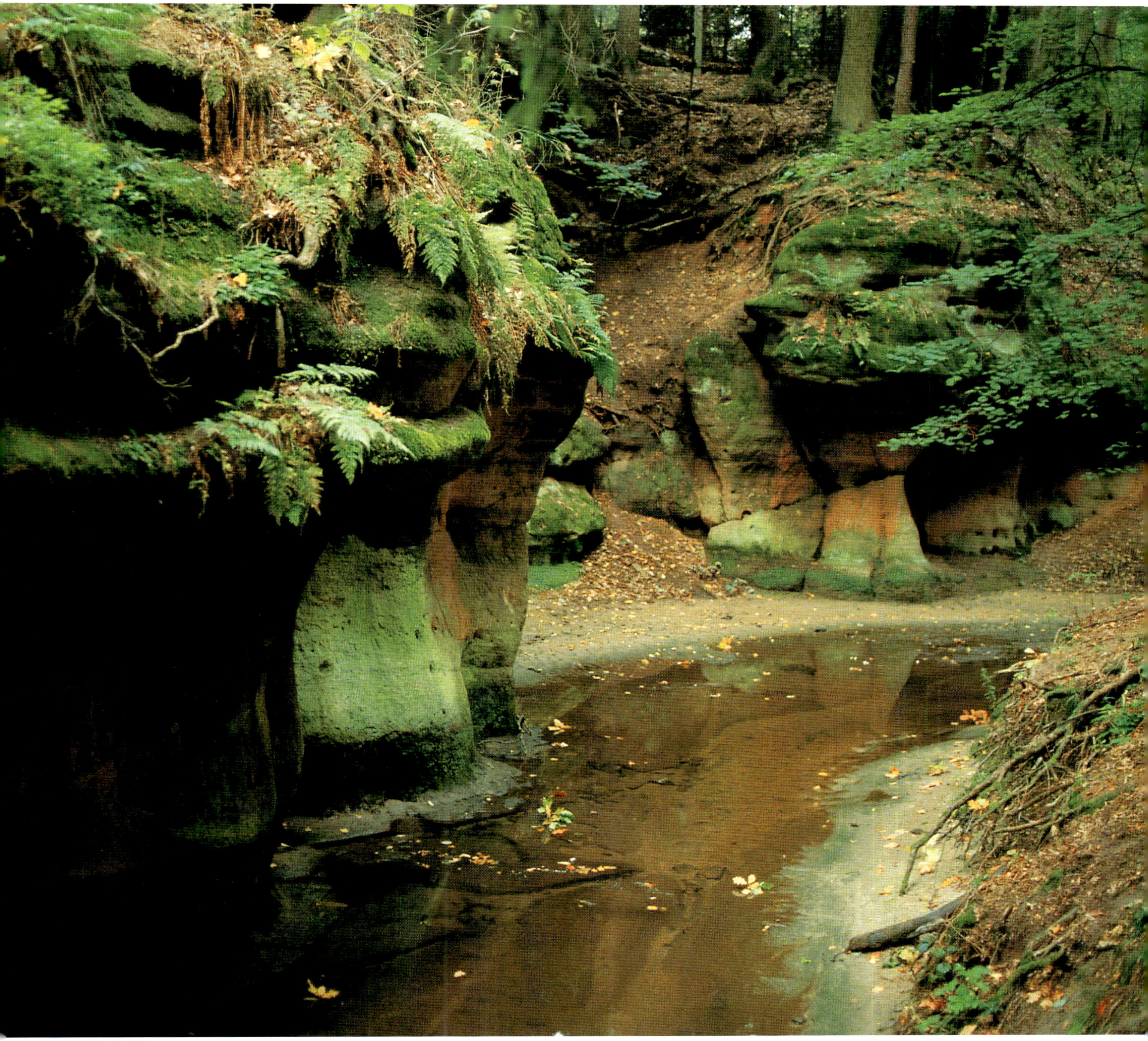

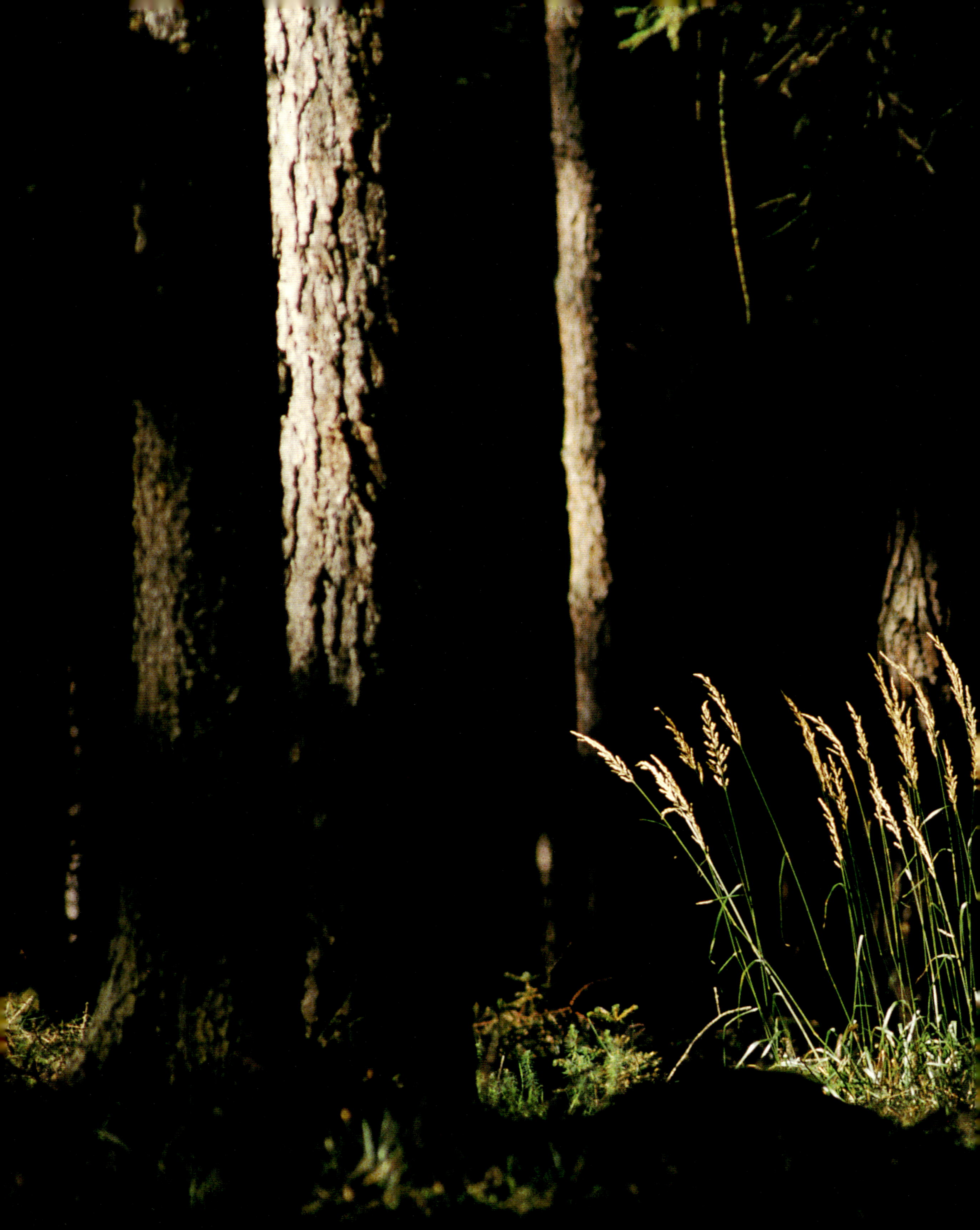

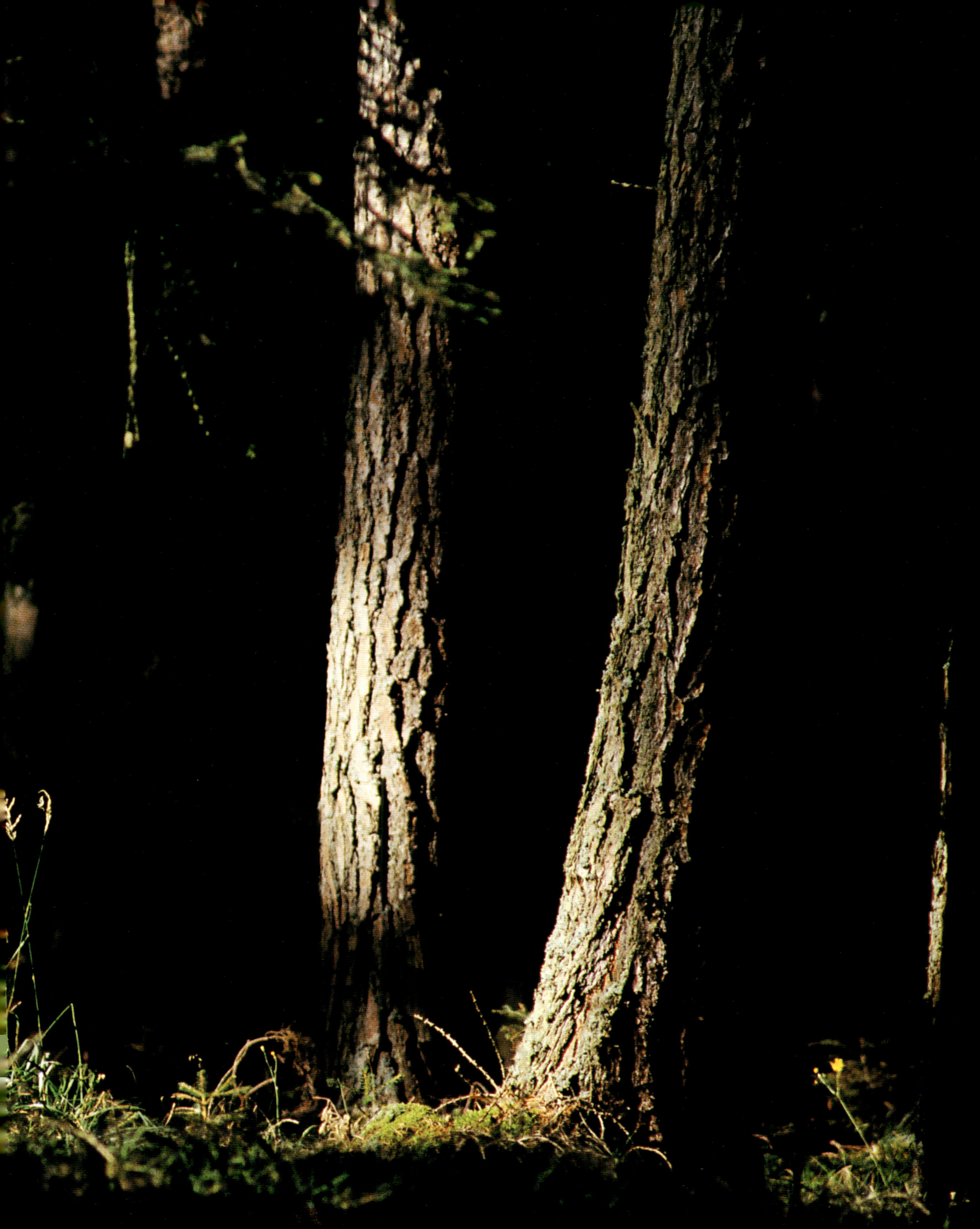

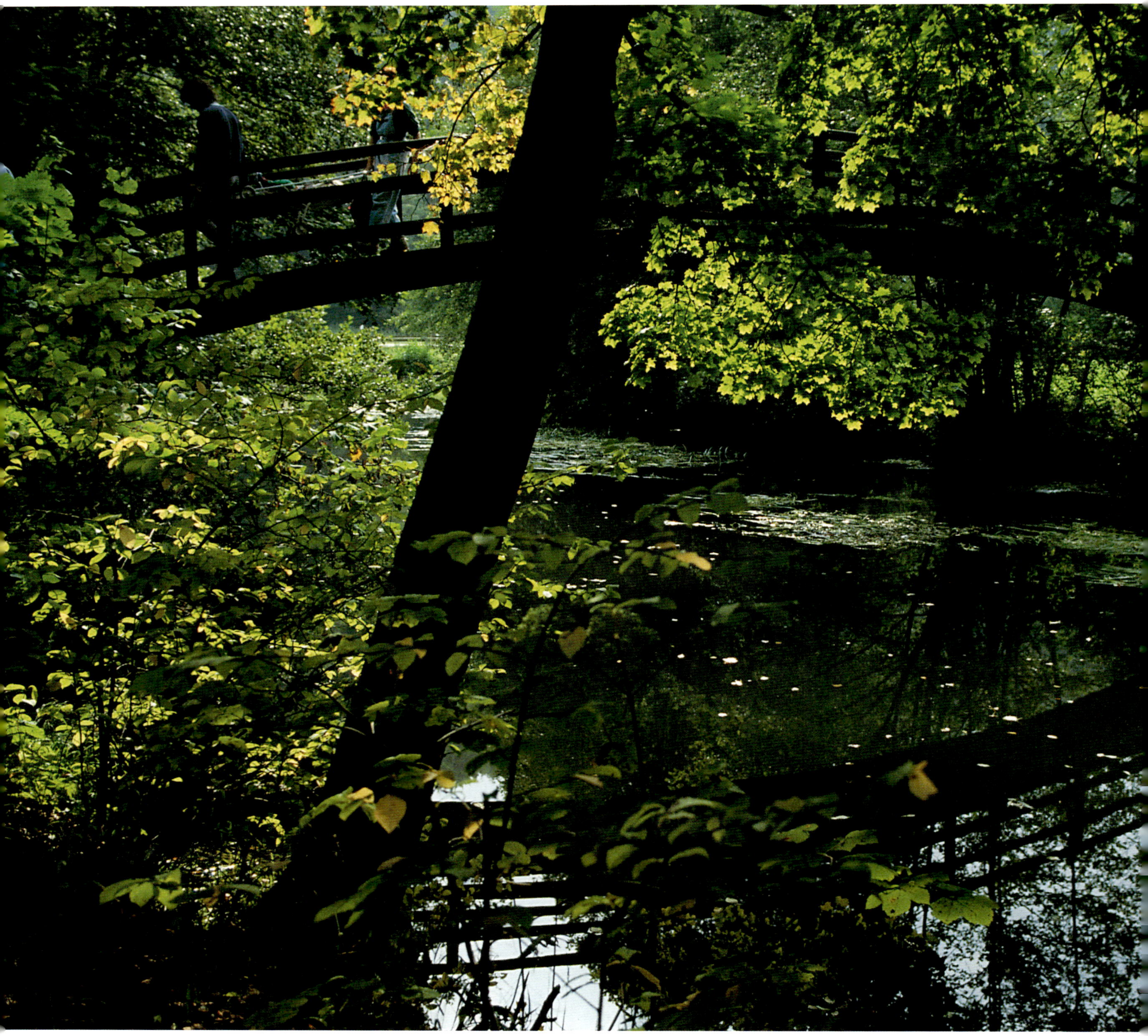

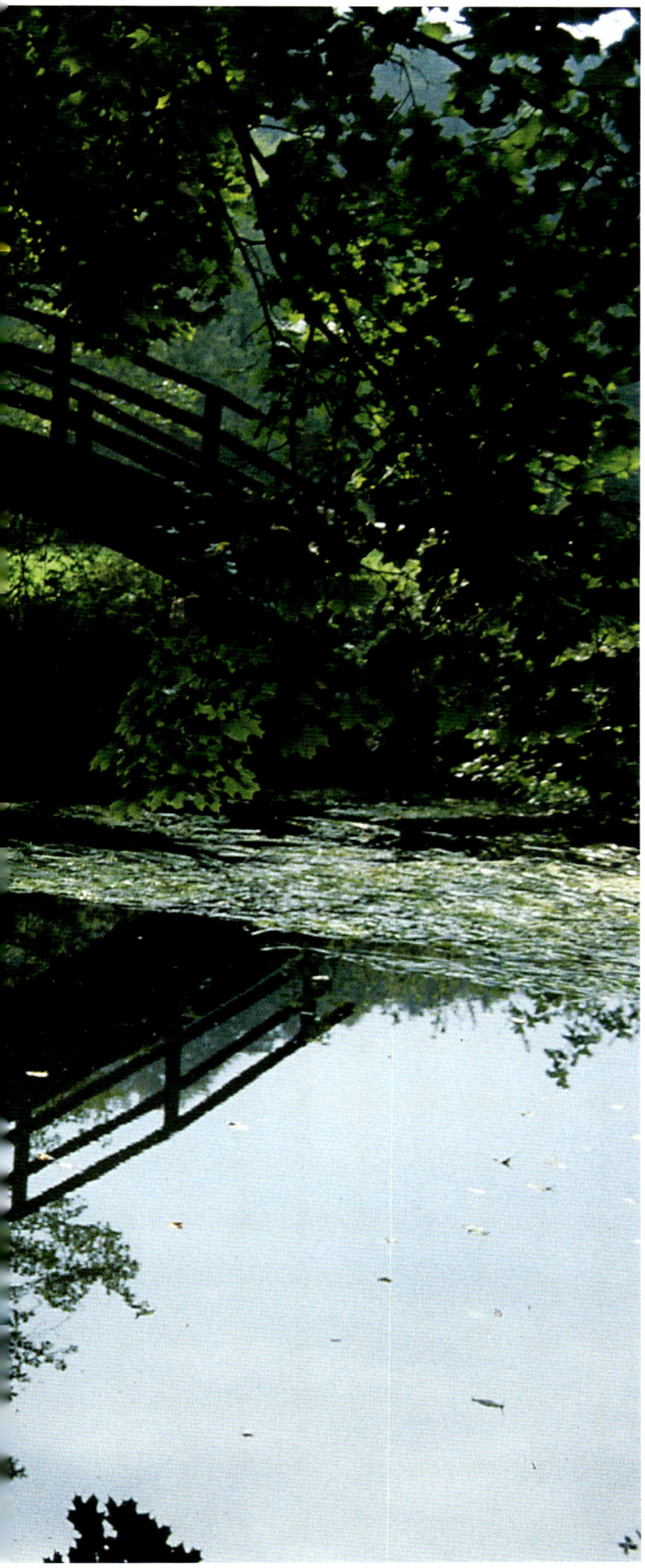

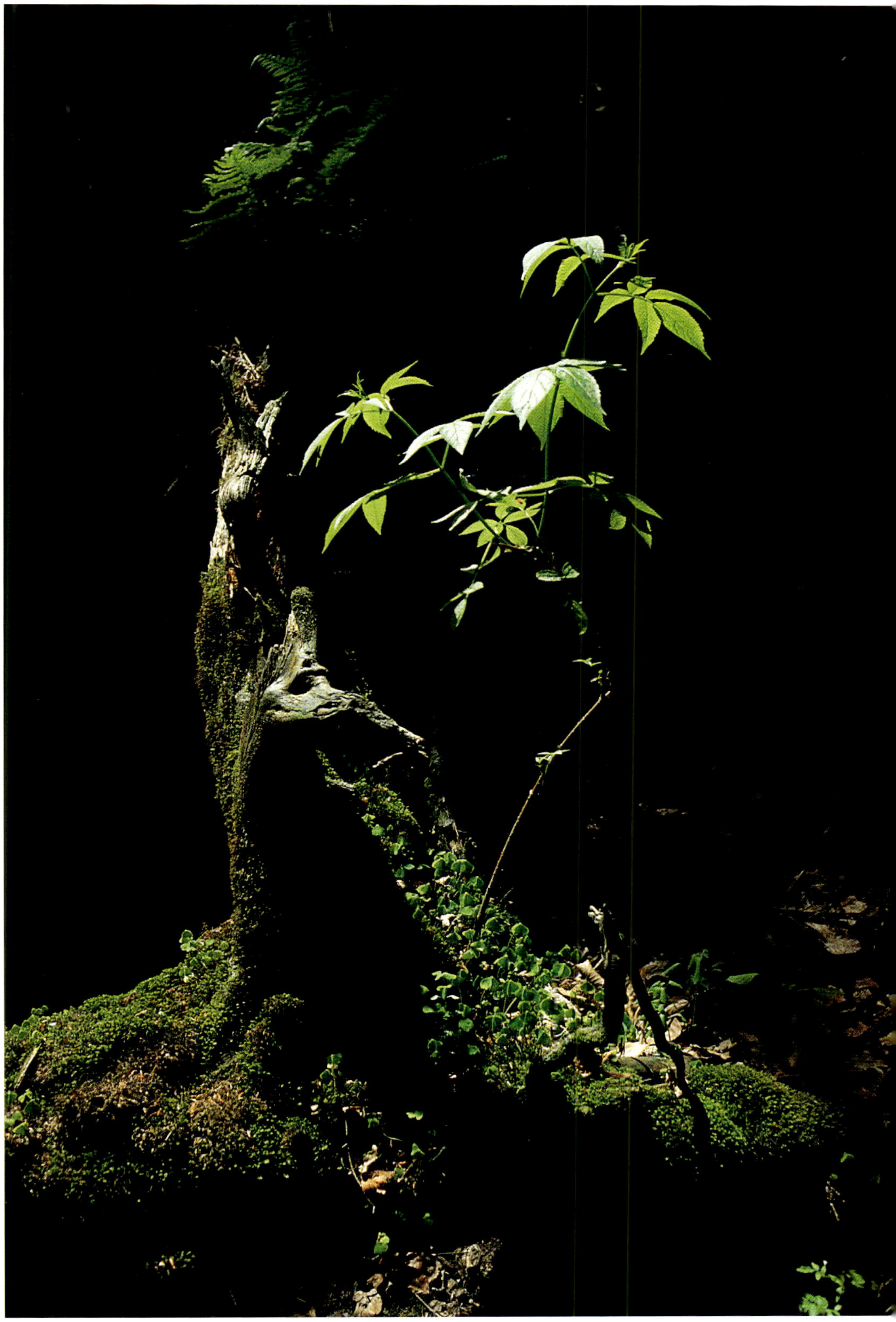

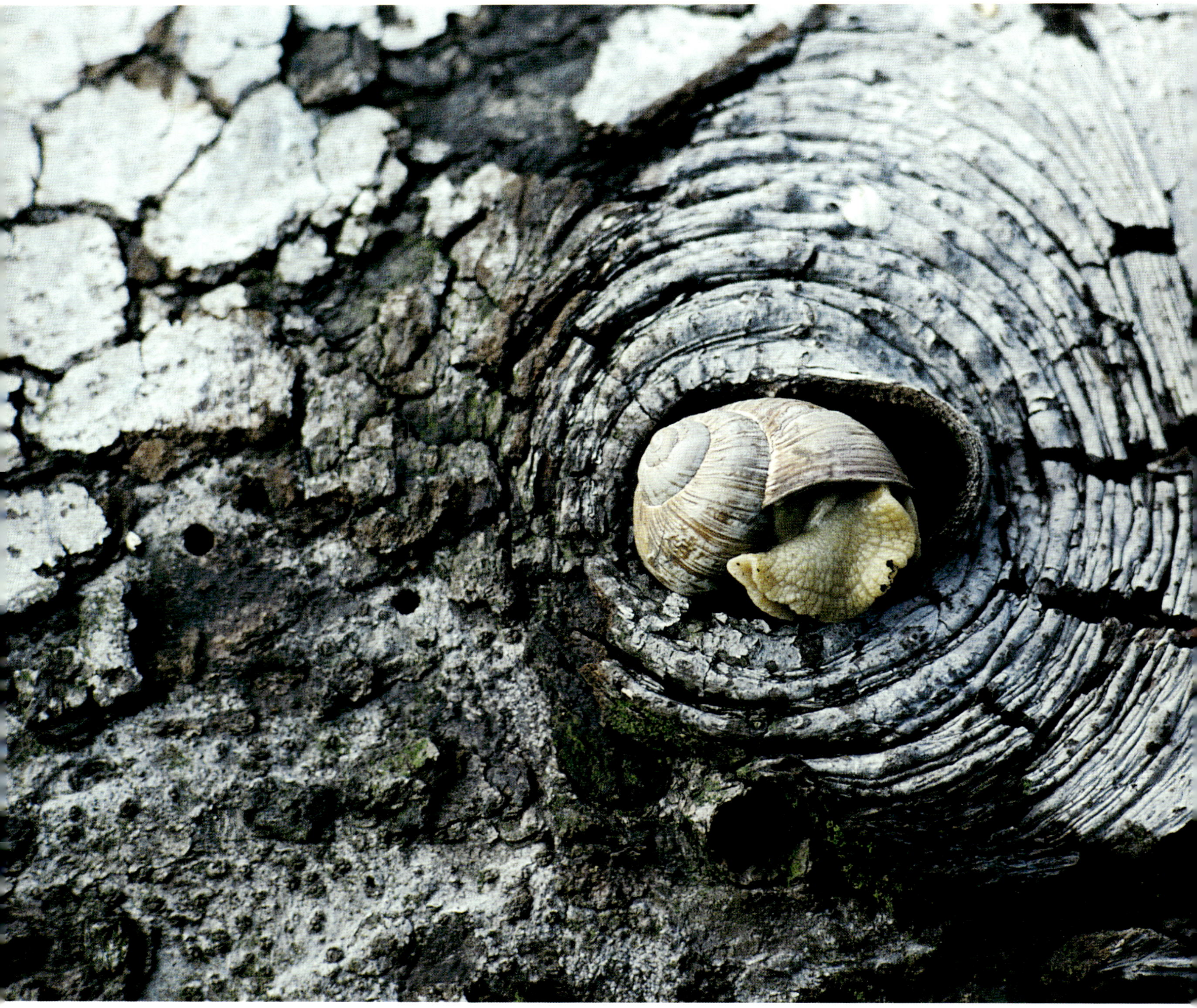

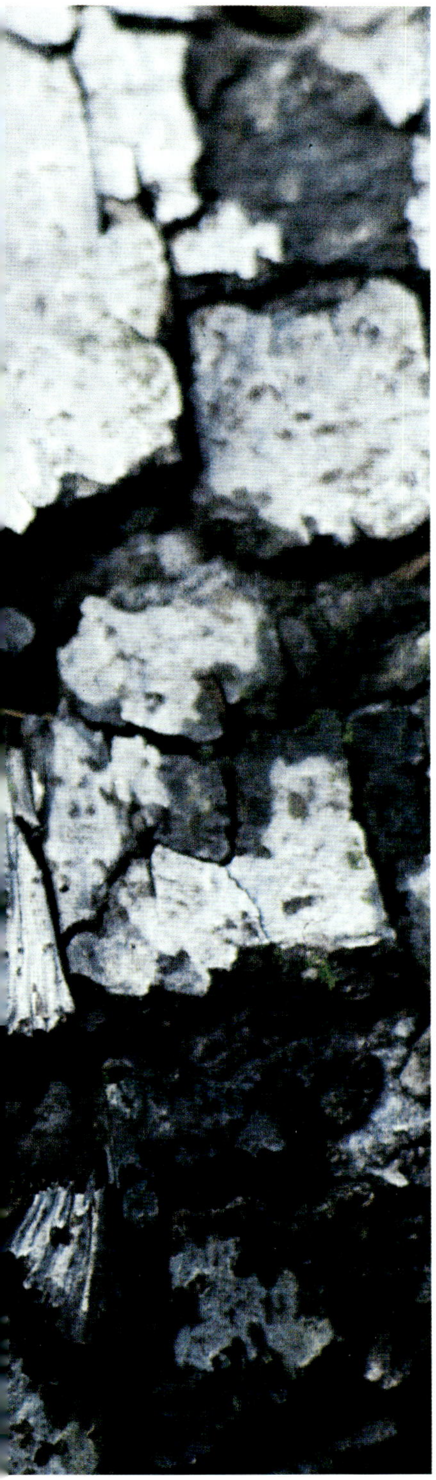
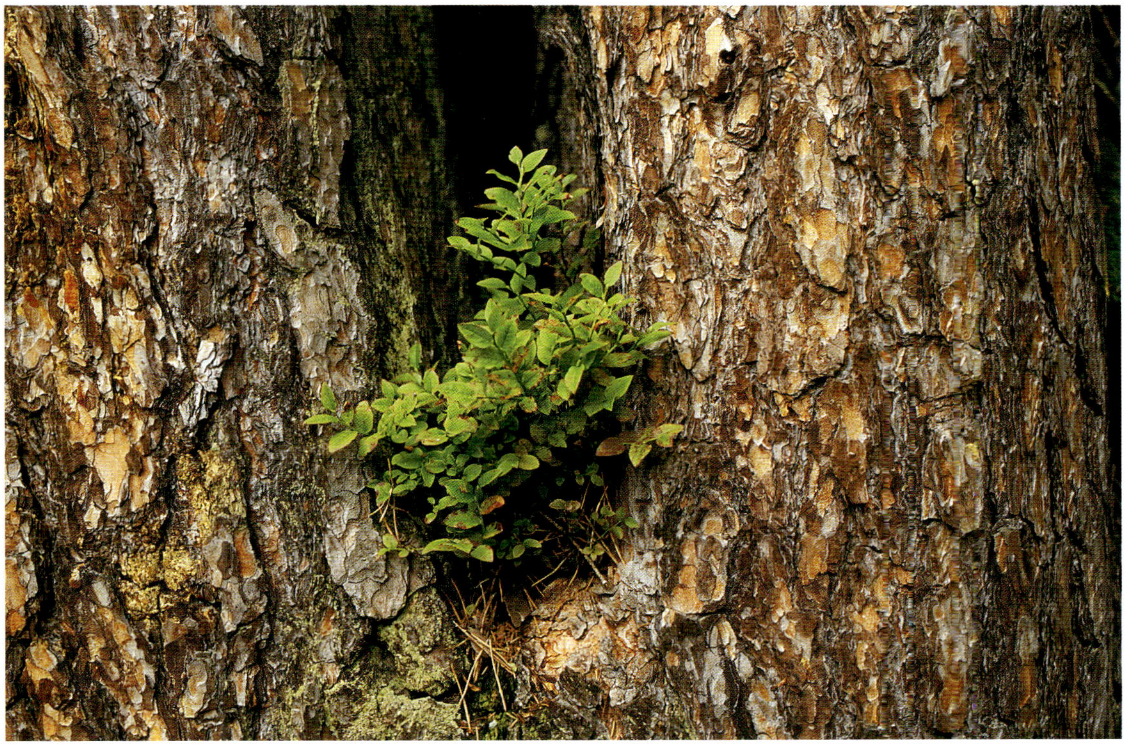

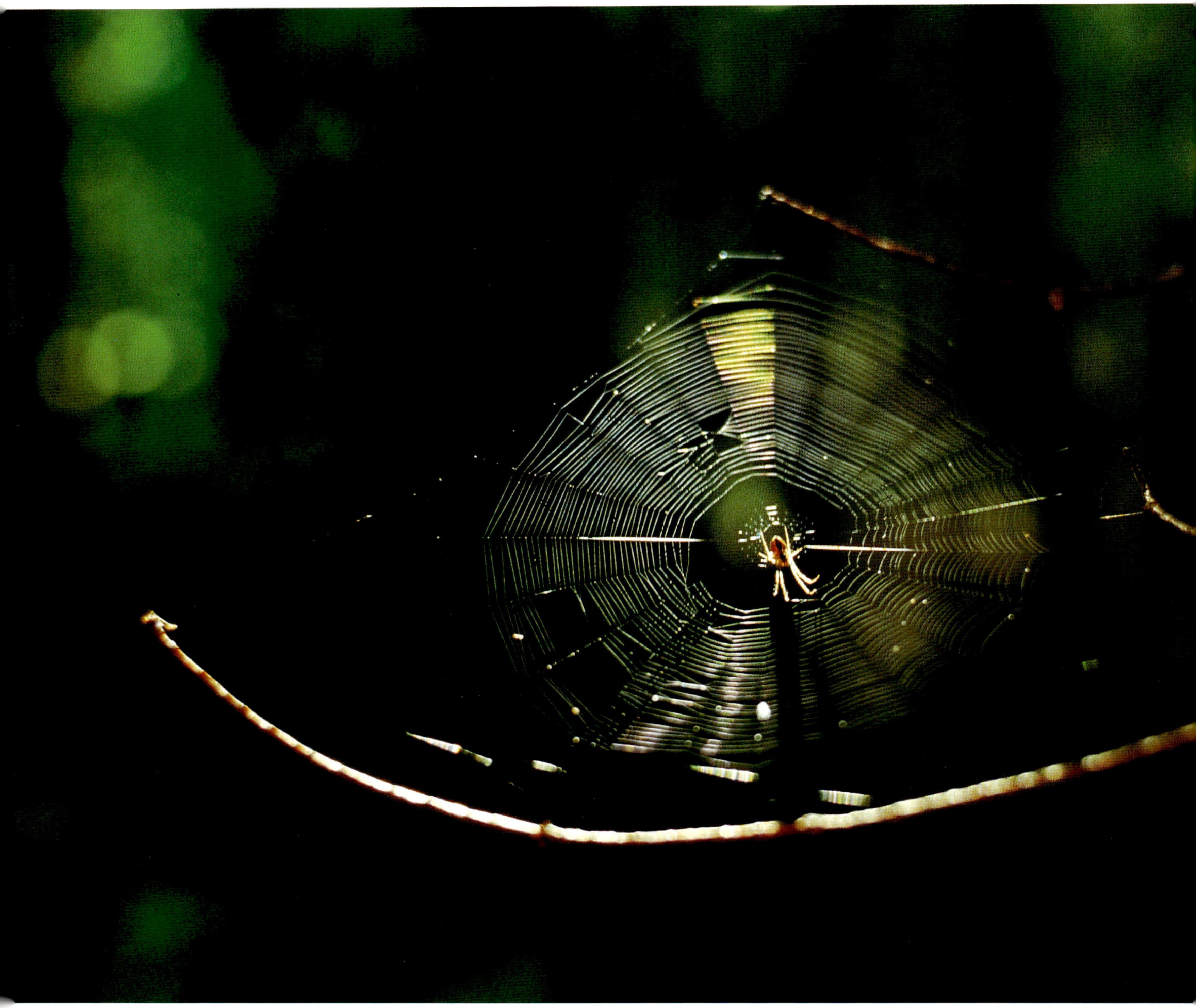

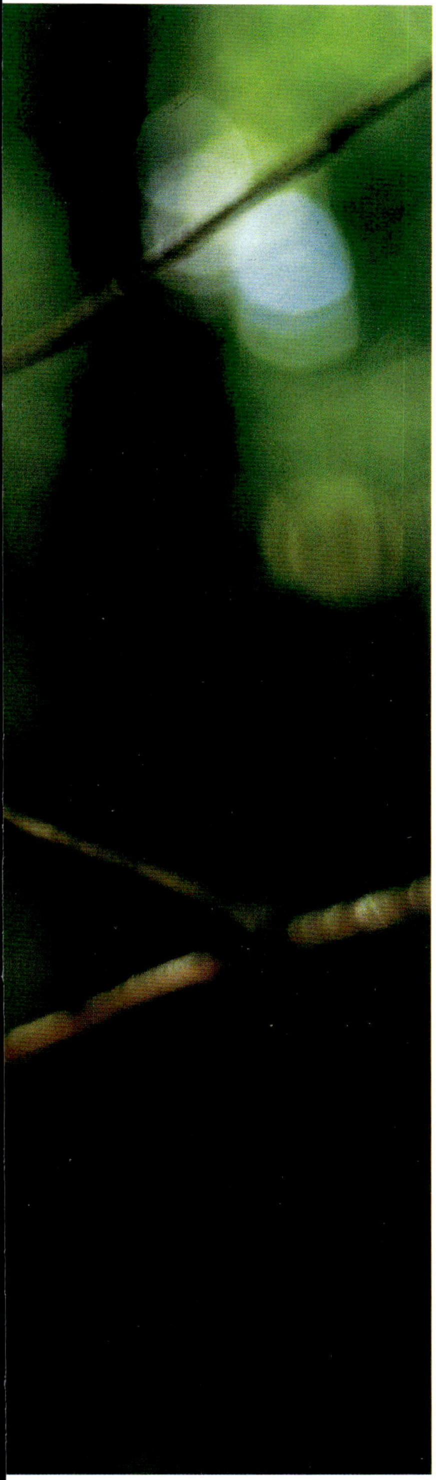

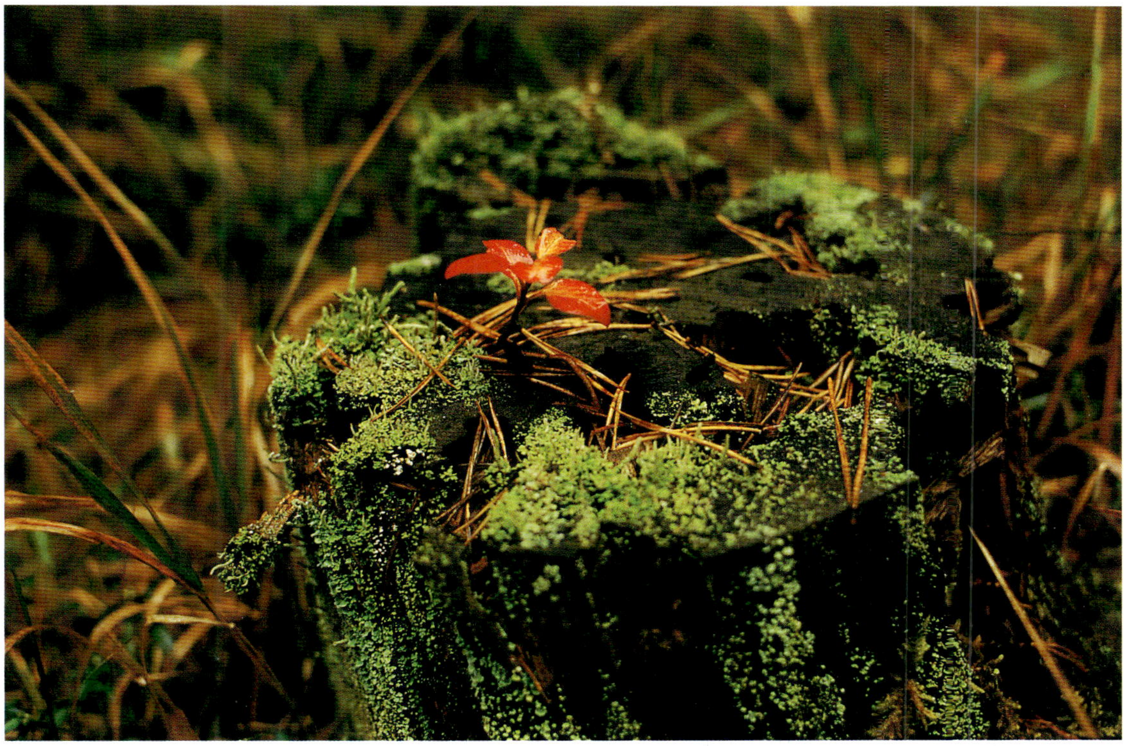

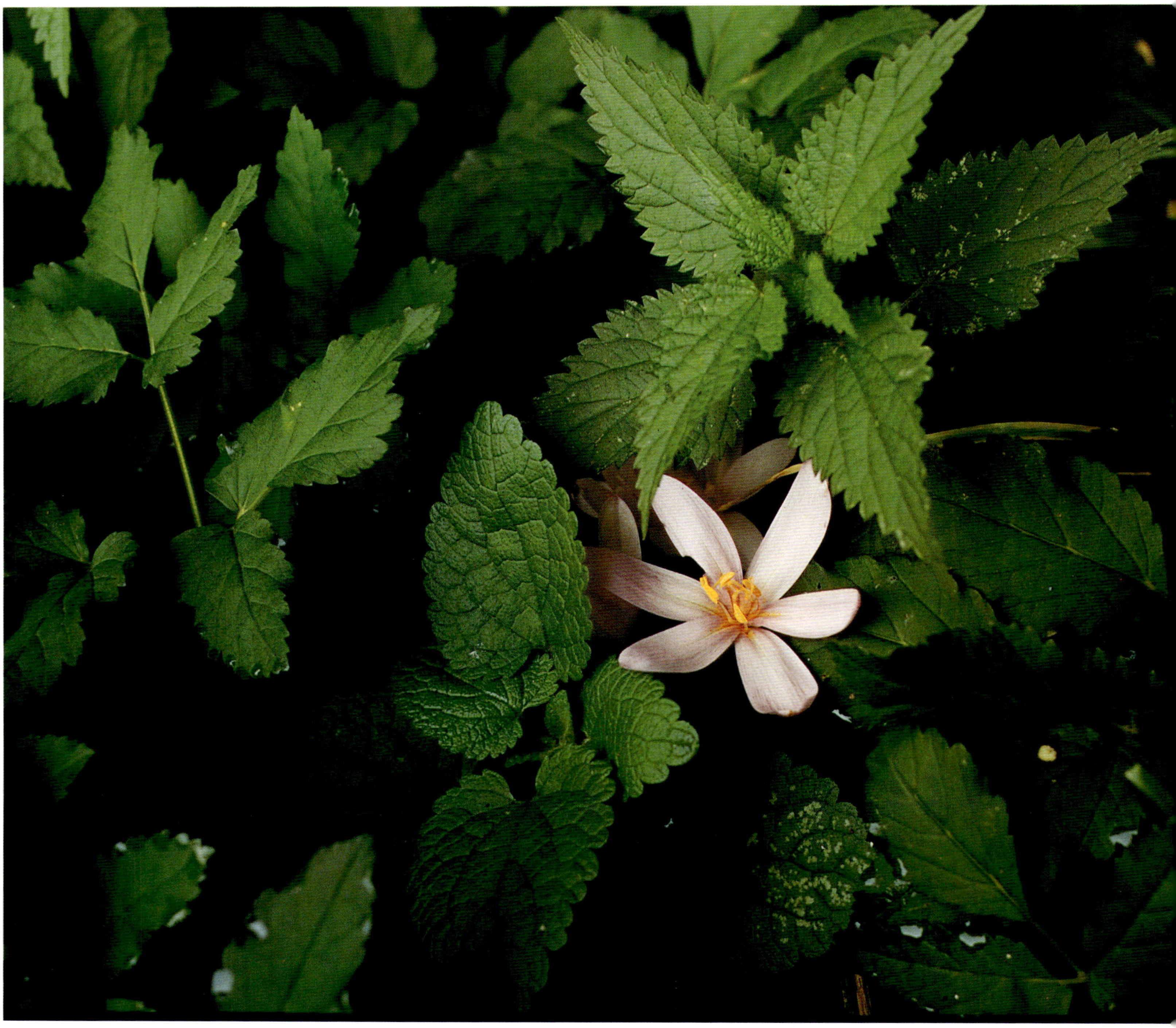

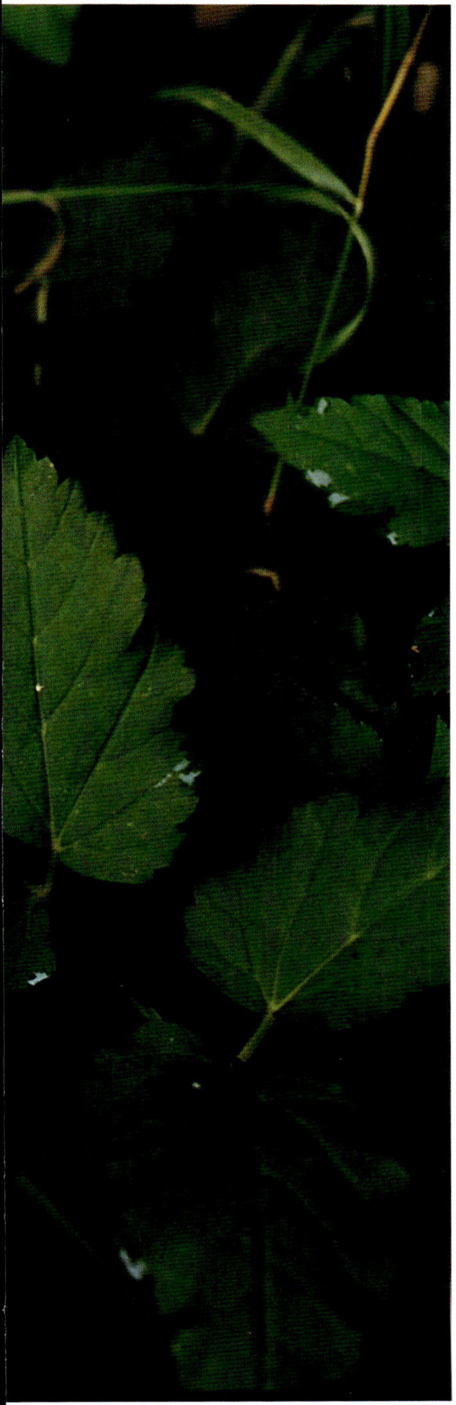
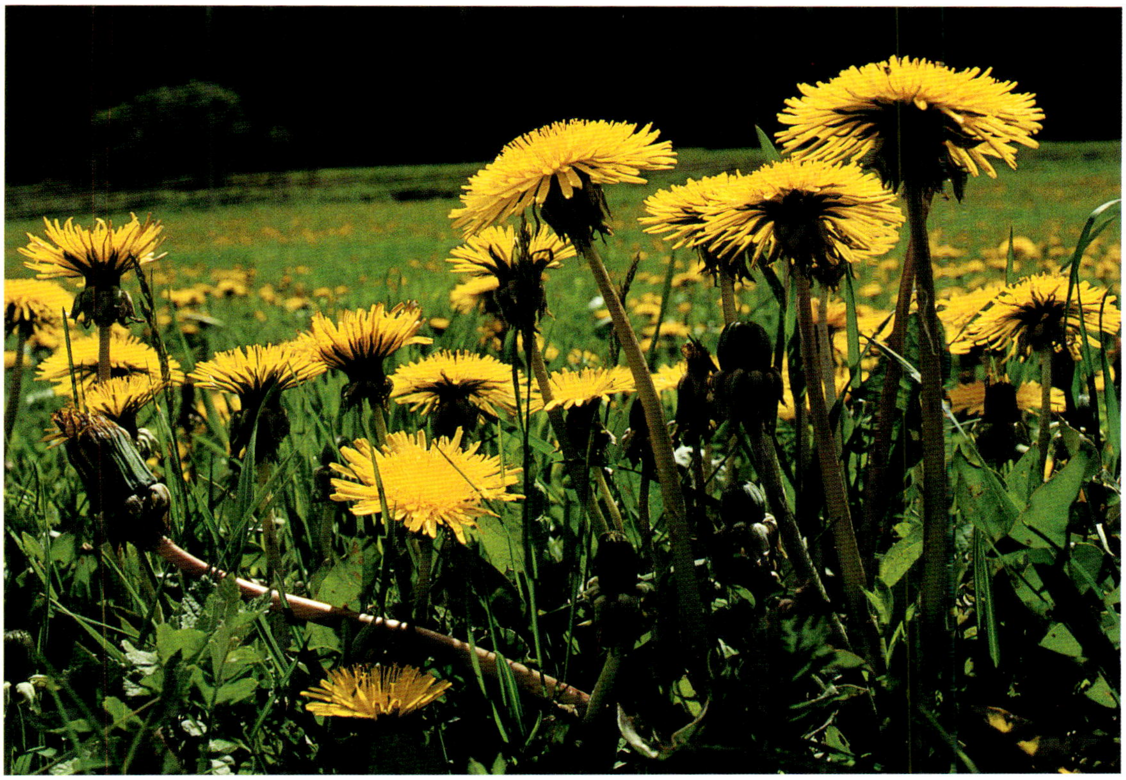
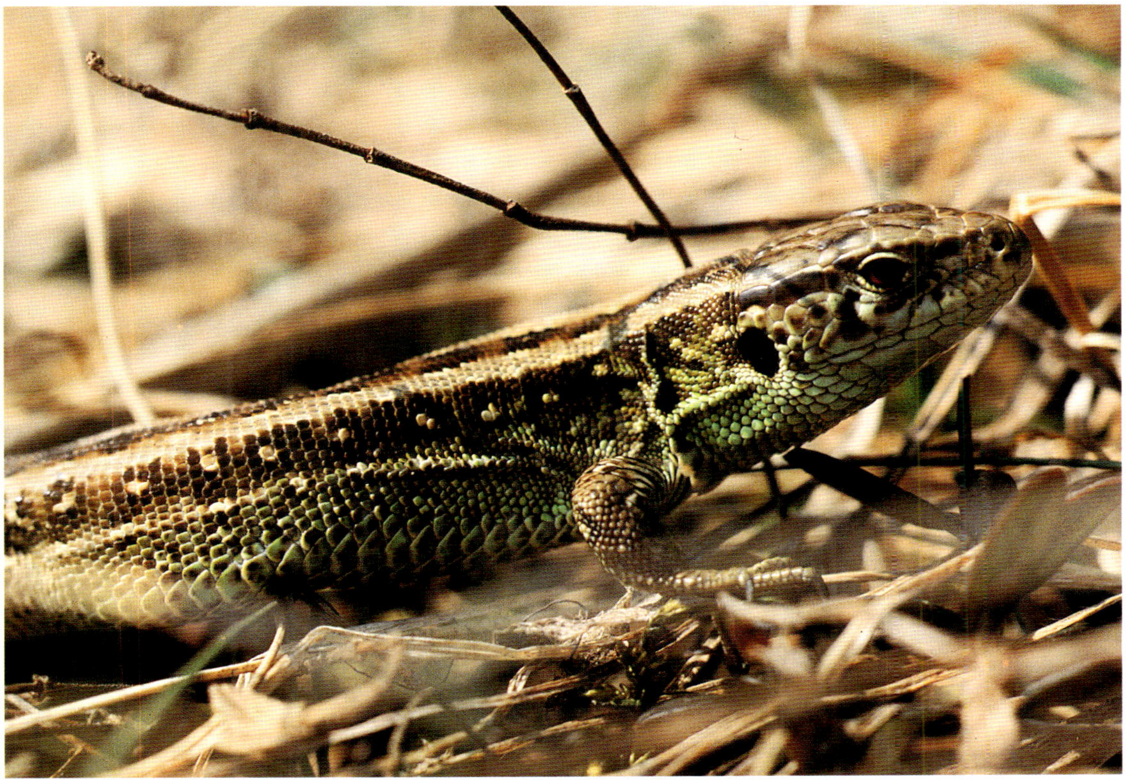

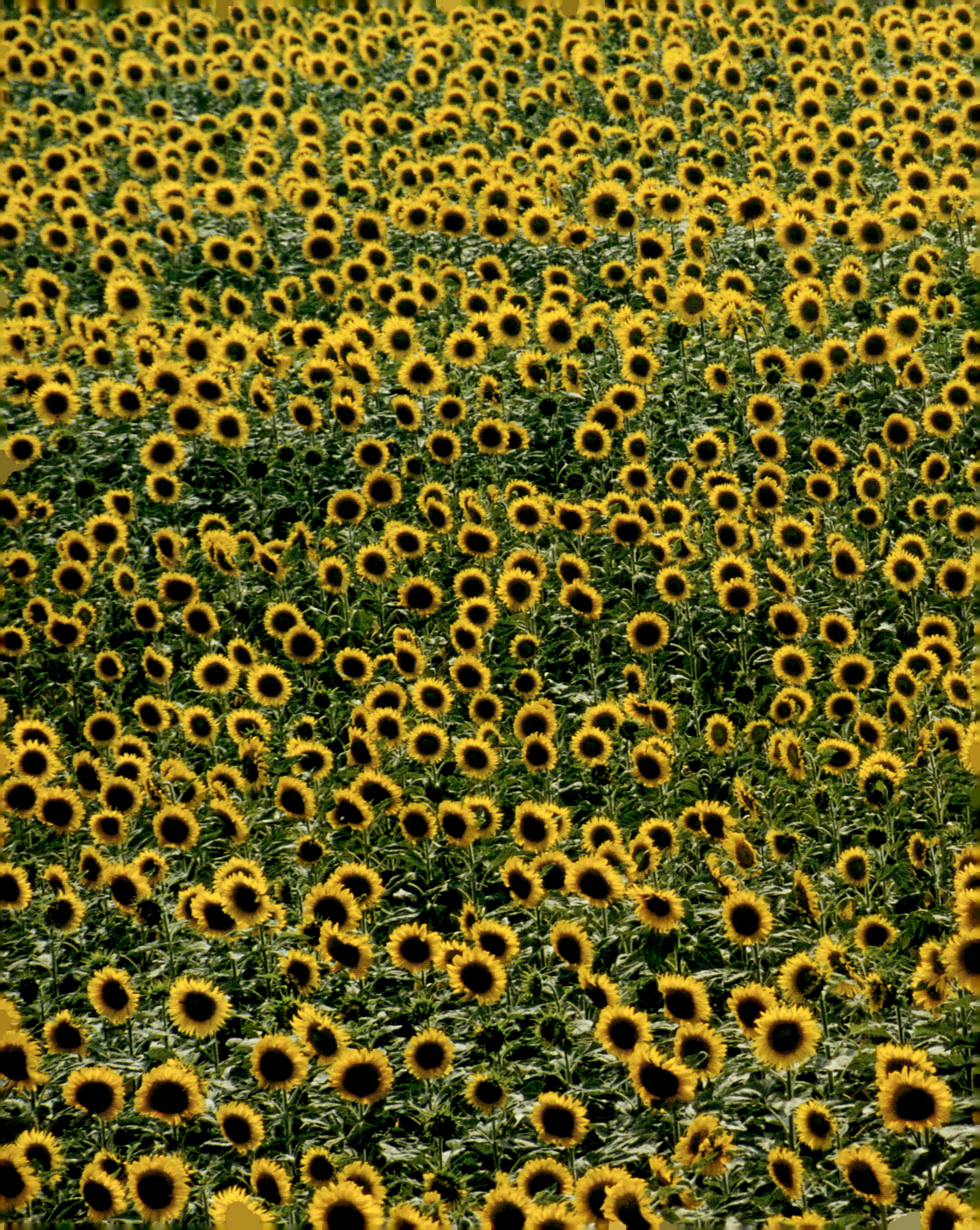

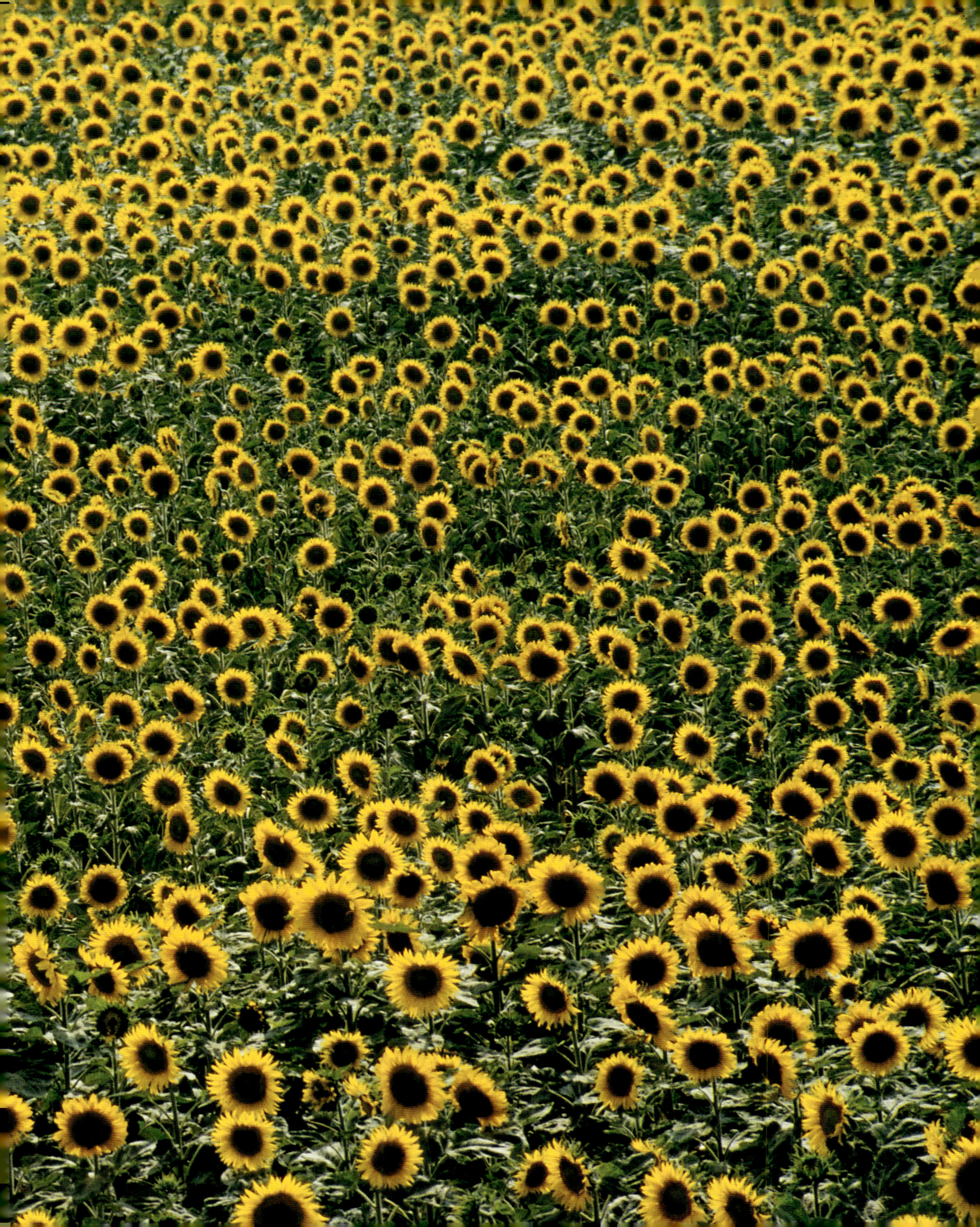

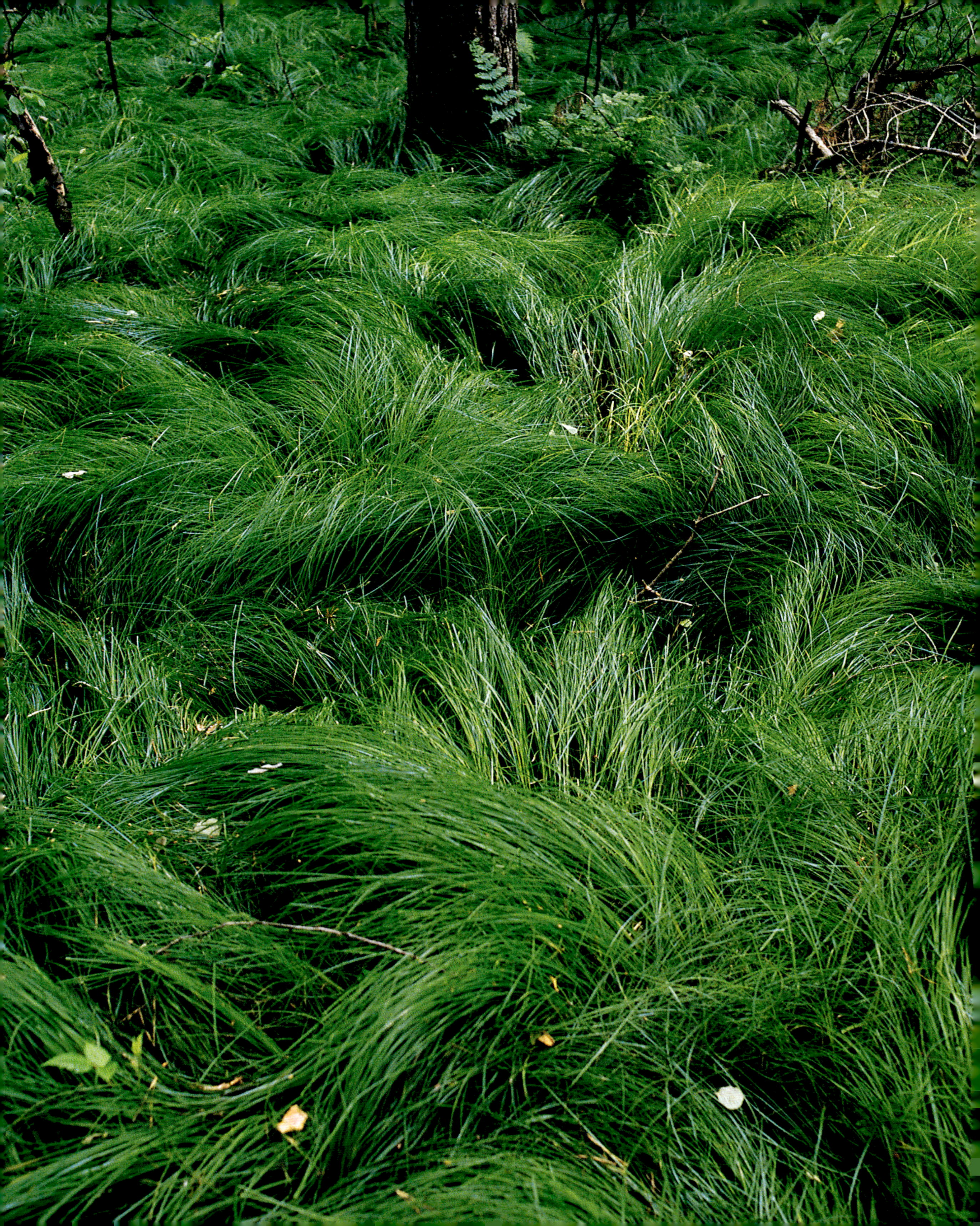

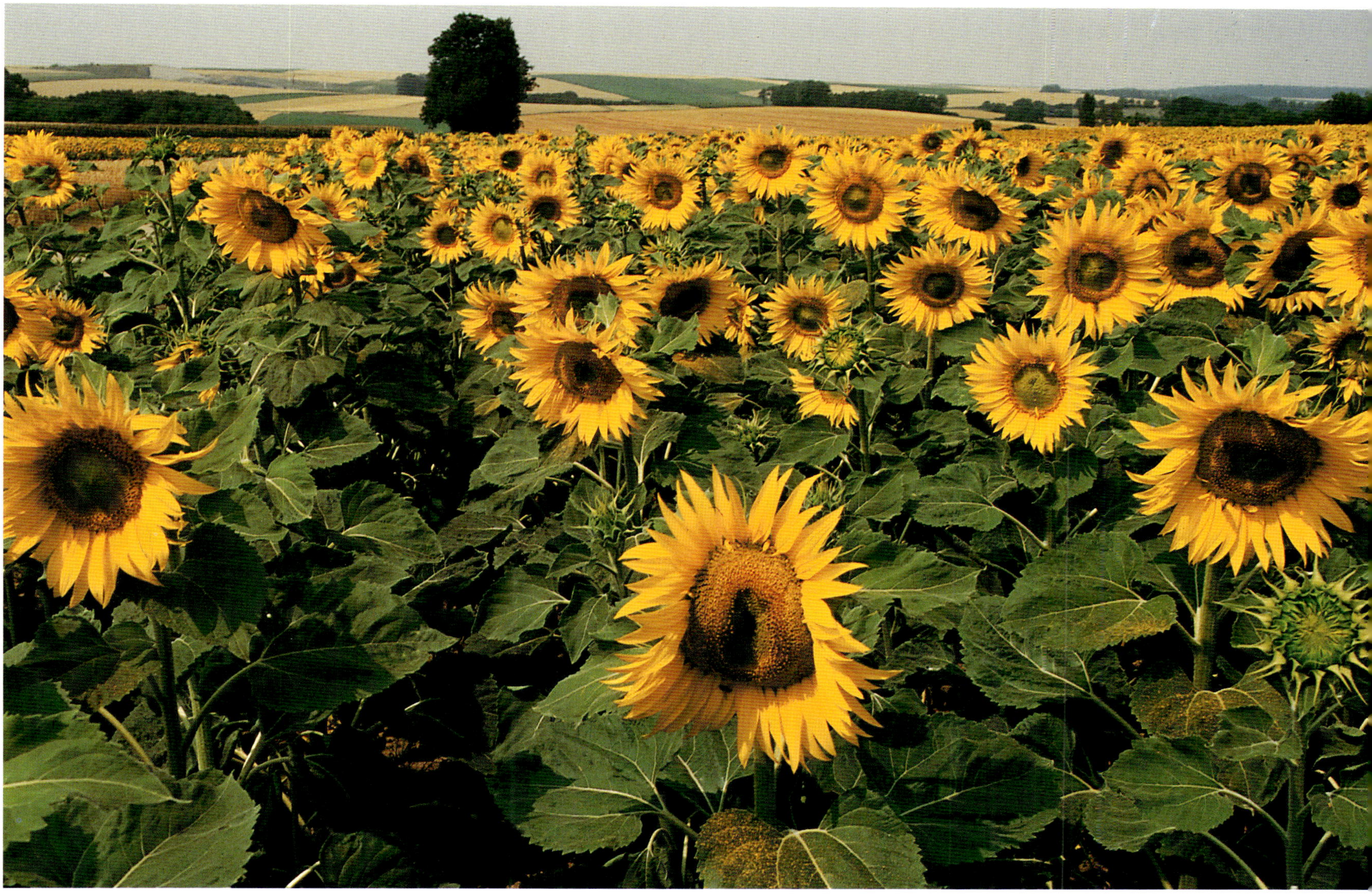

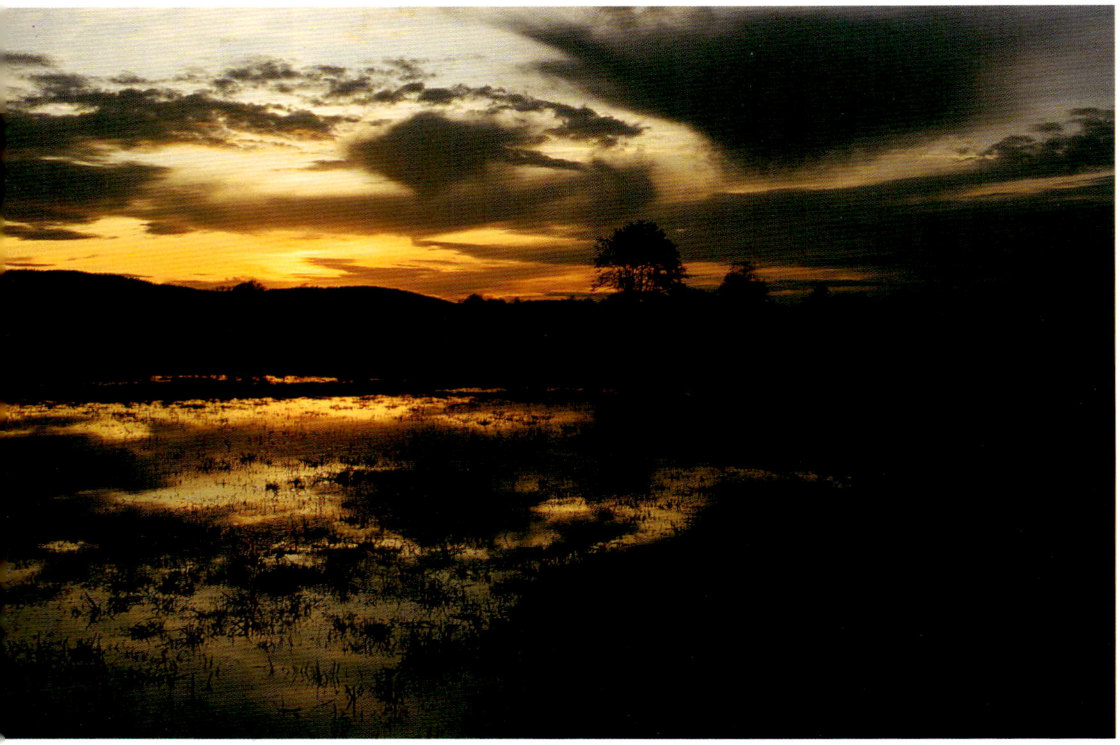

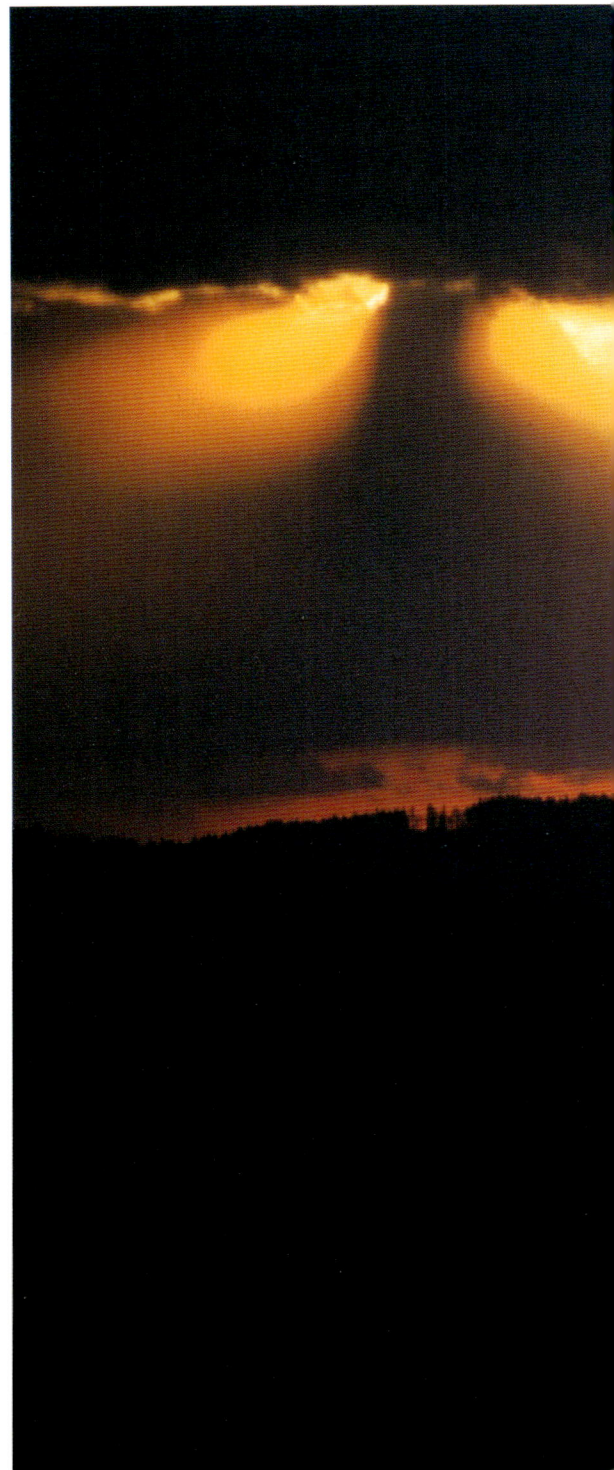

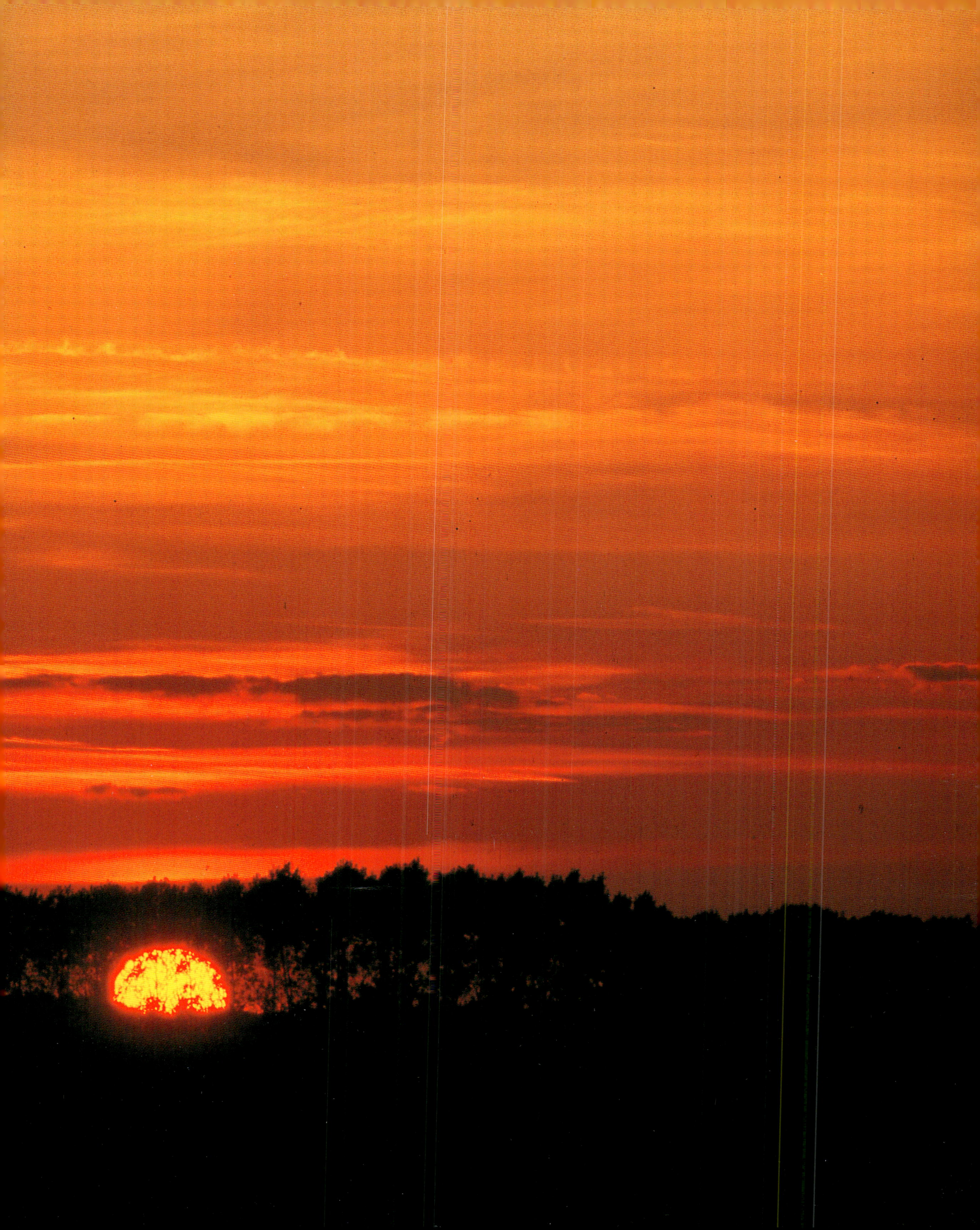

HERBST

Gemeinsam mit dem Fotografen brechen wir auf in die Zeit des Vergehens. Begegnungen mit dem Verwelken in Schönheit. Das Laub raschelt zu unseren Füßen wie kostbar und kunstvoll gefärbtes Papier. Welker Schmuck auf allen Wegen. Die noch laue, bald schon aber kühler werdende Luft ist erfüllt vom Duft der Pilze, die feucht und fleischig glänzend auf Böden und Stämmen wachsen. Ein einsames, verlassenes Steinhaus mit schiefen Schindeln und blinden Fenstern hat sich der Natur ergeben. Die ehedem menschliche Behausung wird langsam, unaufhaltsam wieder Teil der Wildnis, überwuchert von Moosen, Farnen, kleinen Sträuchern. Zerfall in morbider Grandezza.

Im weichen, warmen Licht der Herbstsonne ragt ein wundersam verwachsener Baum-Sonderling empor. Letztes Grün sprießt in einer Waldnische. Und wie die Dekoration zu einem Festspiel ragen die steinernen, zerklüfteten Riffler bei Eschenbach aus dem in Dunkelheit ertrinkenden Wald — Leuchttürme aus fernen Zeiten, letzte Klippen des Jurameeres. Auch so der himmelwärts strebende Rabenfels, der seit Jahrmillionen schon seine große, schwere, runde Scheibe mit Leichtigkeit und Gleichmut trägt.

Verwandlung überall. Farbige Gewänder haben Hohenstein und Houbirg angelegt. Äcker werden zu kolorierten Graphiken, durchzogen von den Furchen der Ernten. Licht liegt wie Goldstaub auf dem bunten Laub der Wälder. Büsche und Bäume wetteifern um die raffiniertesten Kreationen, verkleiden sich in den betörendsten Farben. Ein Rausch leuchtender Nuancen. Übertroffen nur noch von einem virtuosen Spiel aus Licht und Schatten, Leuchten und Dämmerung, fixiert vom Fotografen mit magischer Meisterschaft. Der auch wieder den Blick zu Boden richtet, auf einen Flecken Erde, den wir unlängst erst, im Sommer, noch ganz anders erleben durften. Nun aber haben die langen, ungekämmten, munter sich hin und her wellenden Waldgräser ihr ehedem saftiges Grün eingebüßt, sind trocken geworden, brüchig und braun. Vergehen überall.

Nur noch das Moos auf Felsen und Baumwurzelknollen widersetzt sich mit trotzigem Grün dem unausweichlichen Kreislauf. Die kahlen Bäume haben bereits kapituliert. Traurig, aber auch schon wieder filigran und stolz leuchtend reckt sich ihr Astwerk in die kühle Luft. Und im nebligen, dunstigen Zwielicht wird der Wald zauberisch. Wie aus endloser Ferne dringt das weiße Licht durch die Barrieren dunkler Stämme. Die Strahlen aber werden auch hier schwächer, brechen sich im dürren Geäst. Ihr letzter Glanz gleitet versickernd zu Boden. Stilles Verlöschen.

Dunkel duckt sich ein einsamer Fels in den herbstlichen Wald, eine Seite noch schwach gewärmt von der sinkenden Sonne. Das Licht verblaßt. Ein kalter Wind kommt auf, verweht das Laub. Alles vergeht.

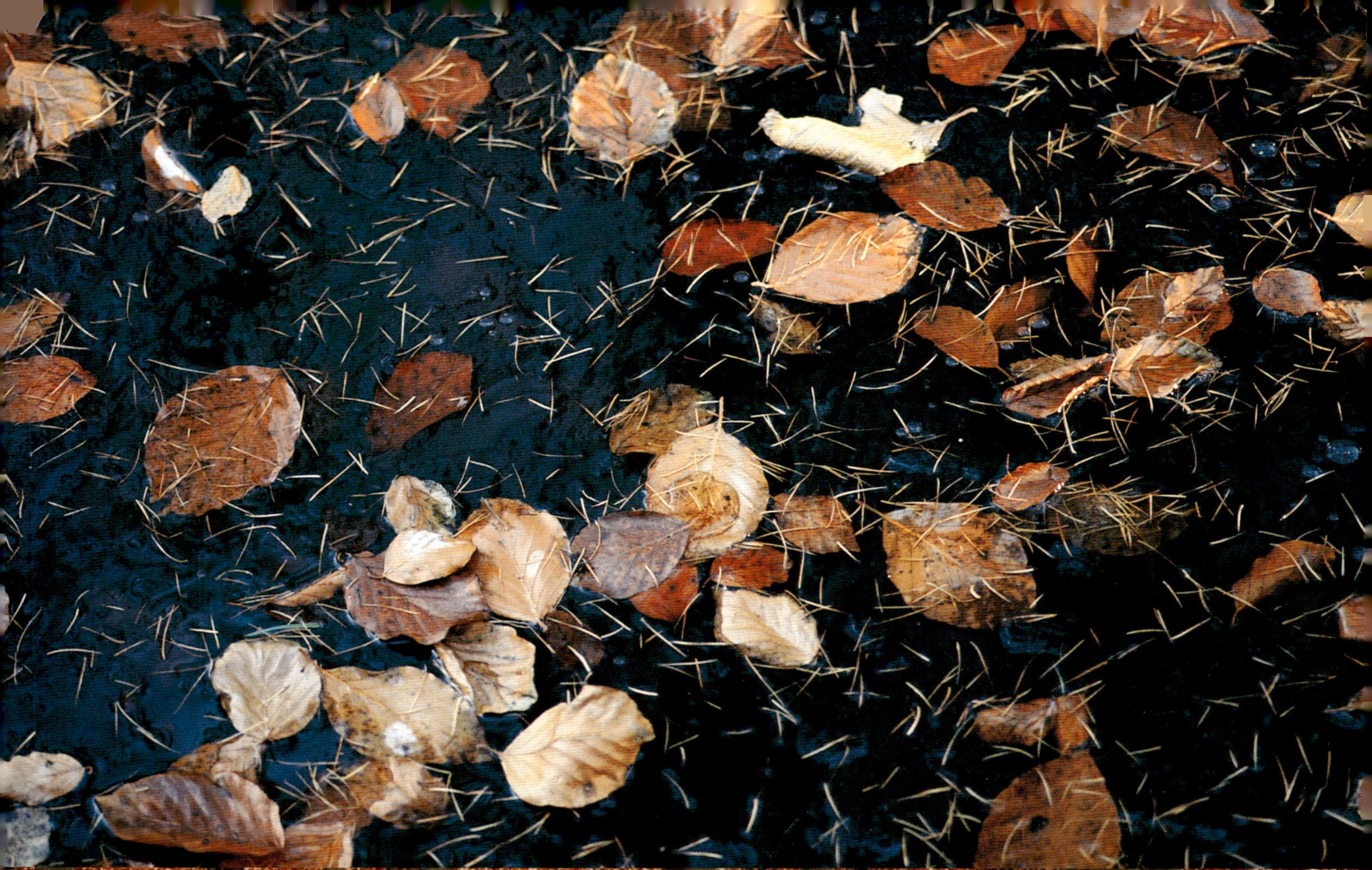

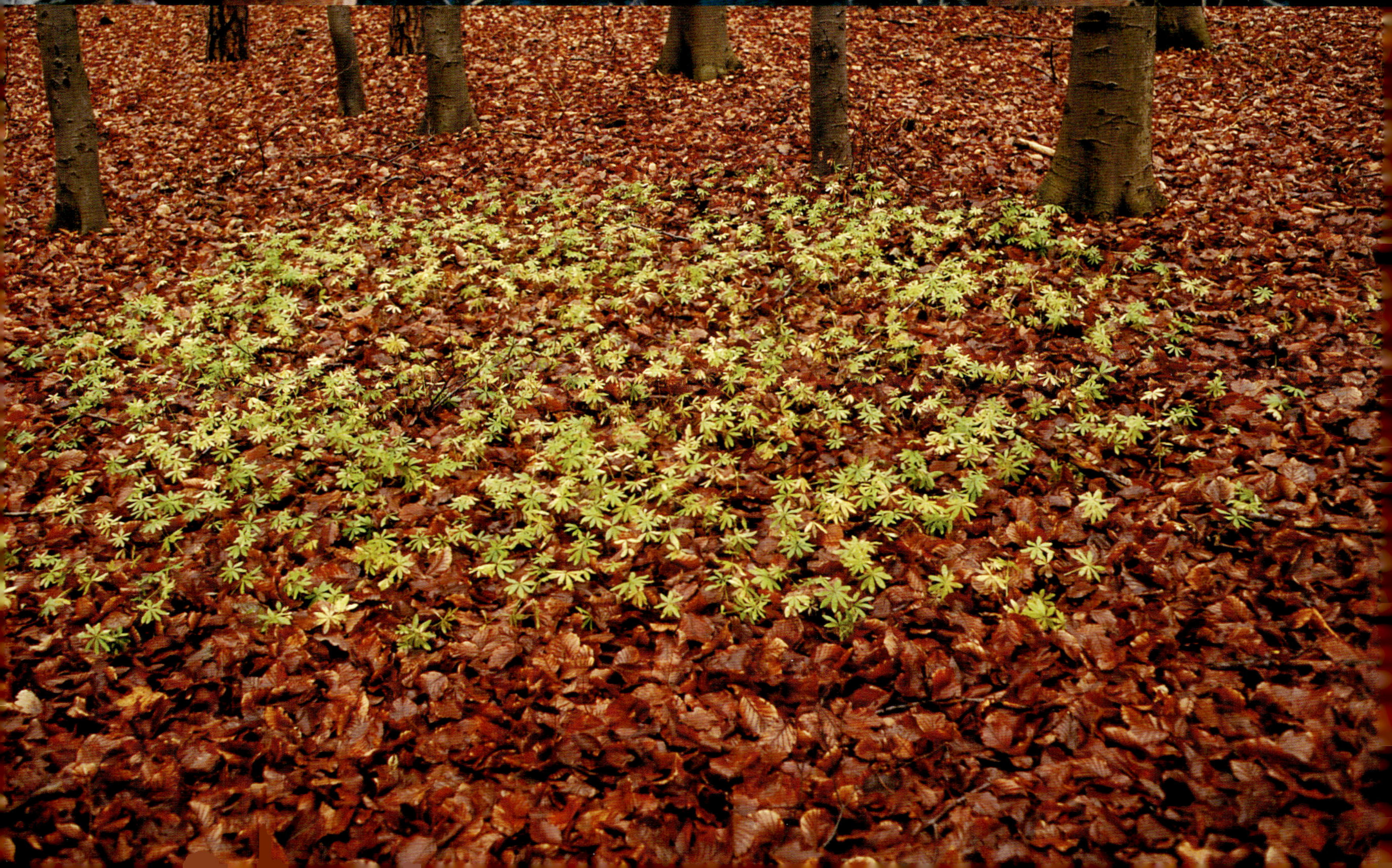

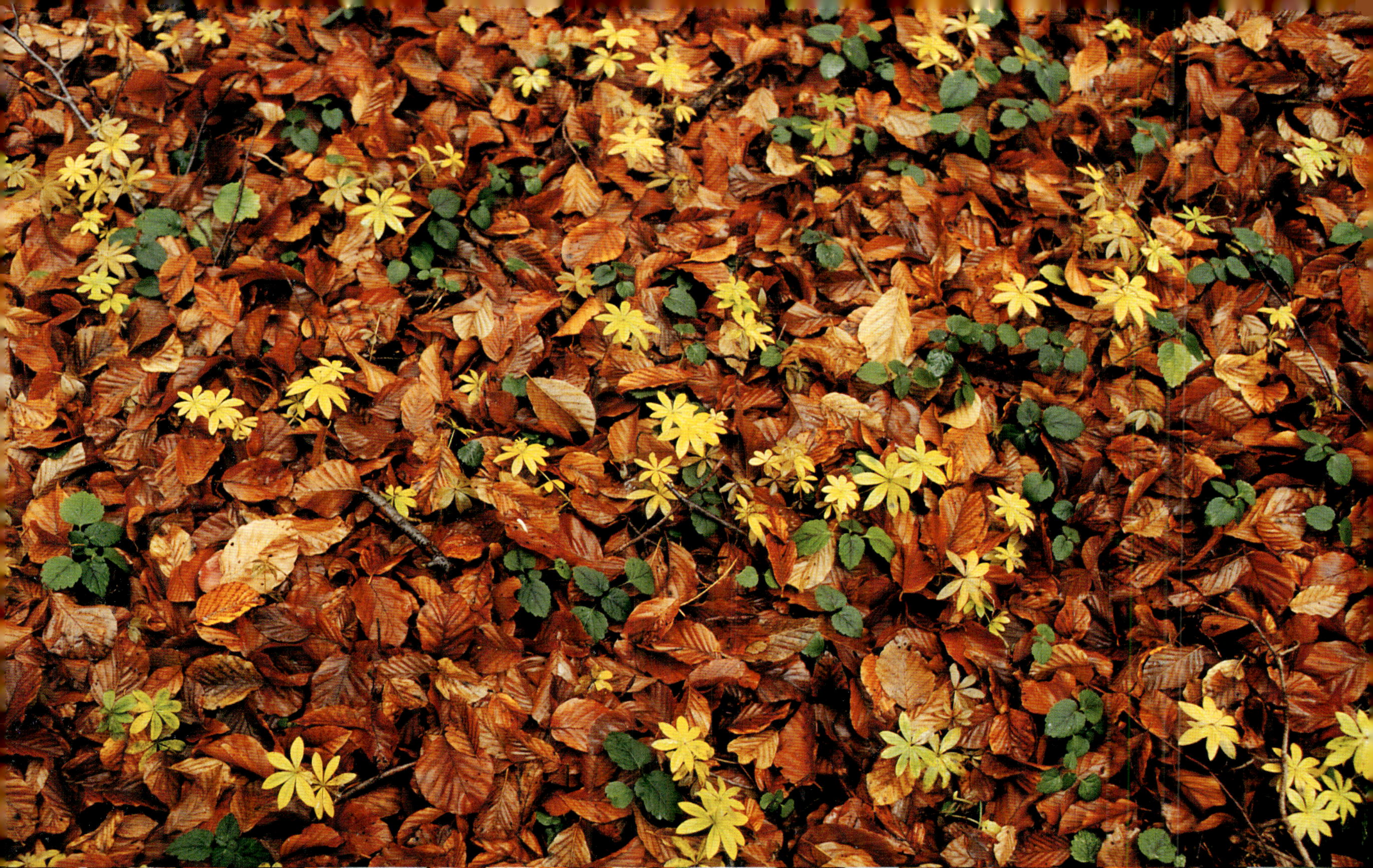

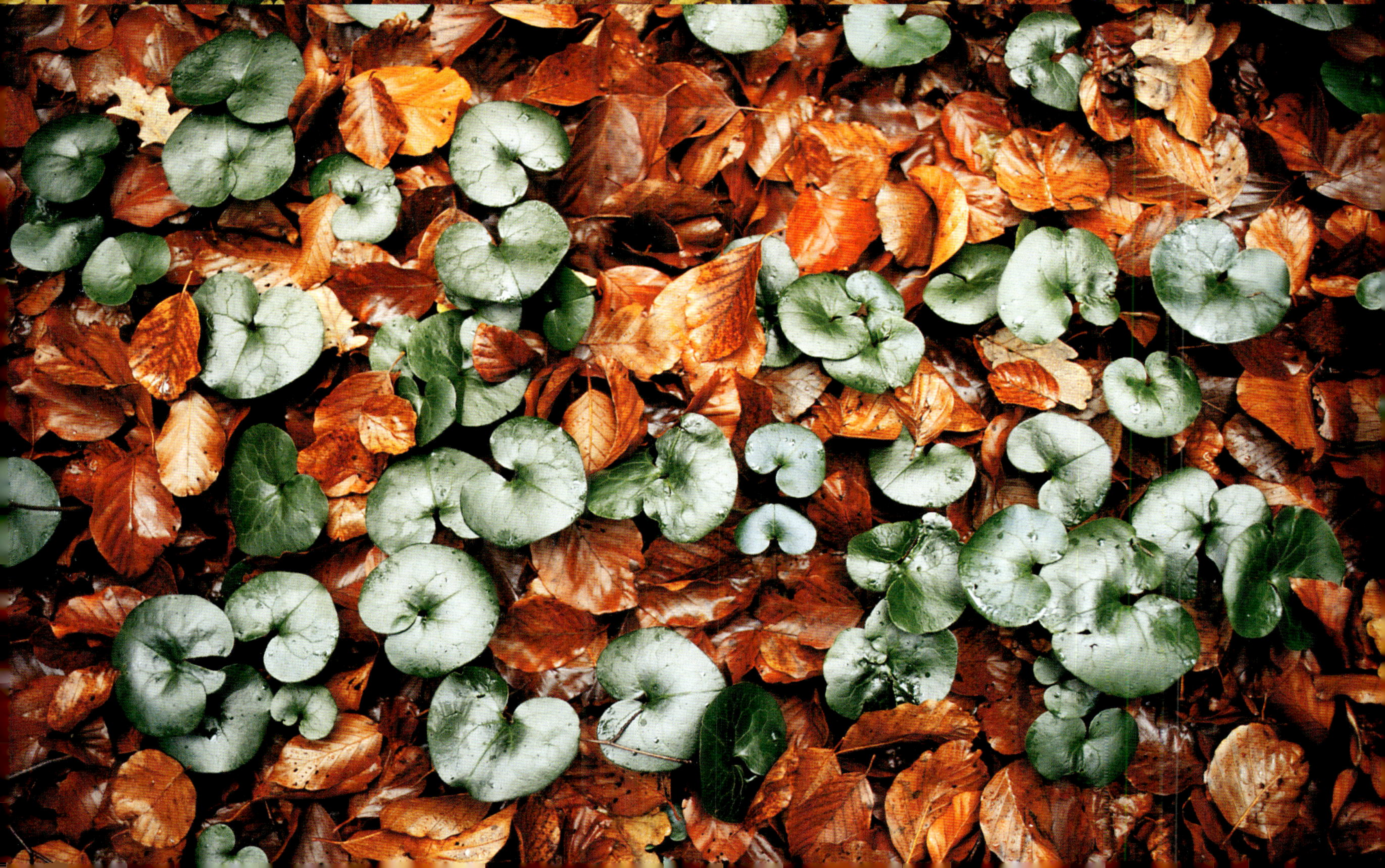

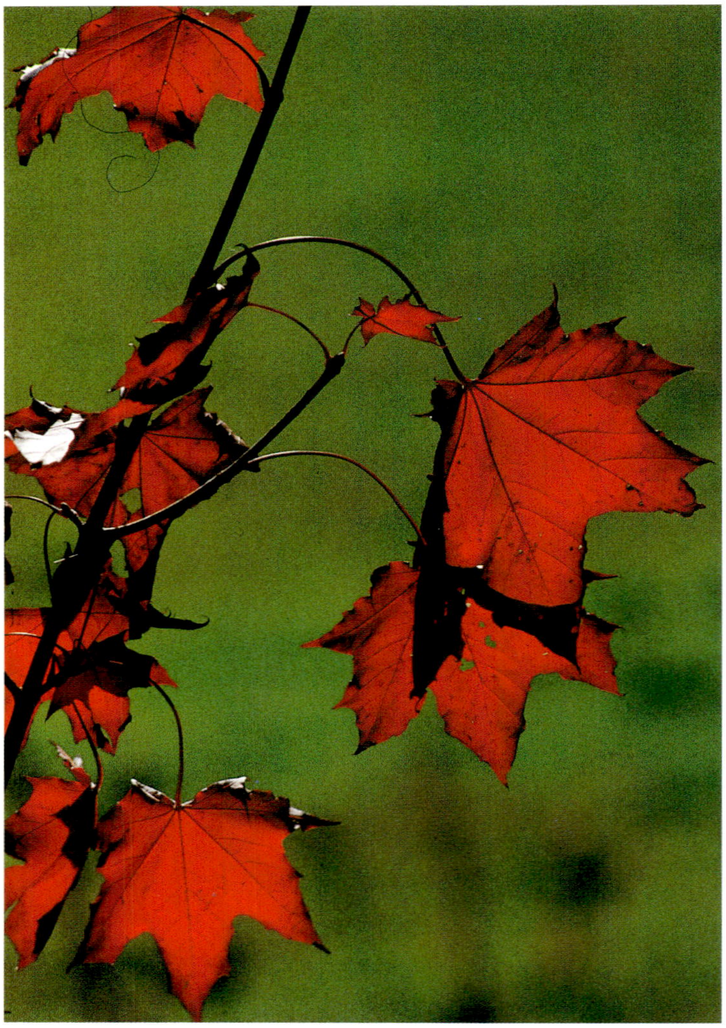

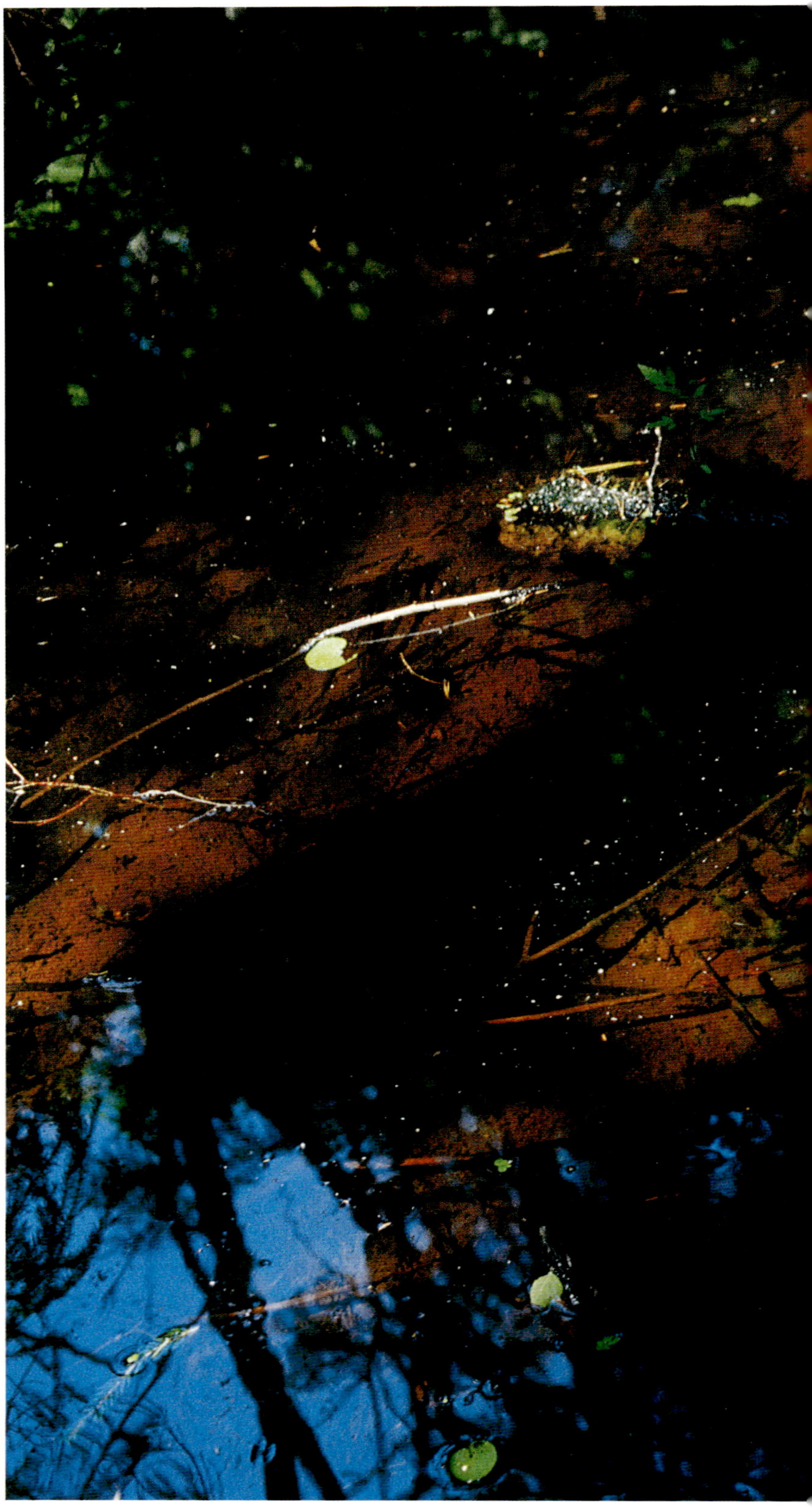

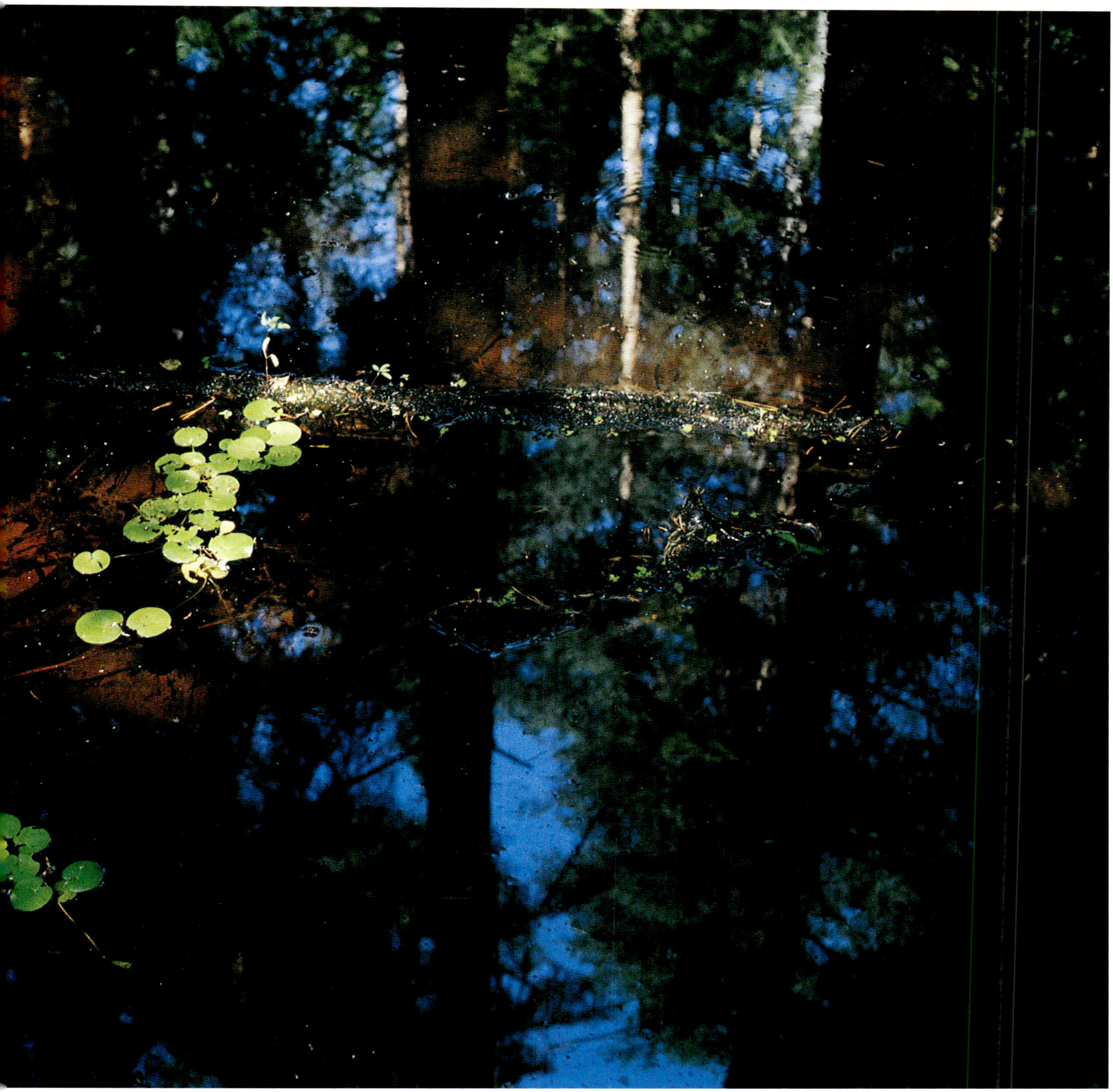

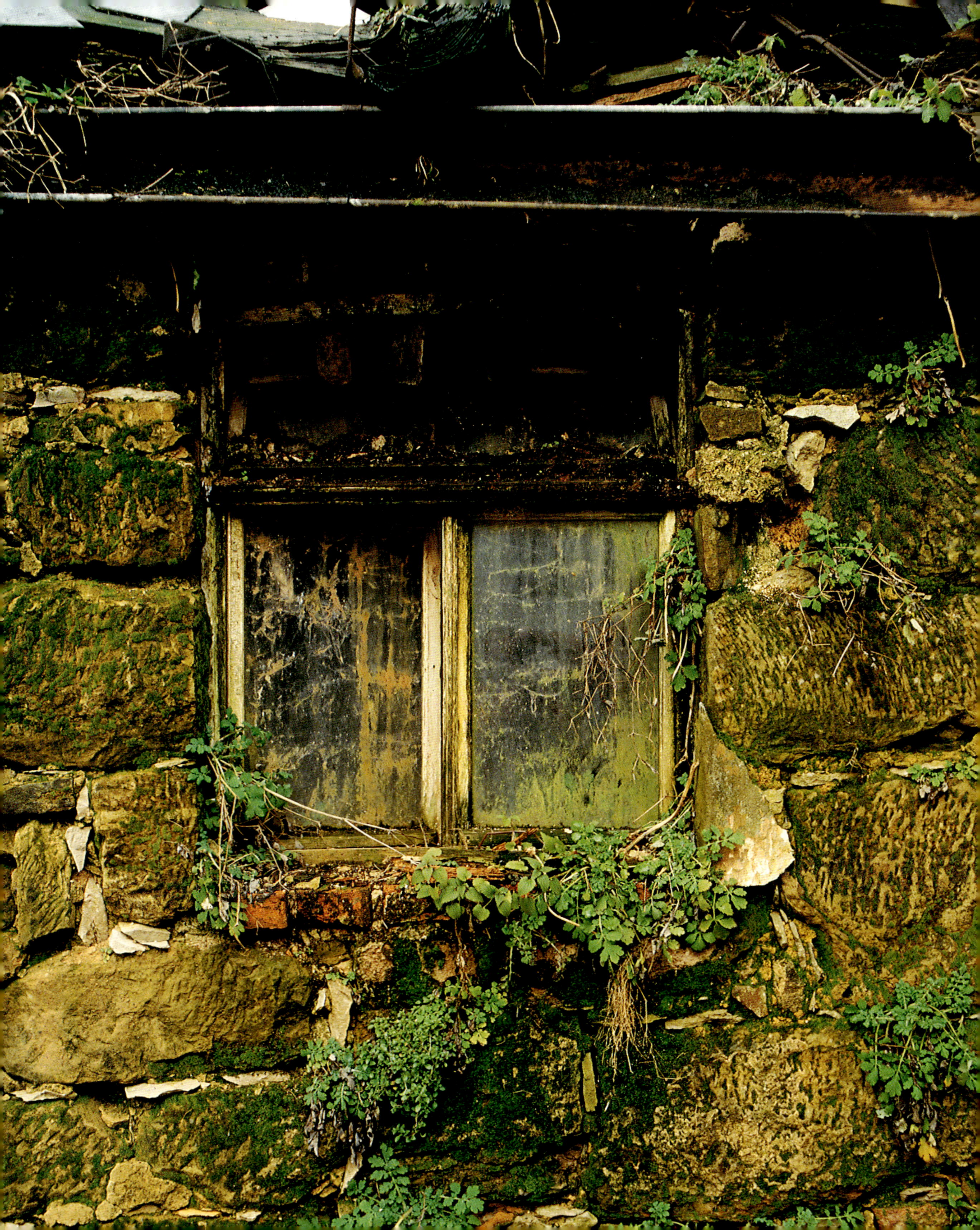

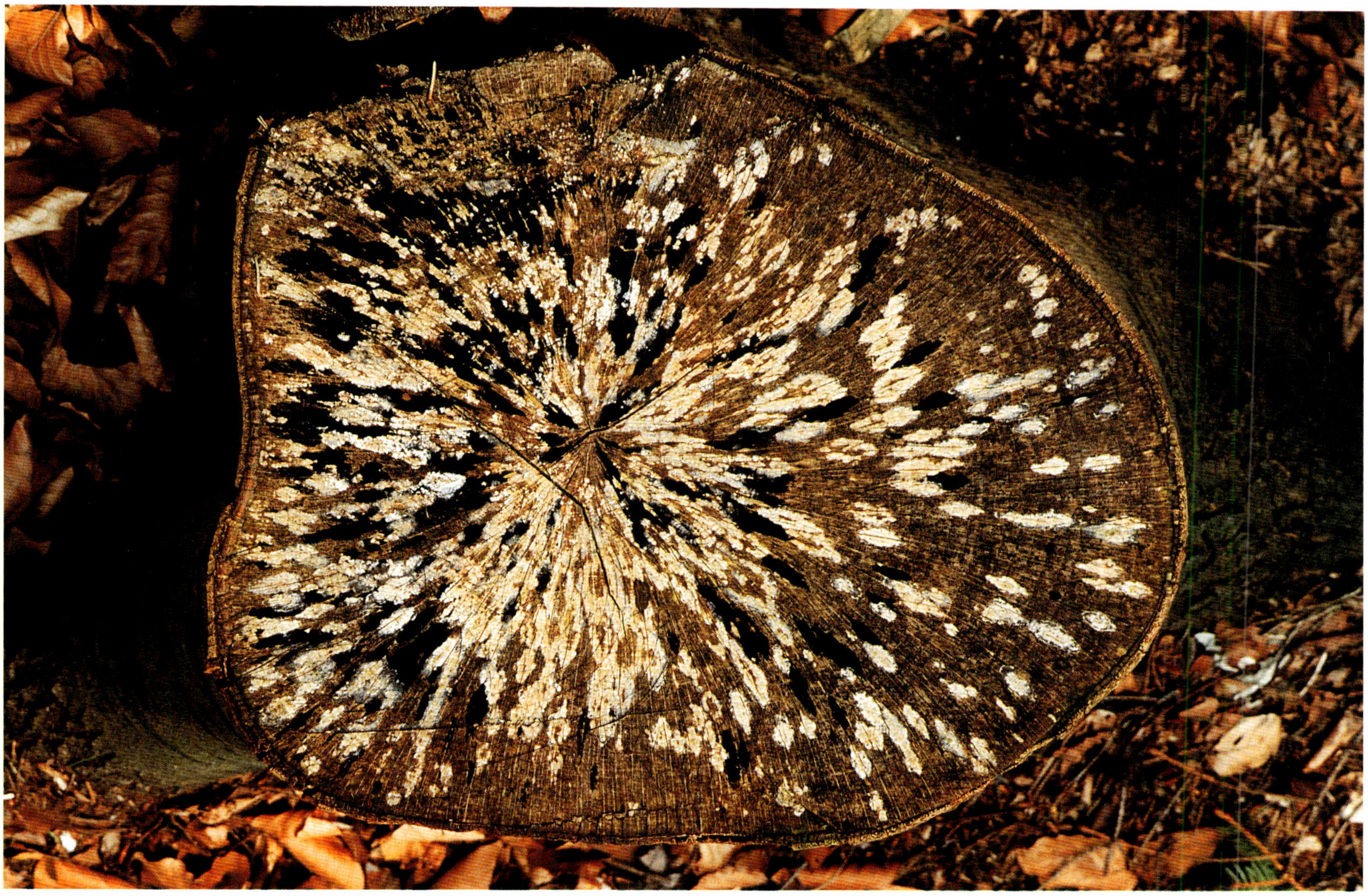

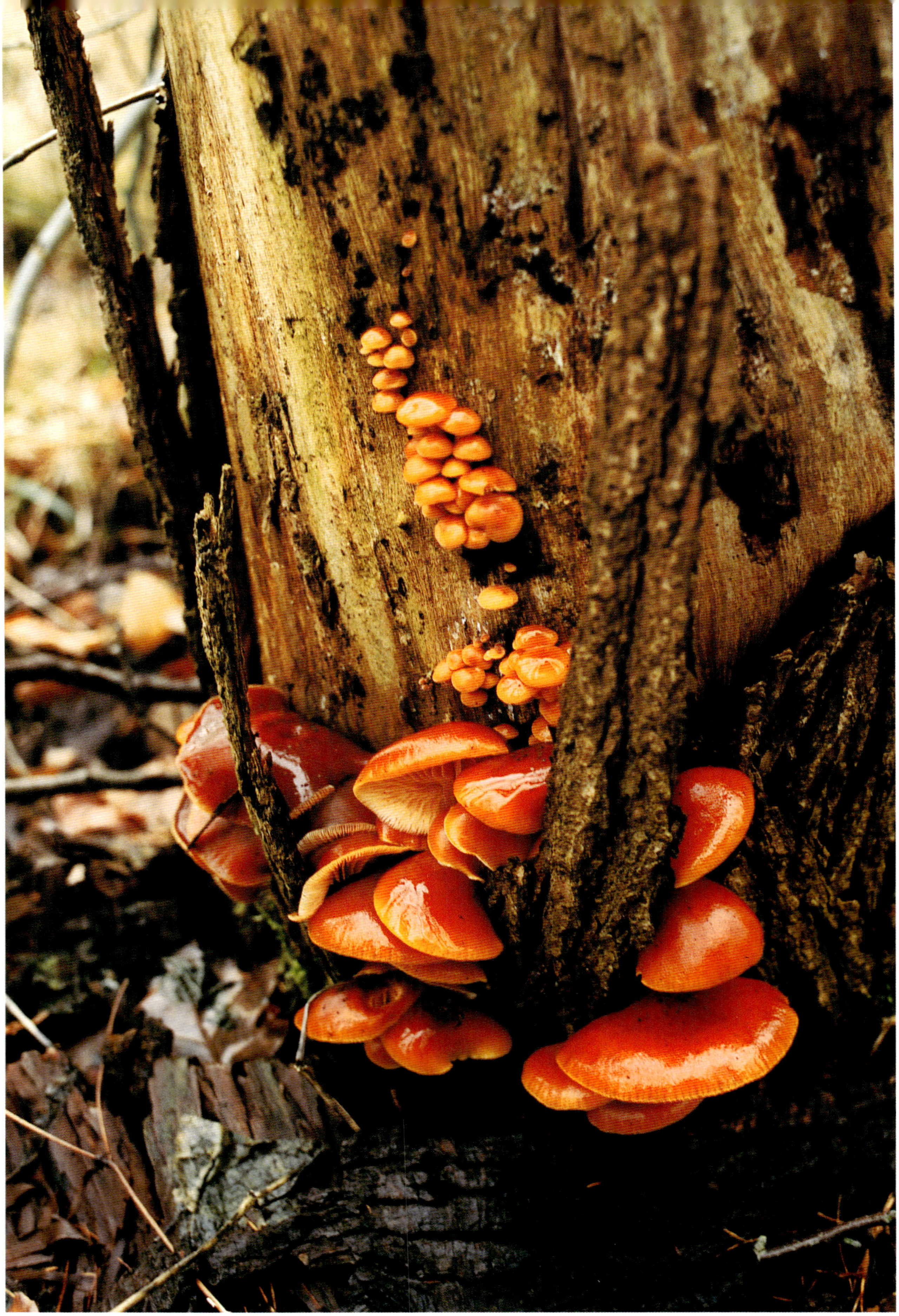

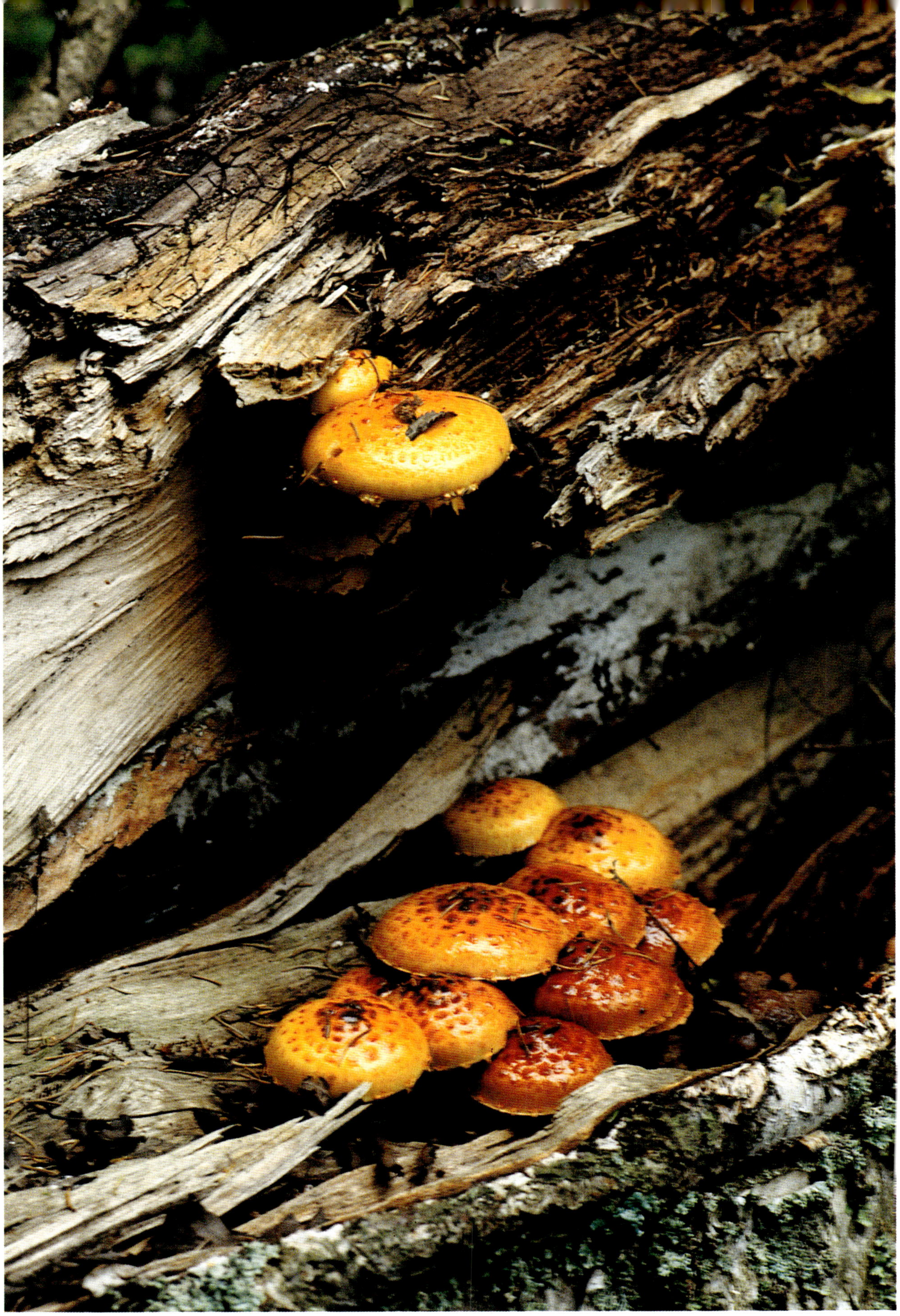

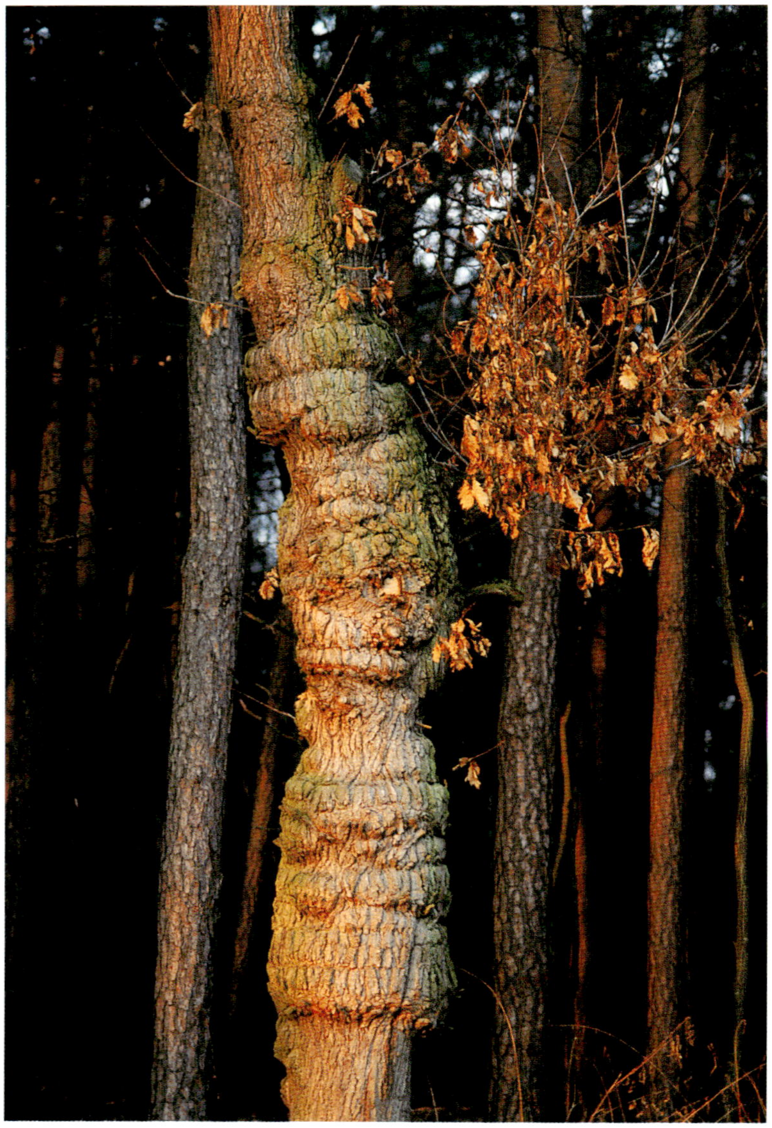

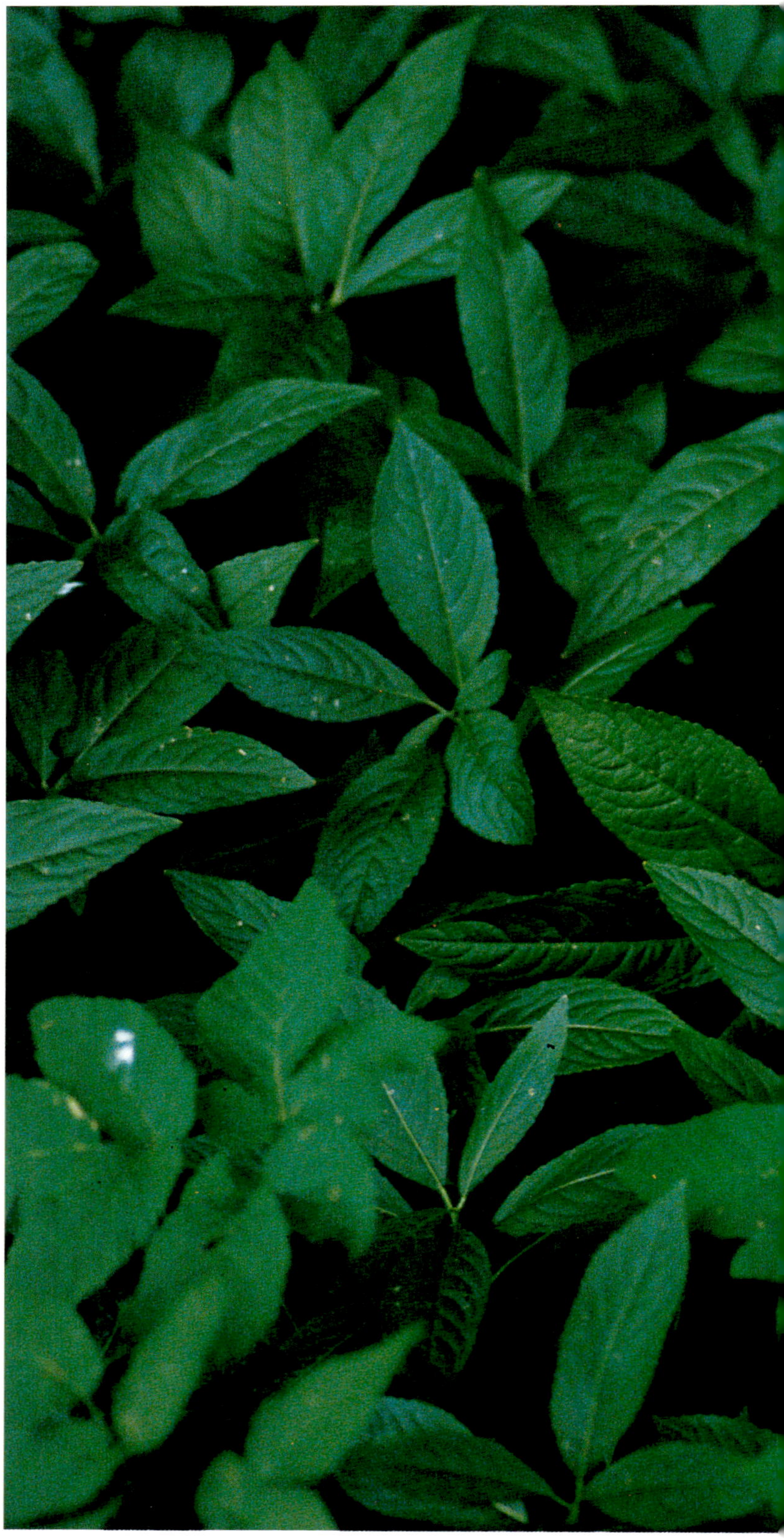

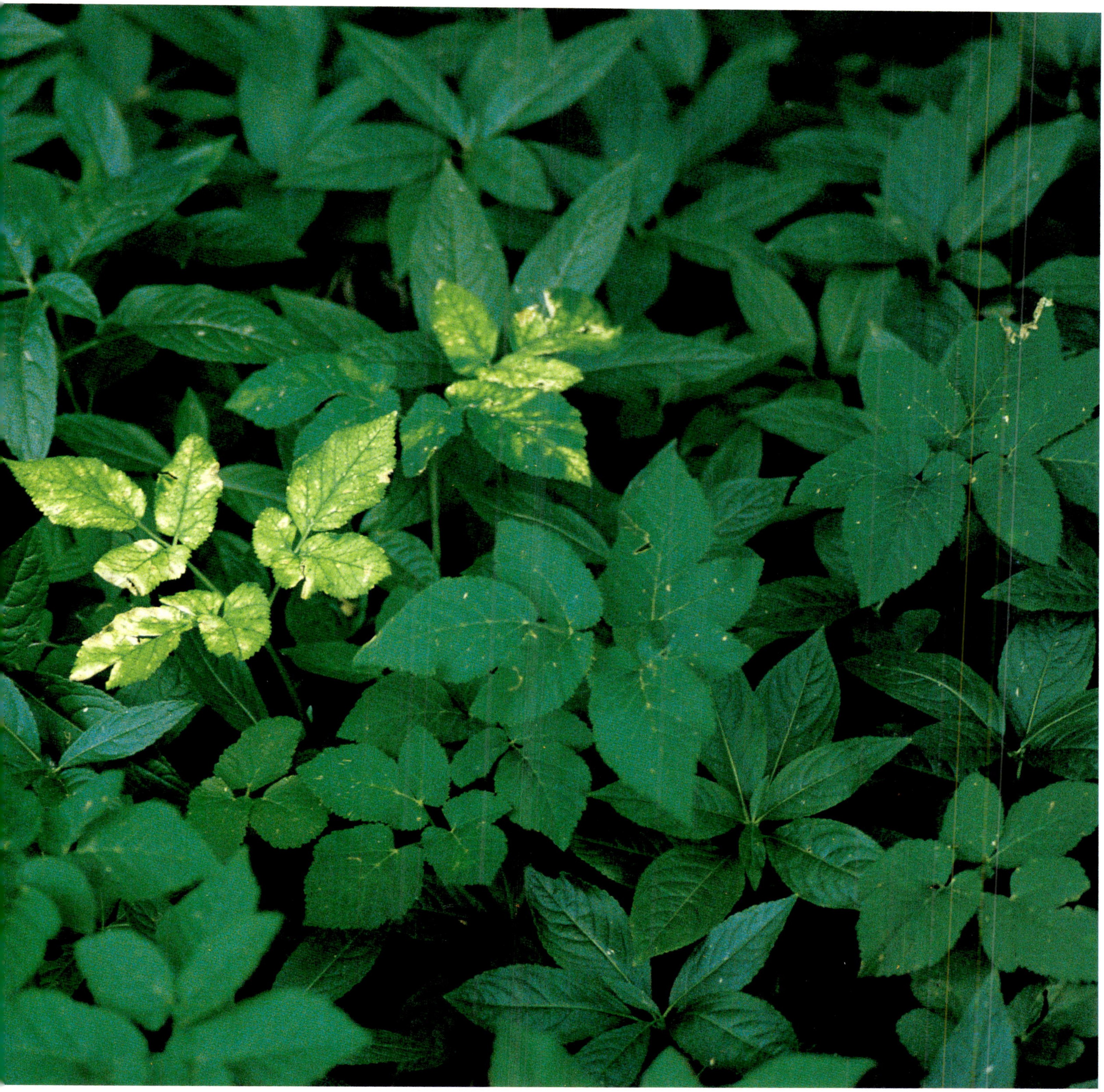

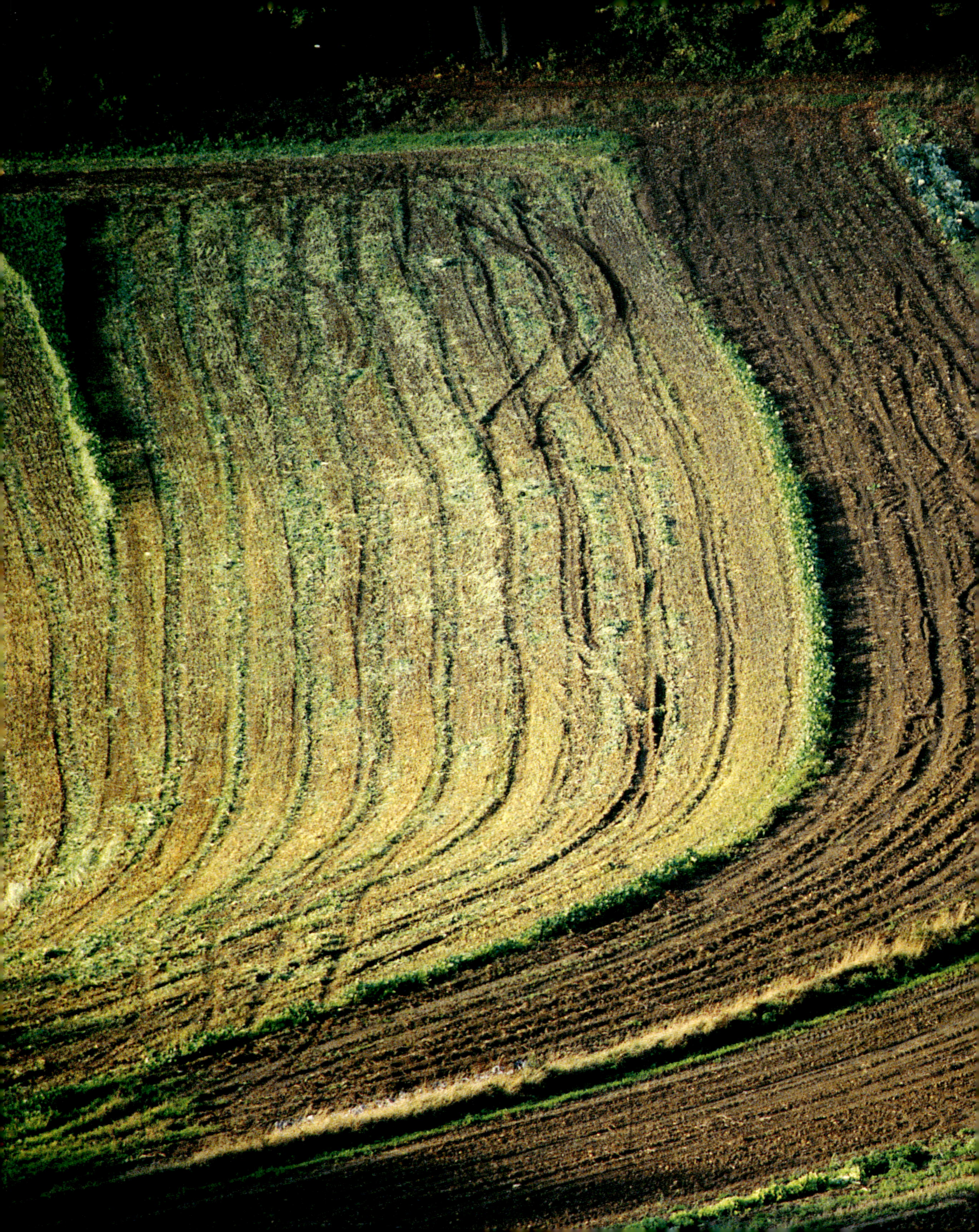

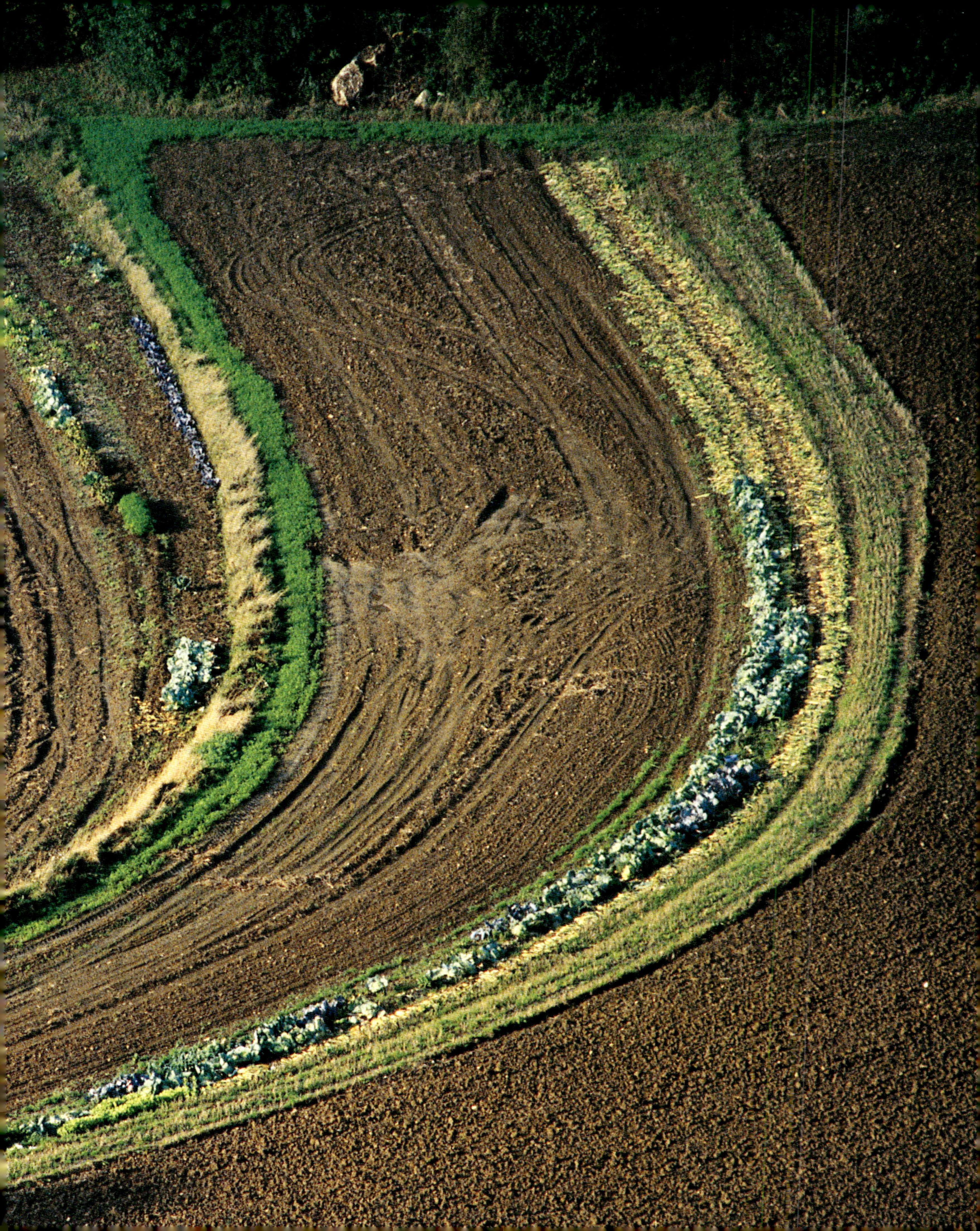

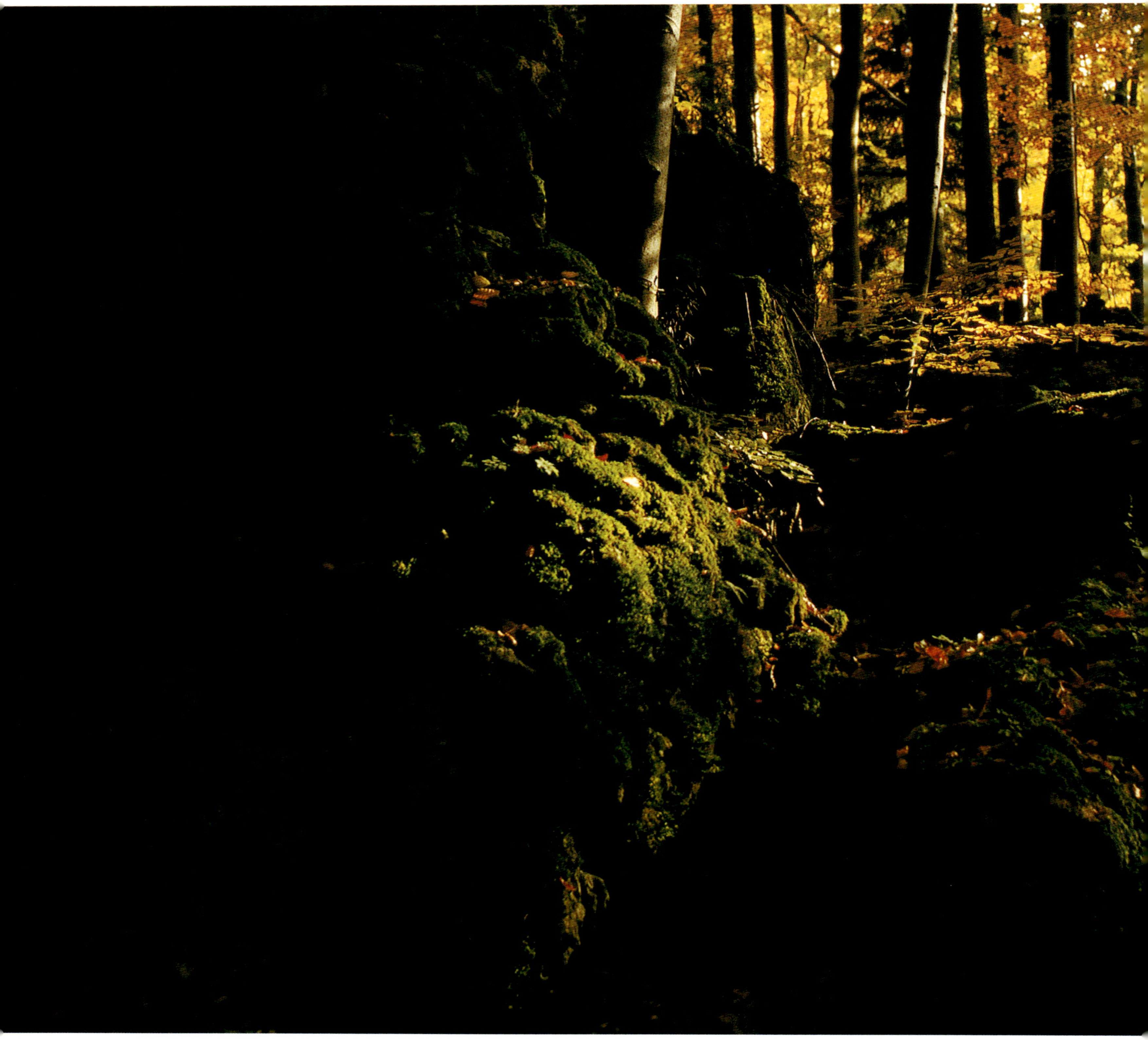

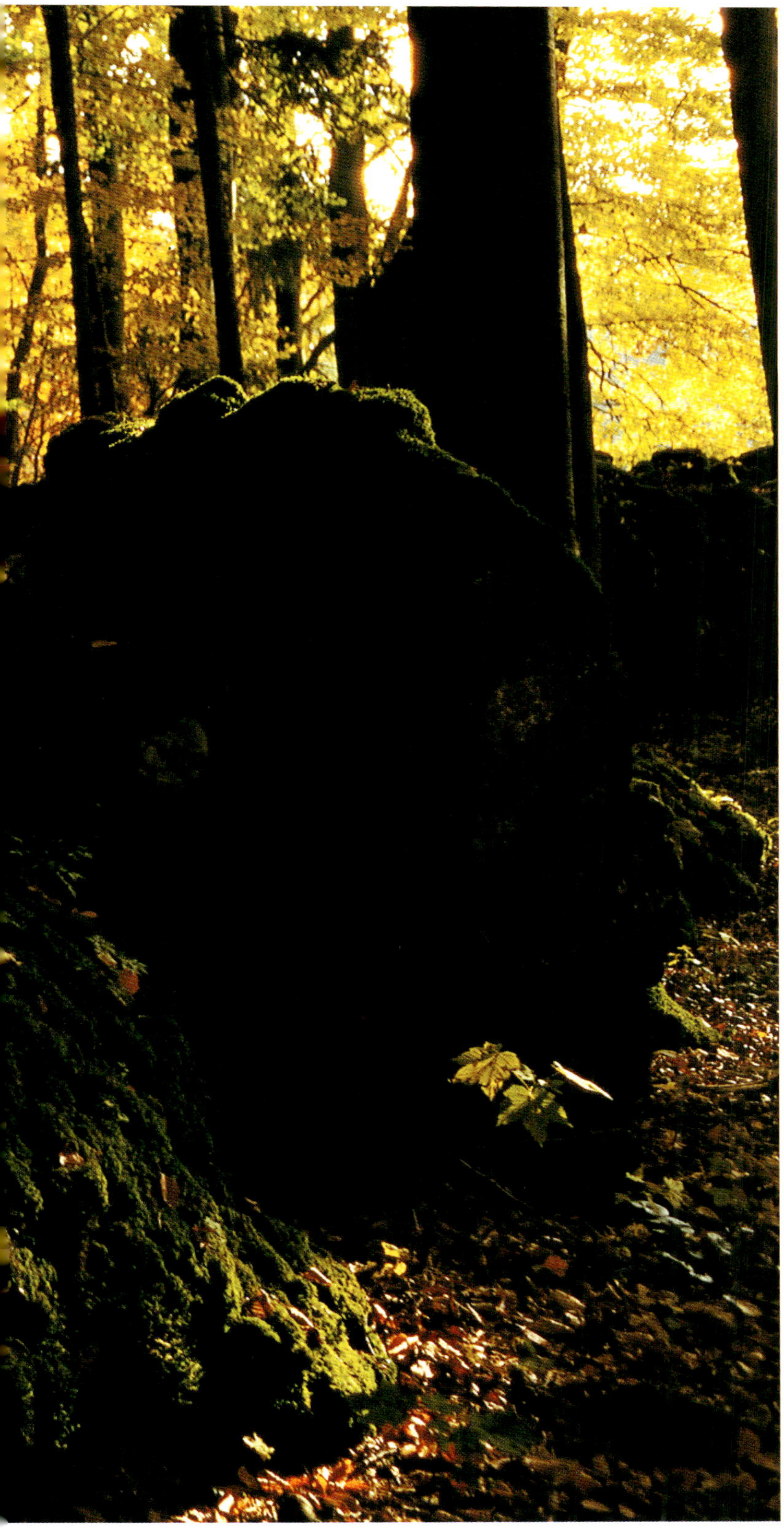
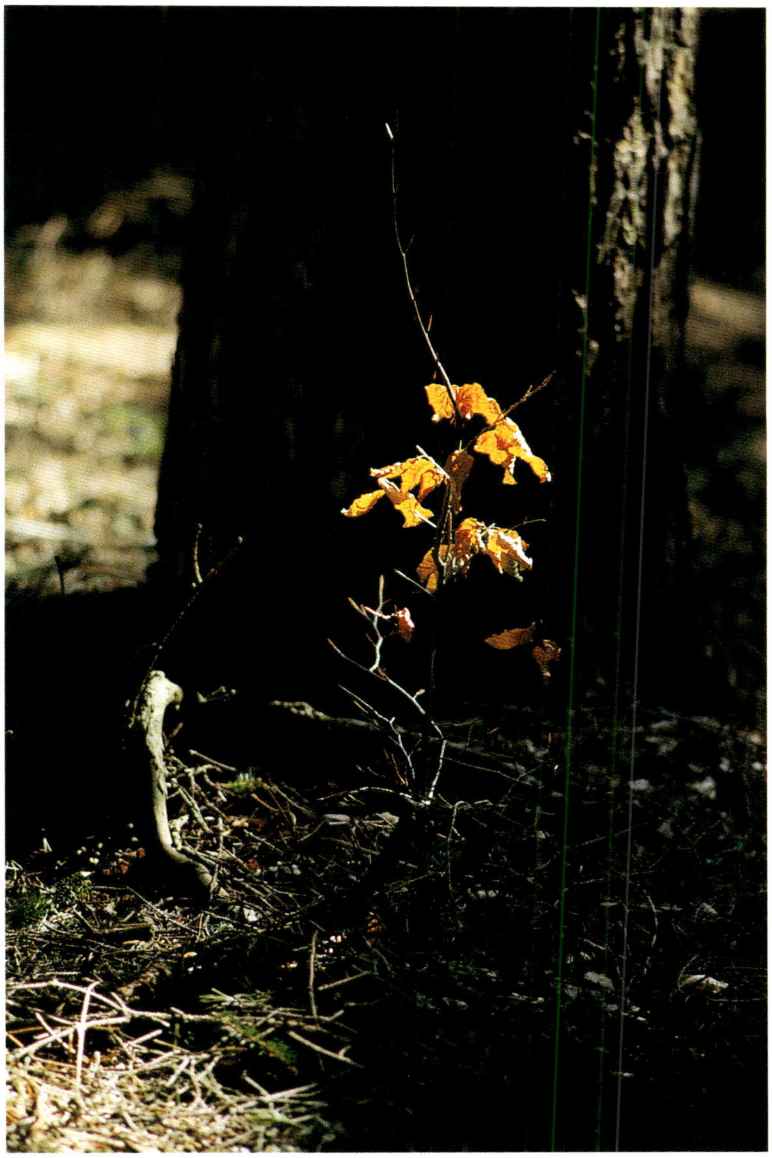

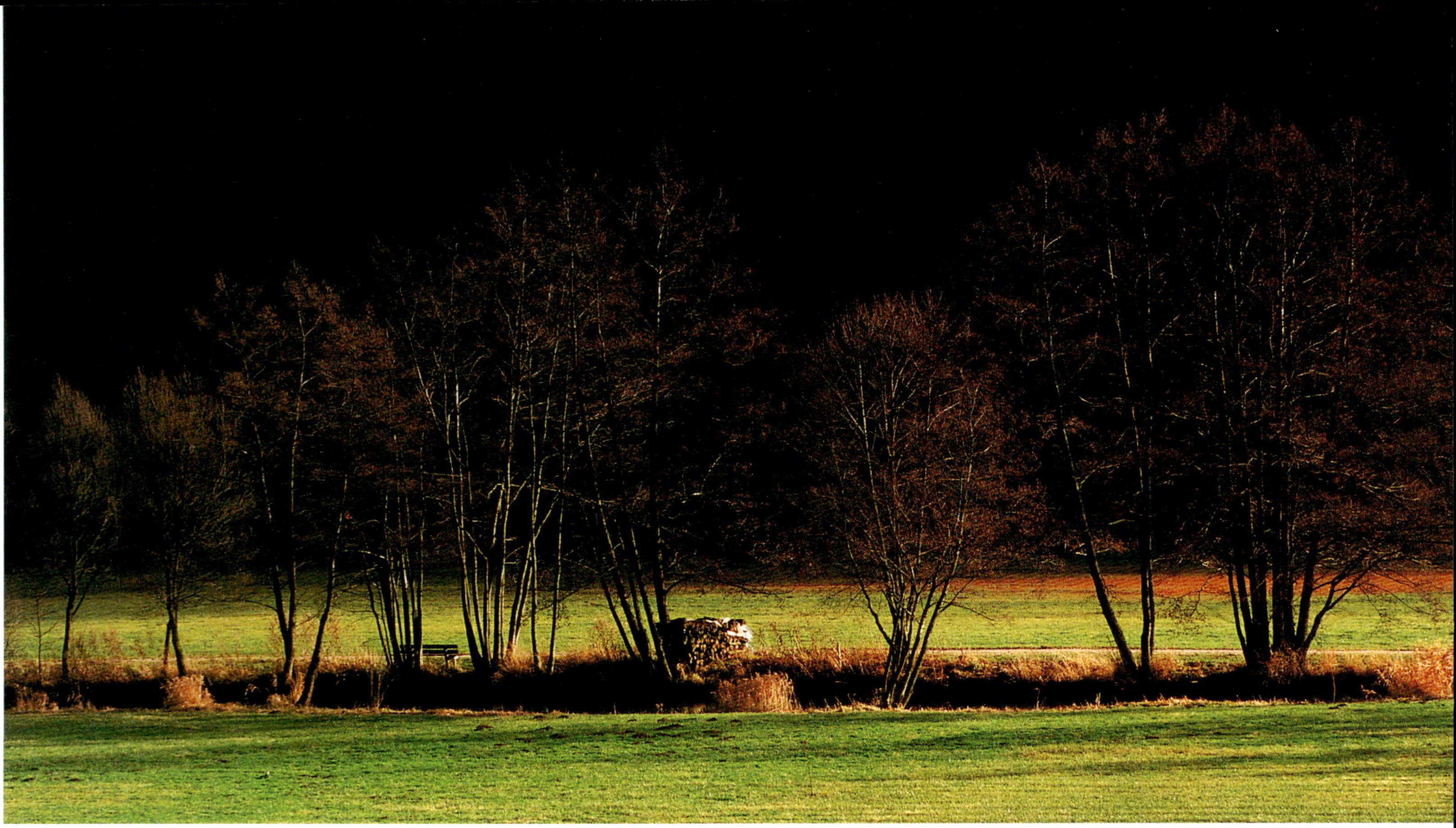

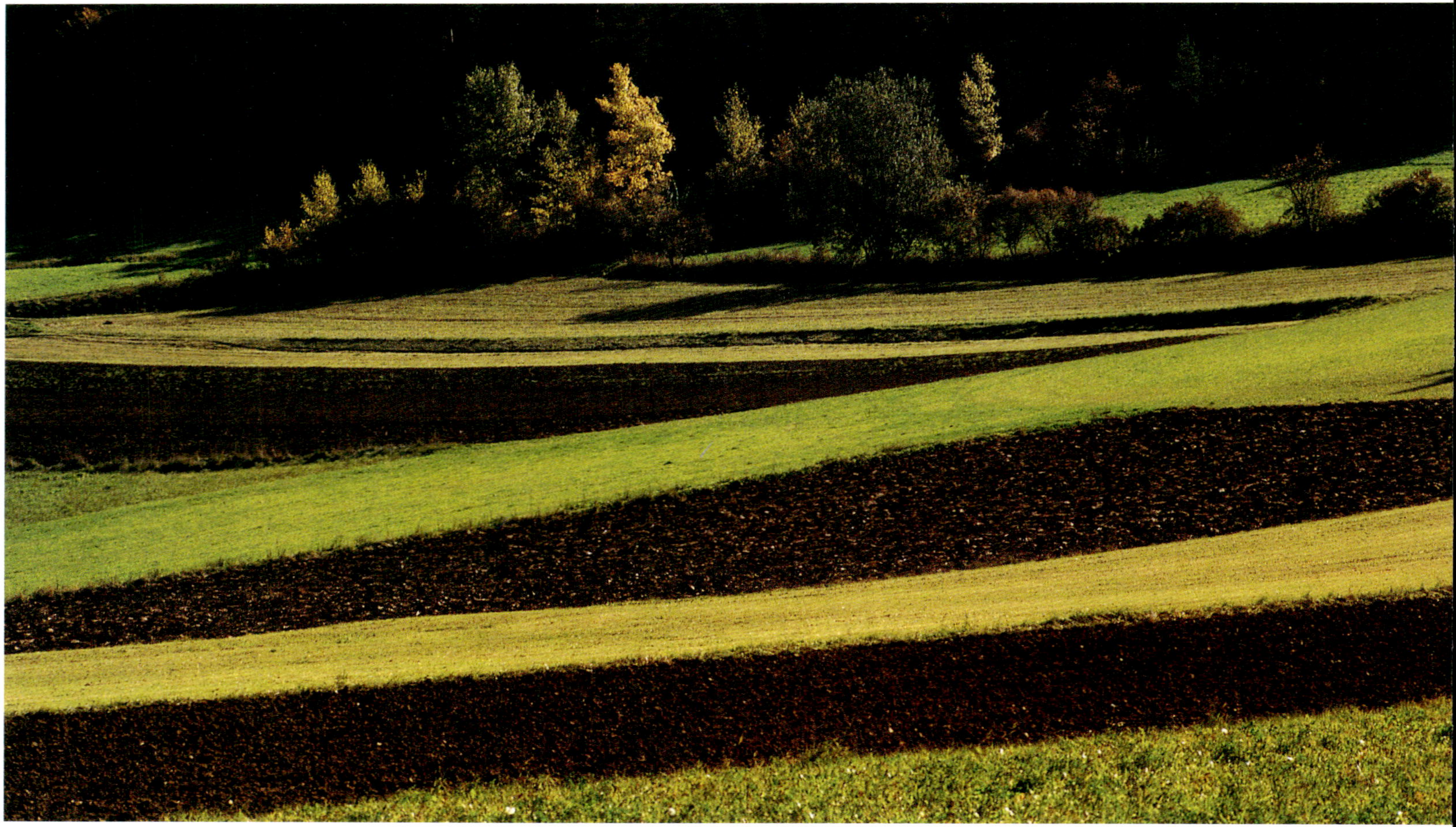

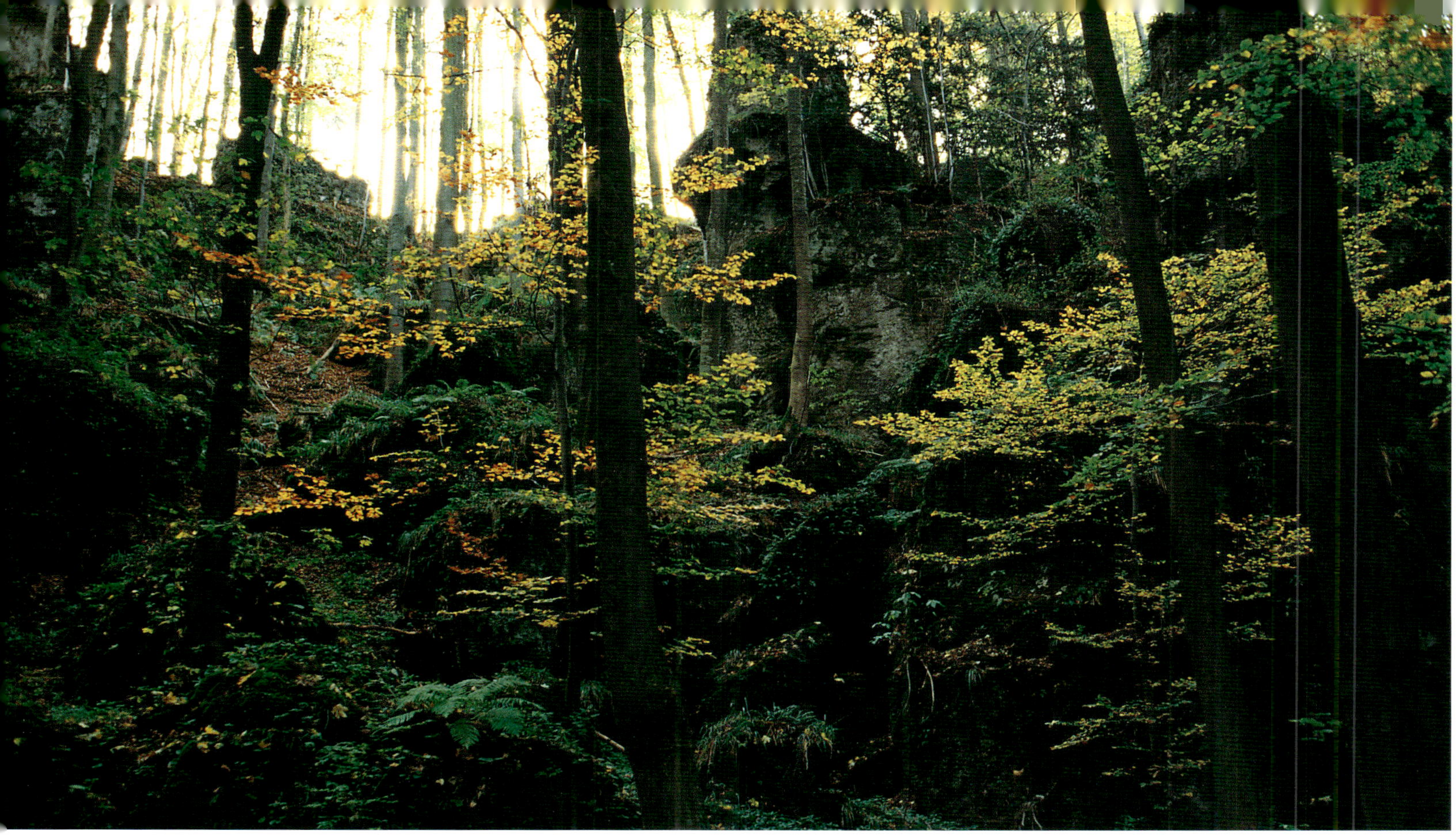

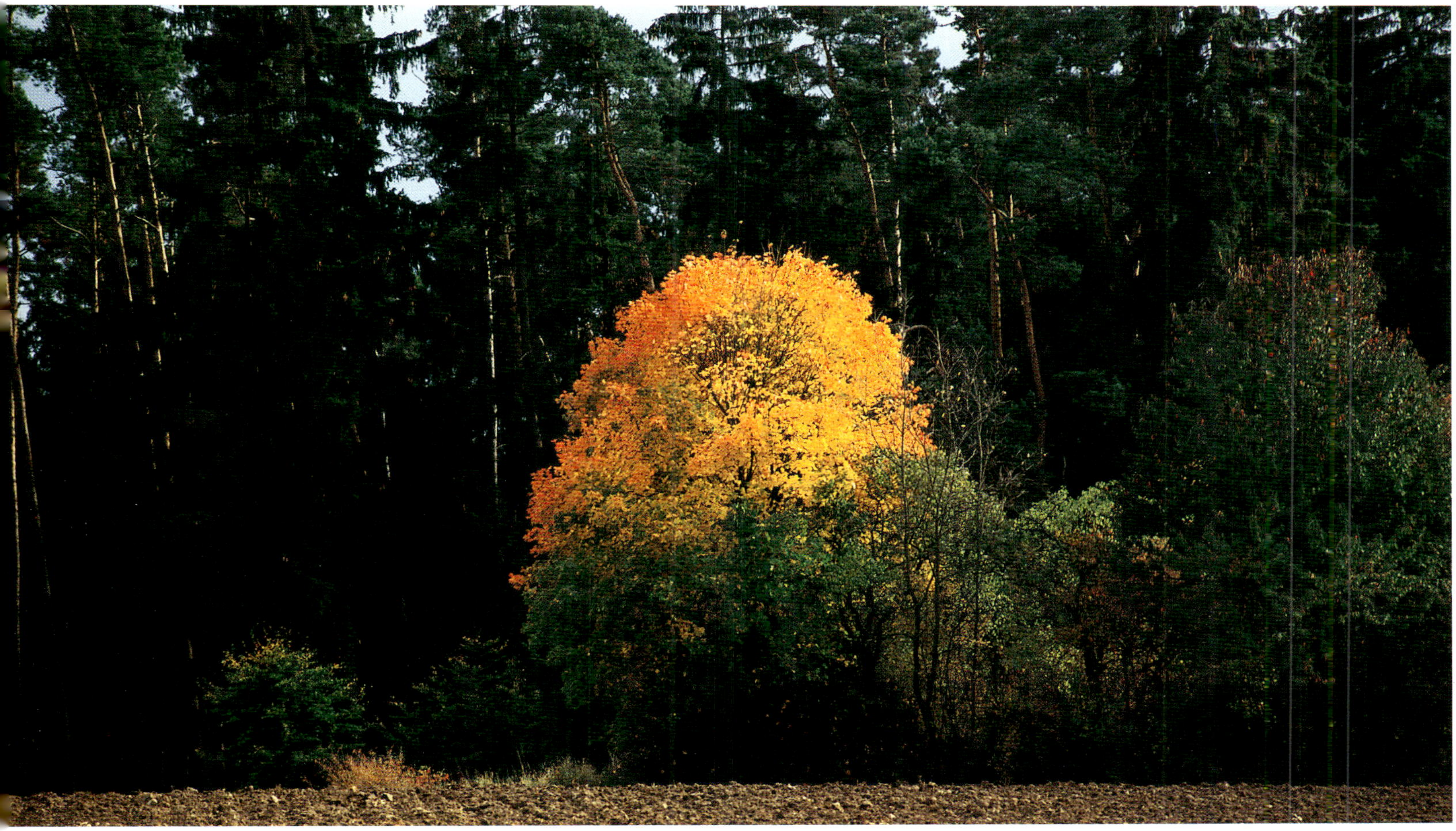

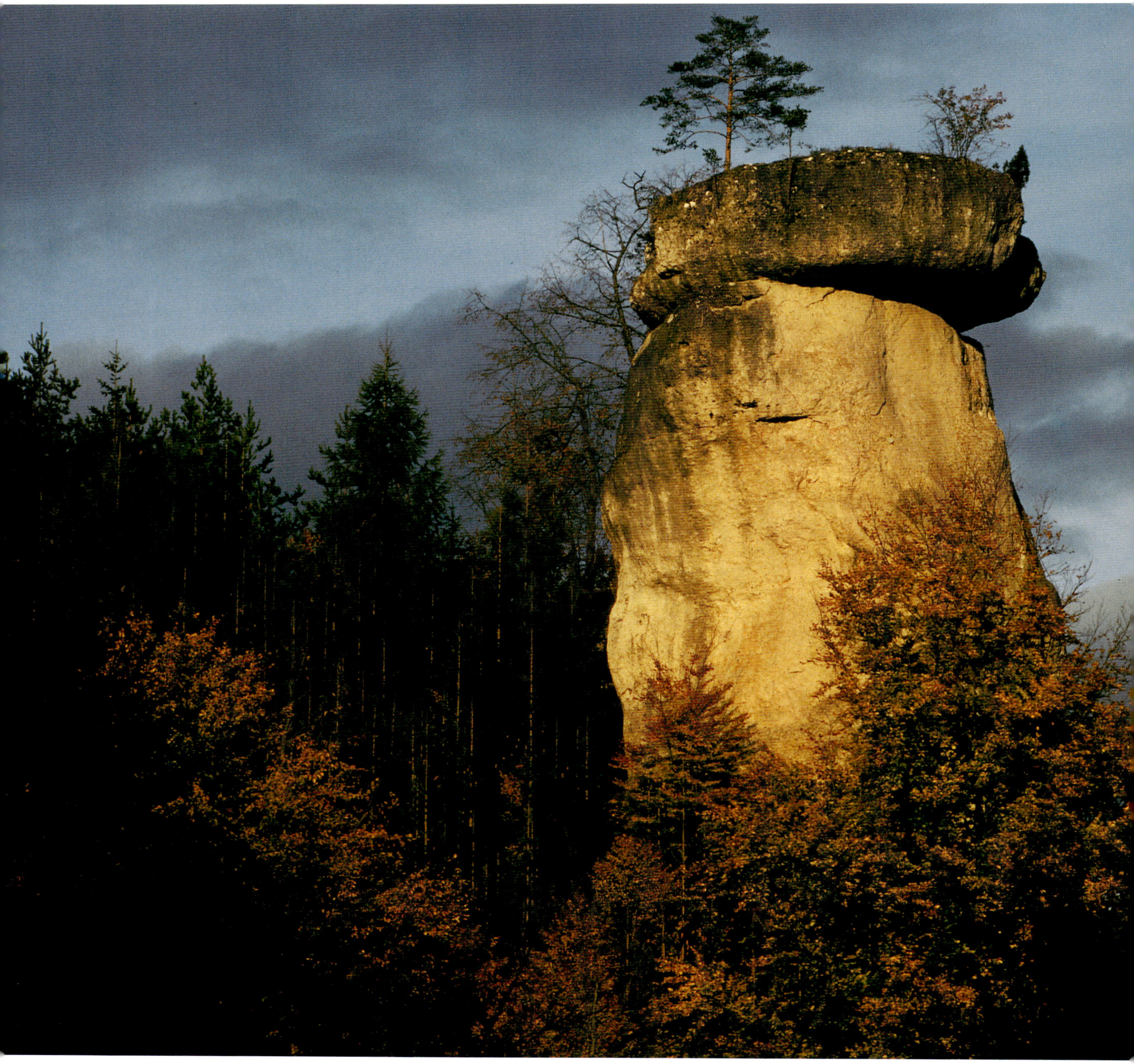

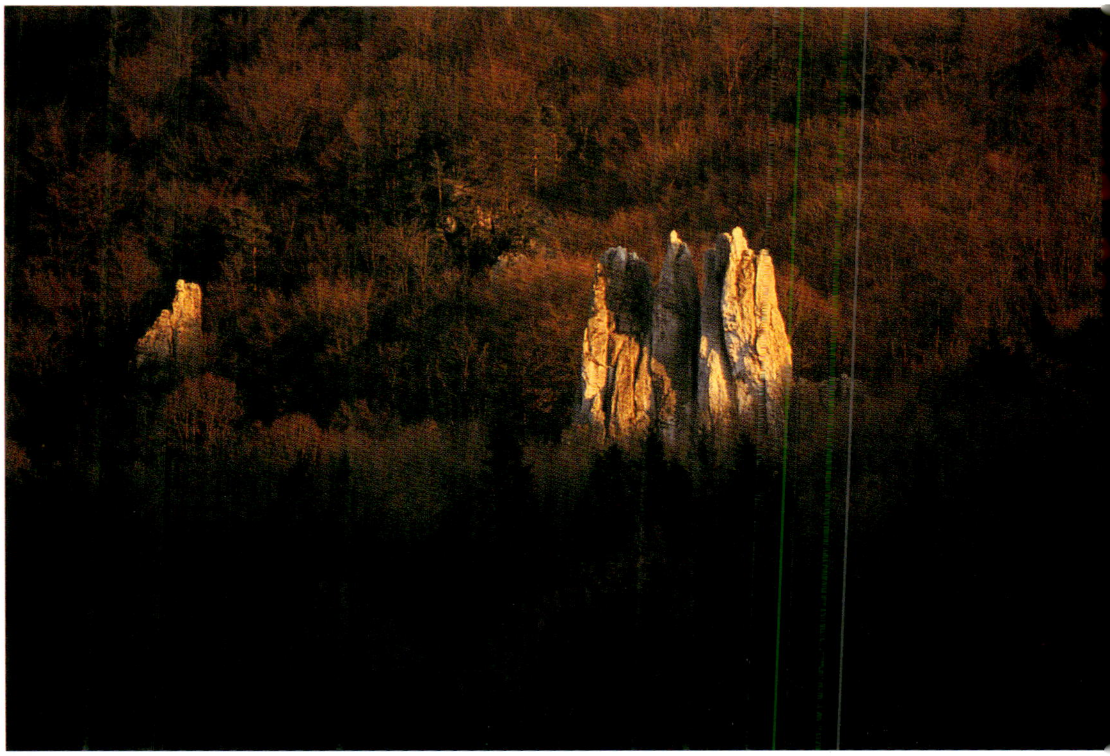

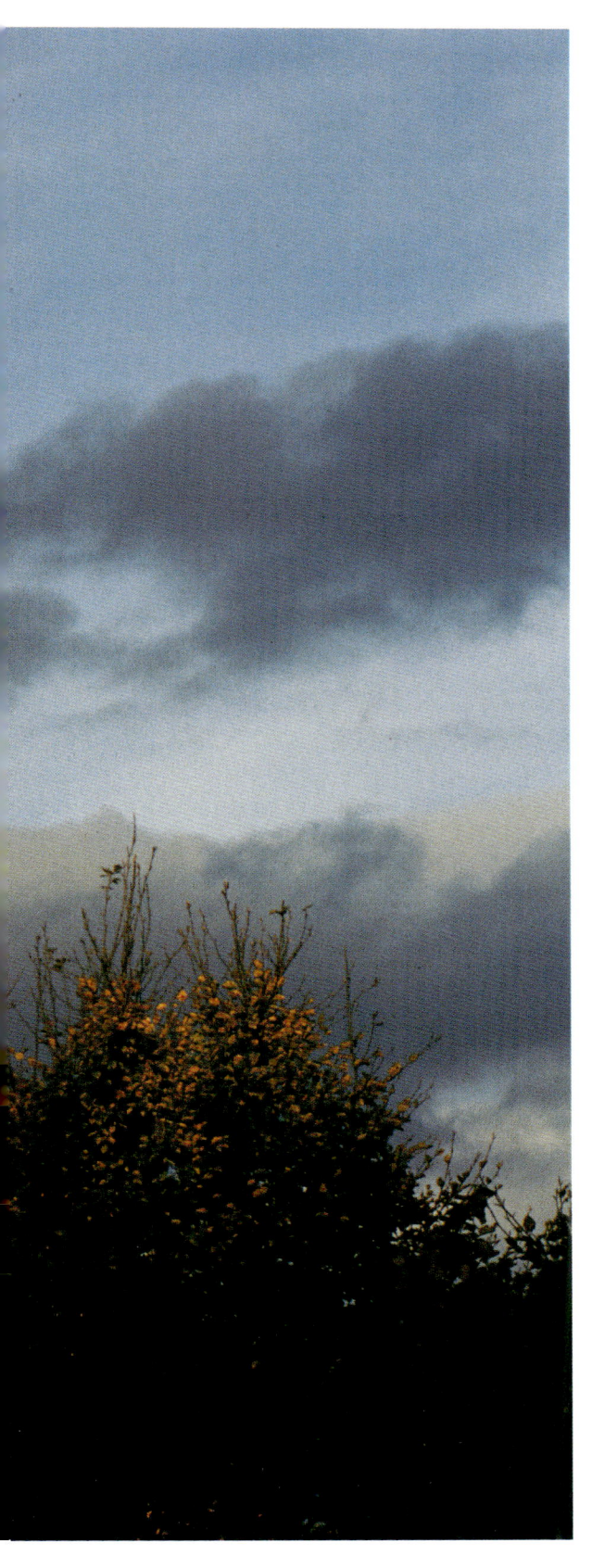

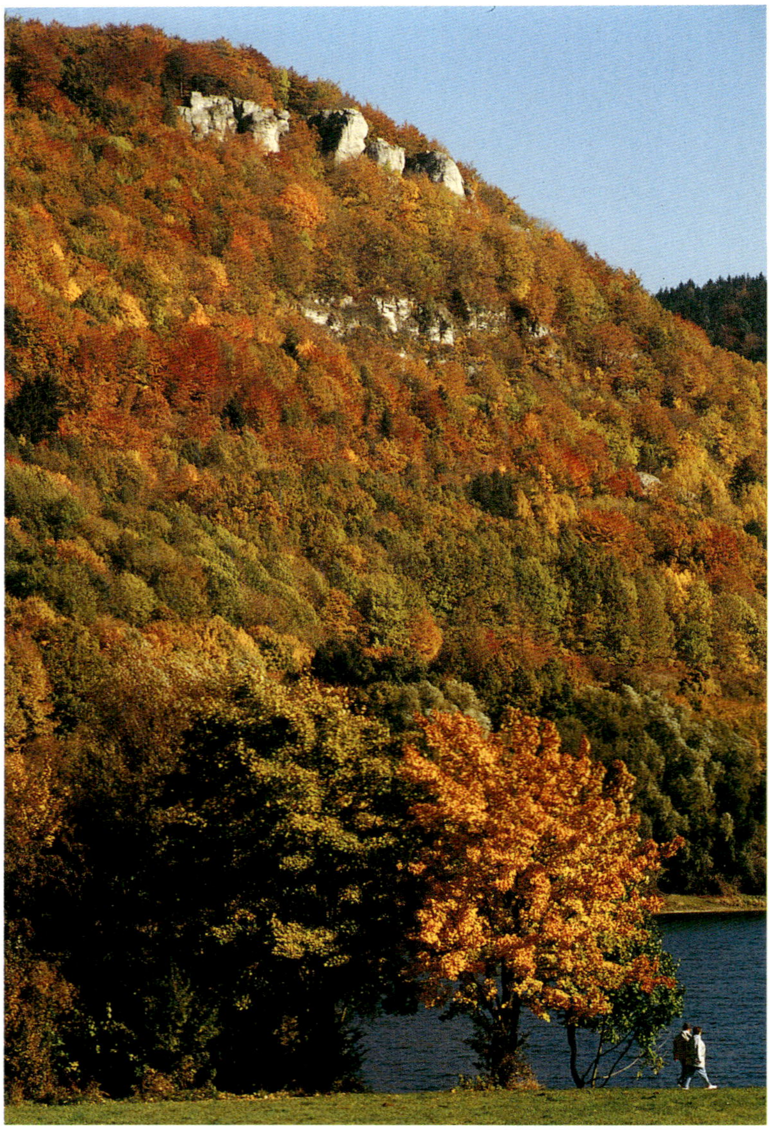

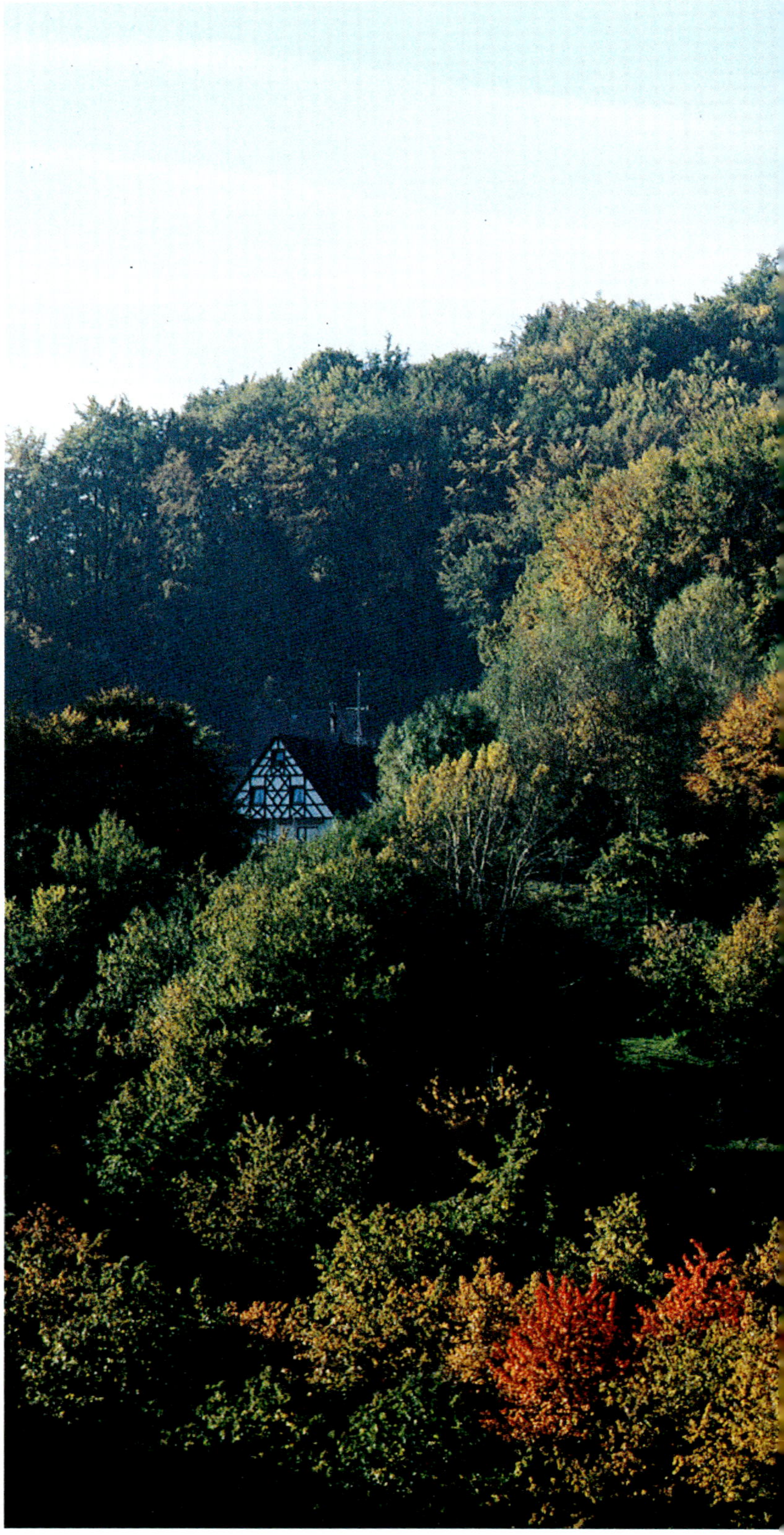

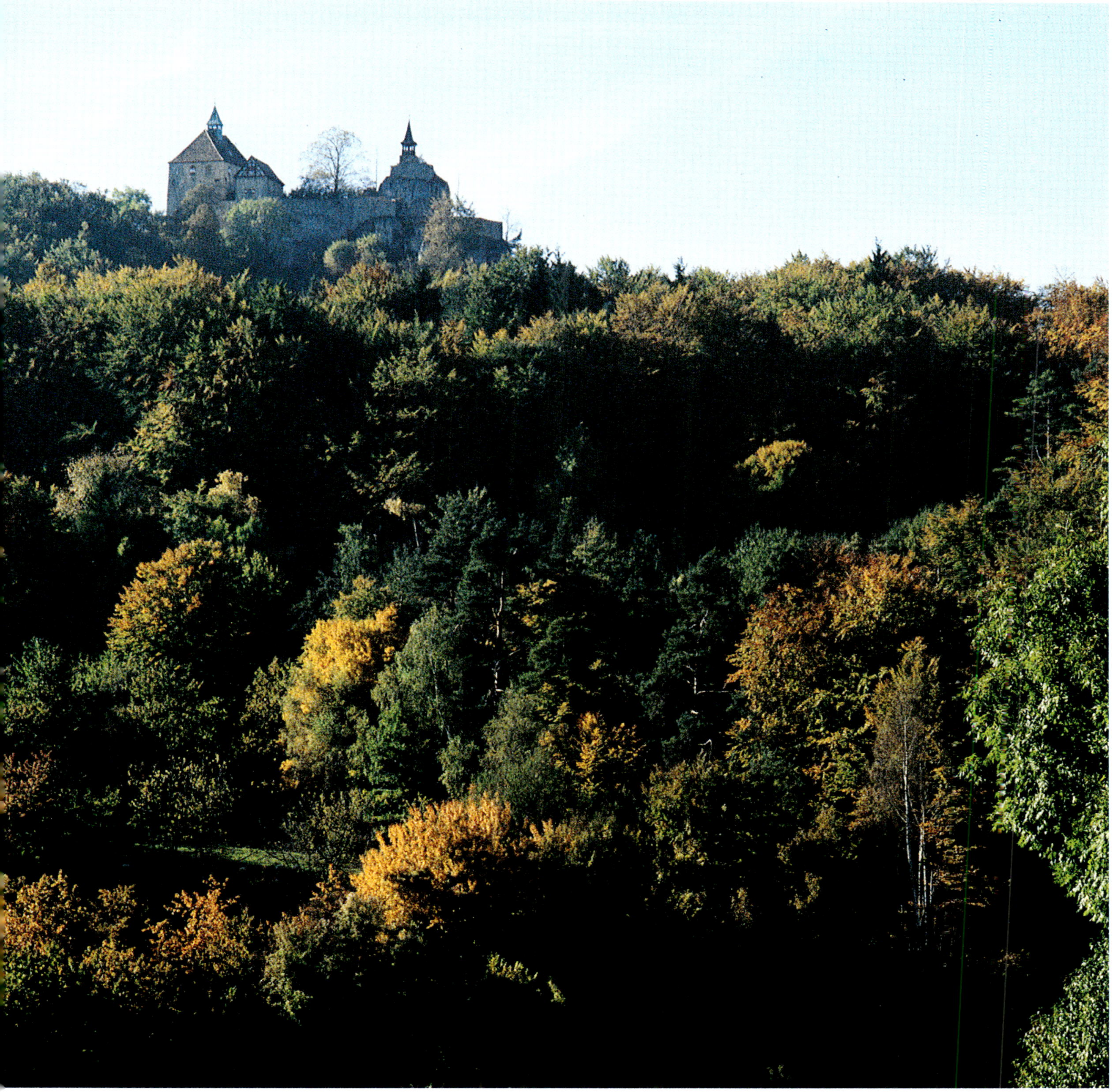

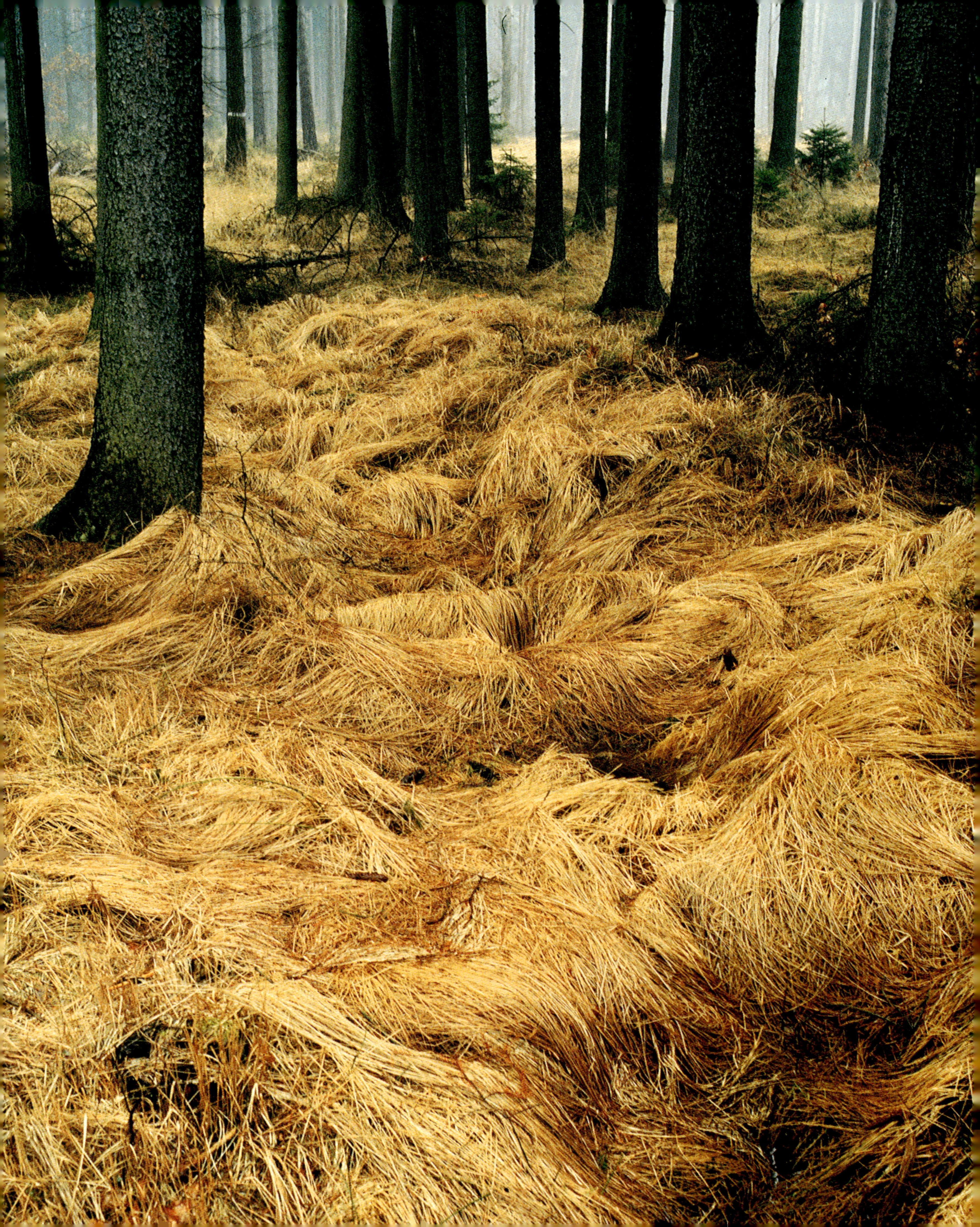

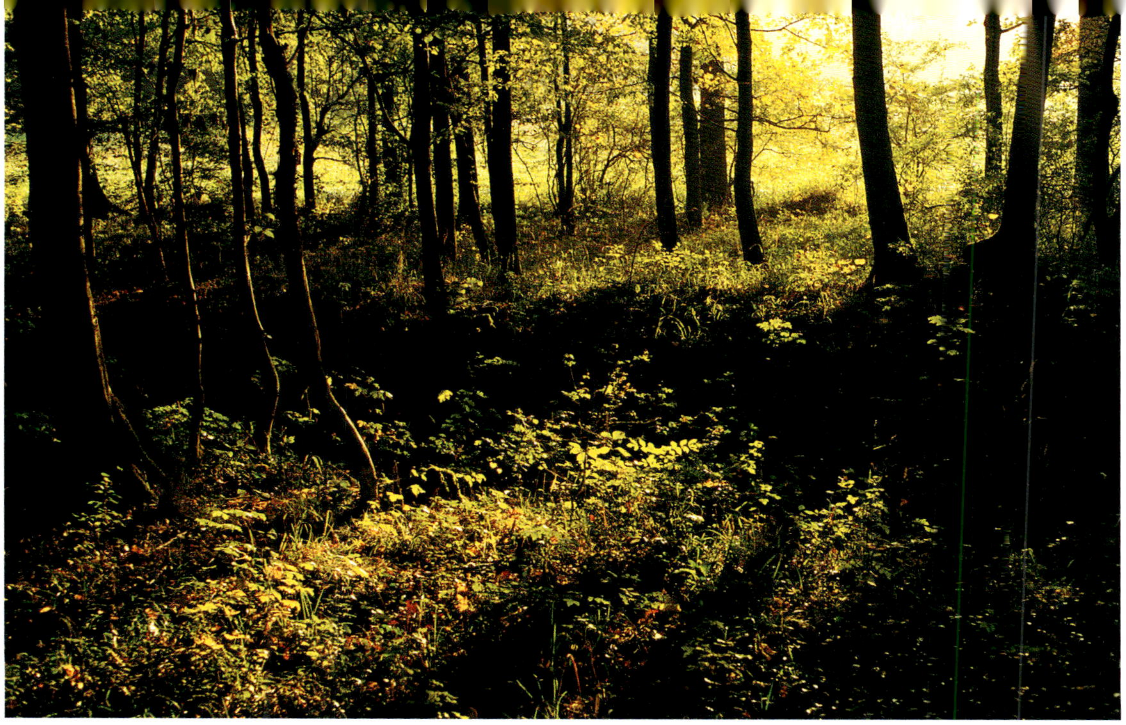
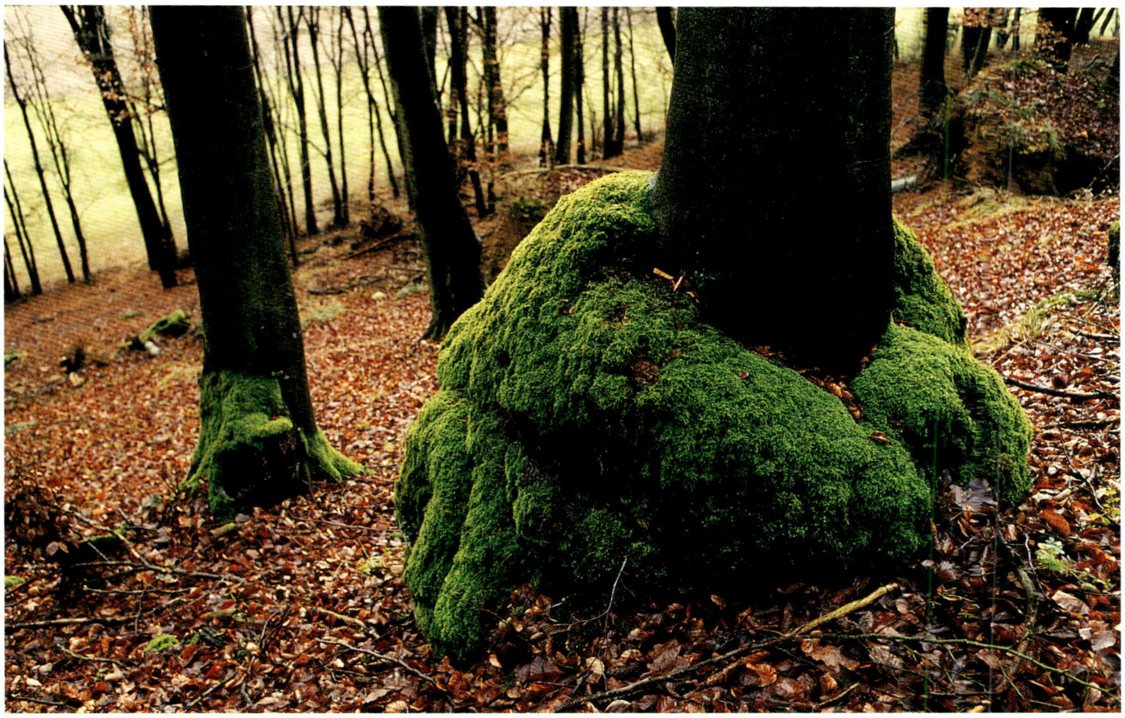
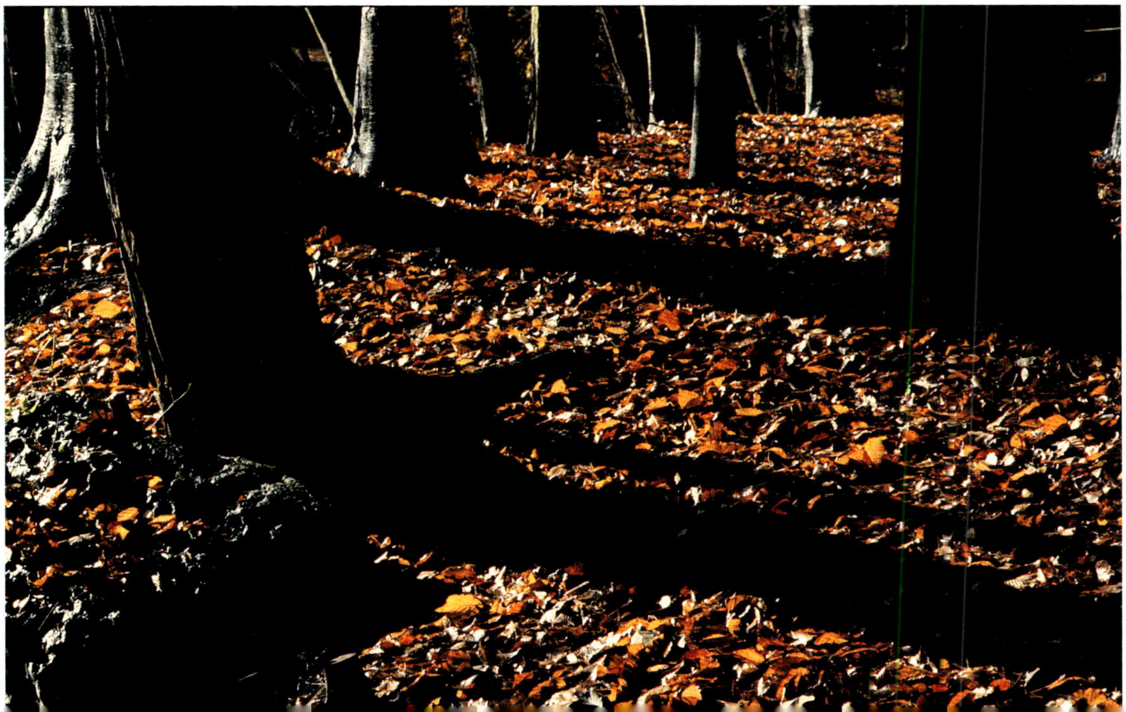

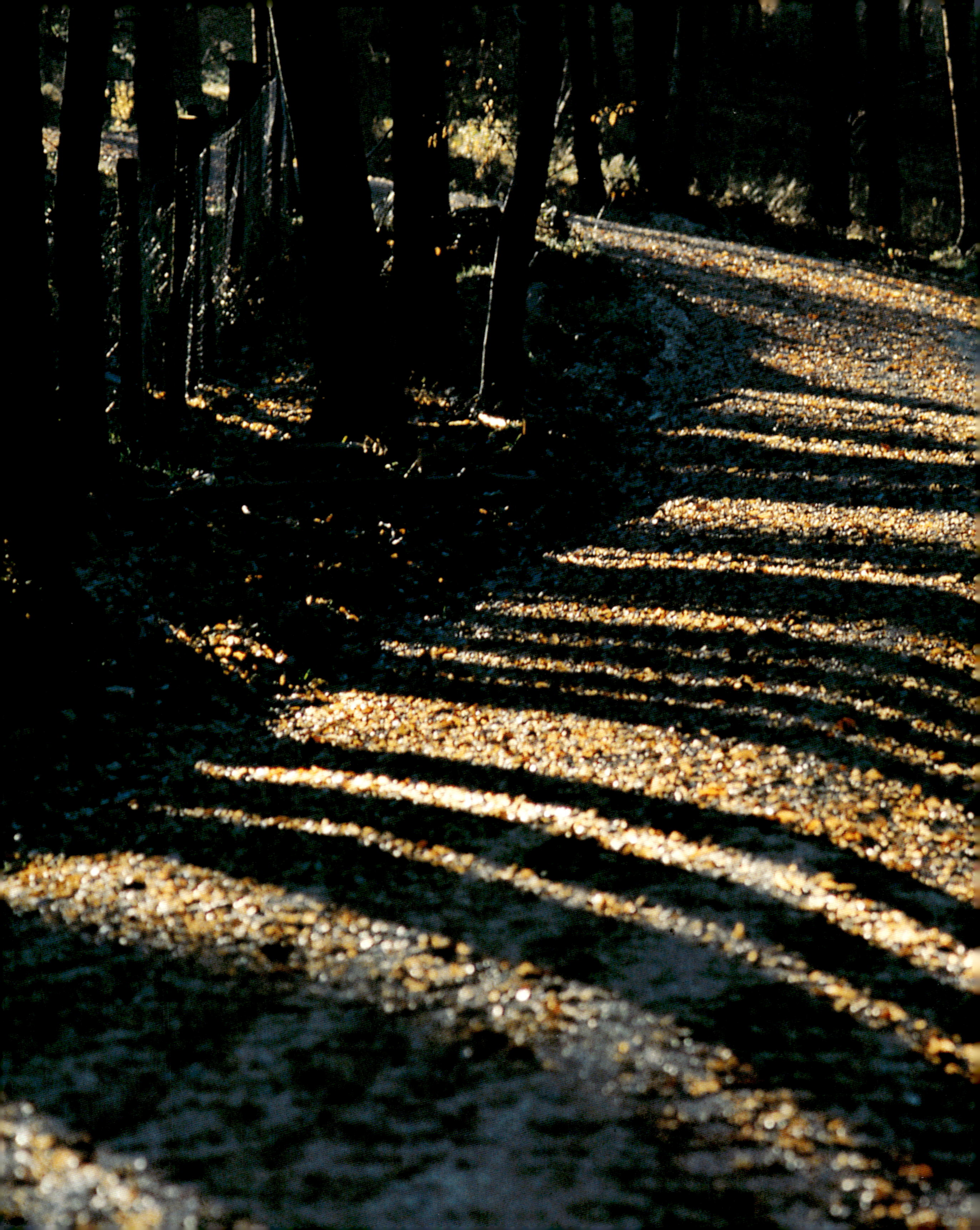

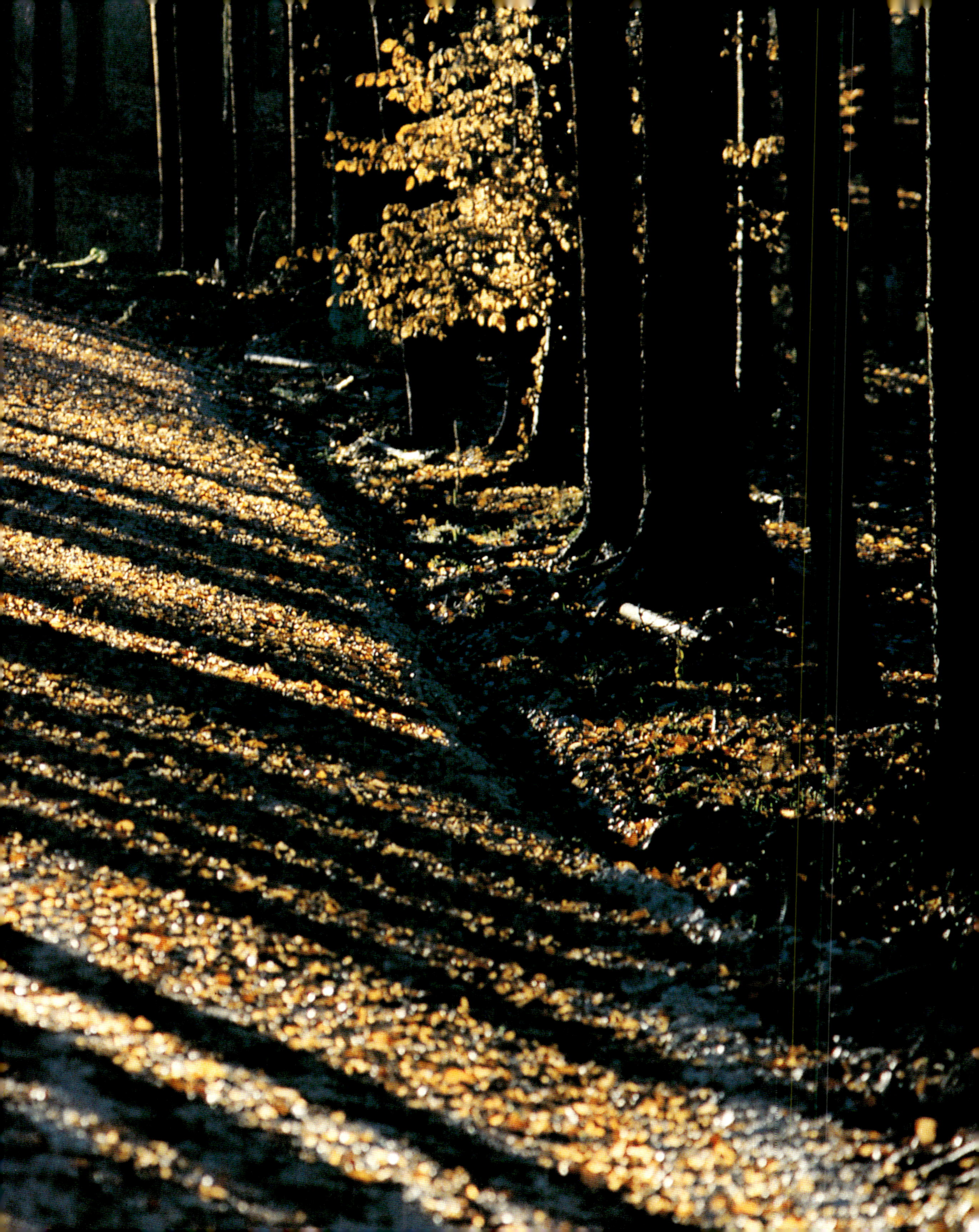

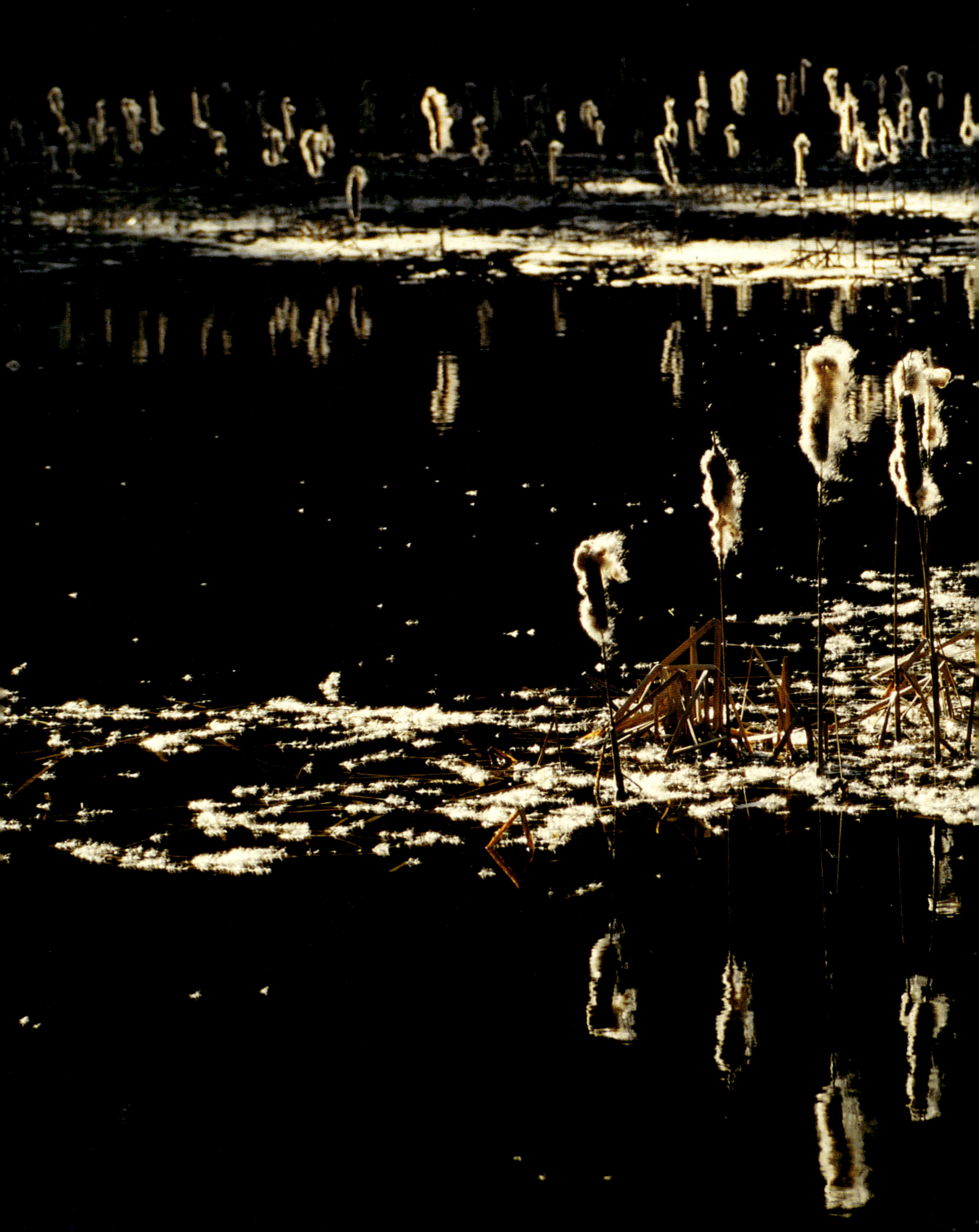

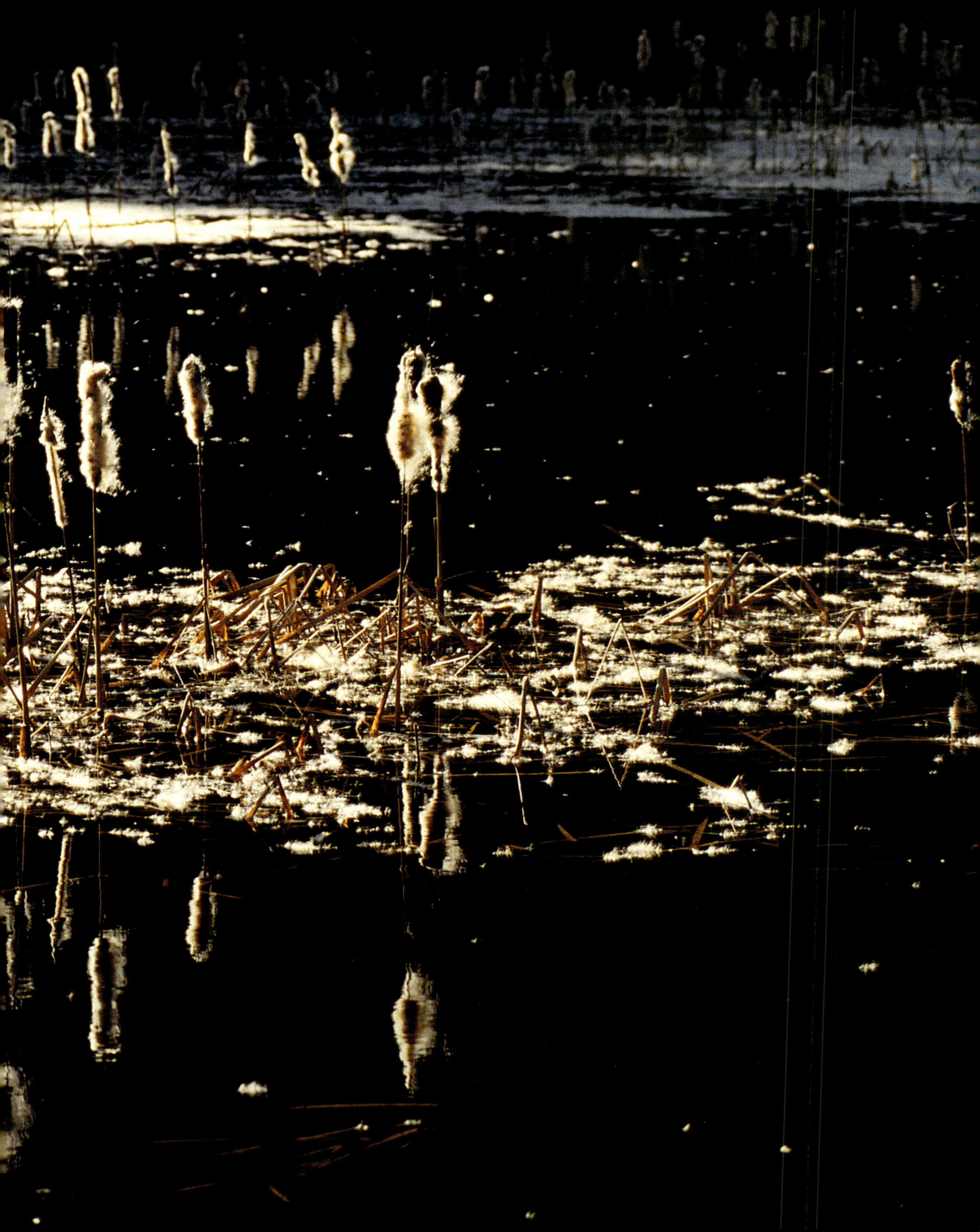

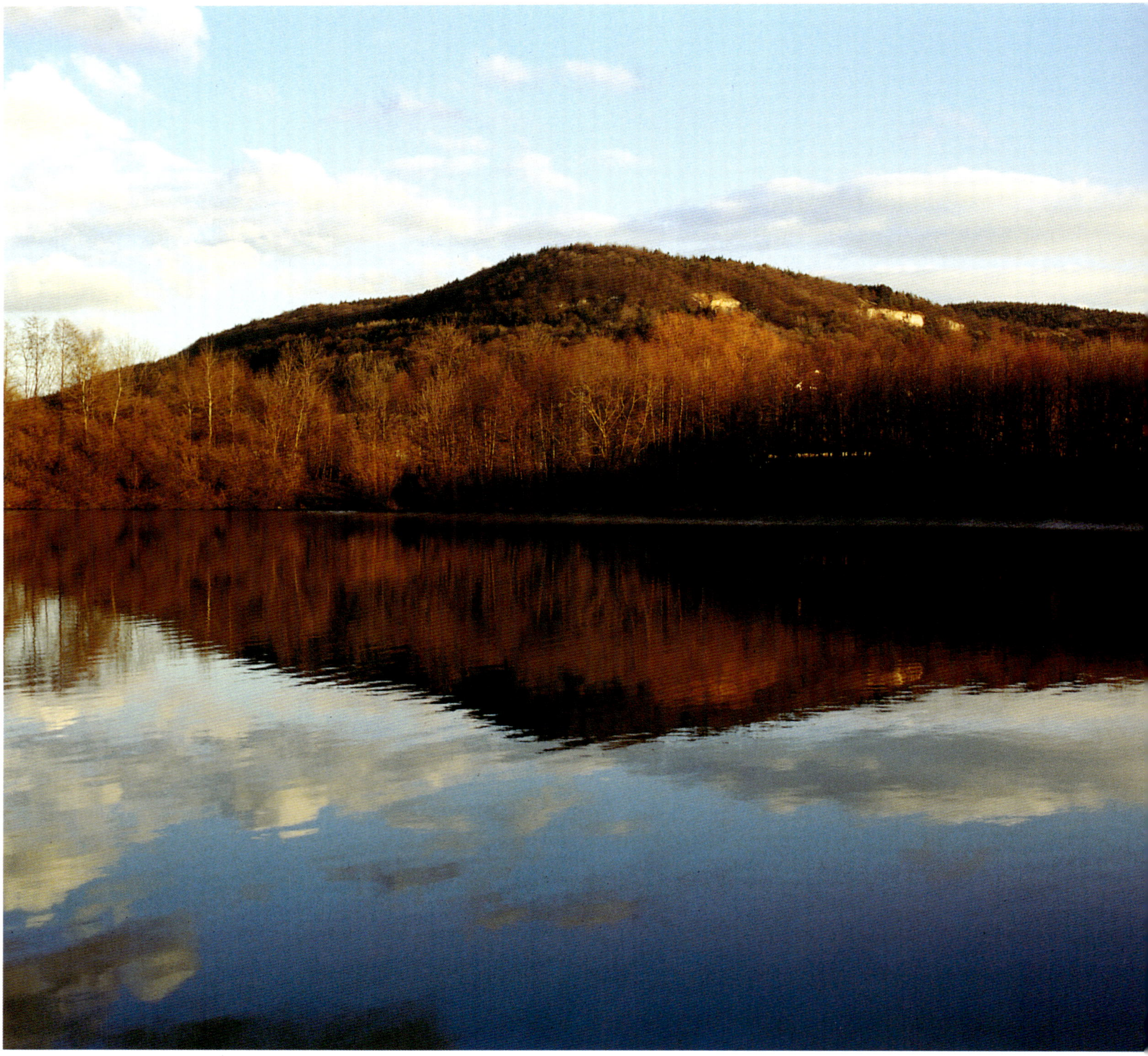

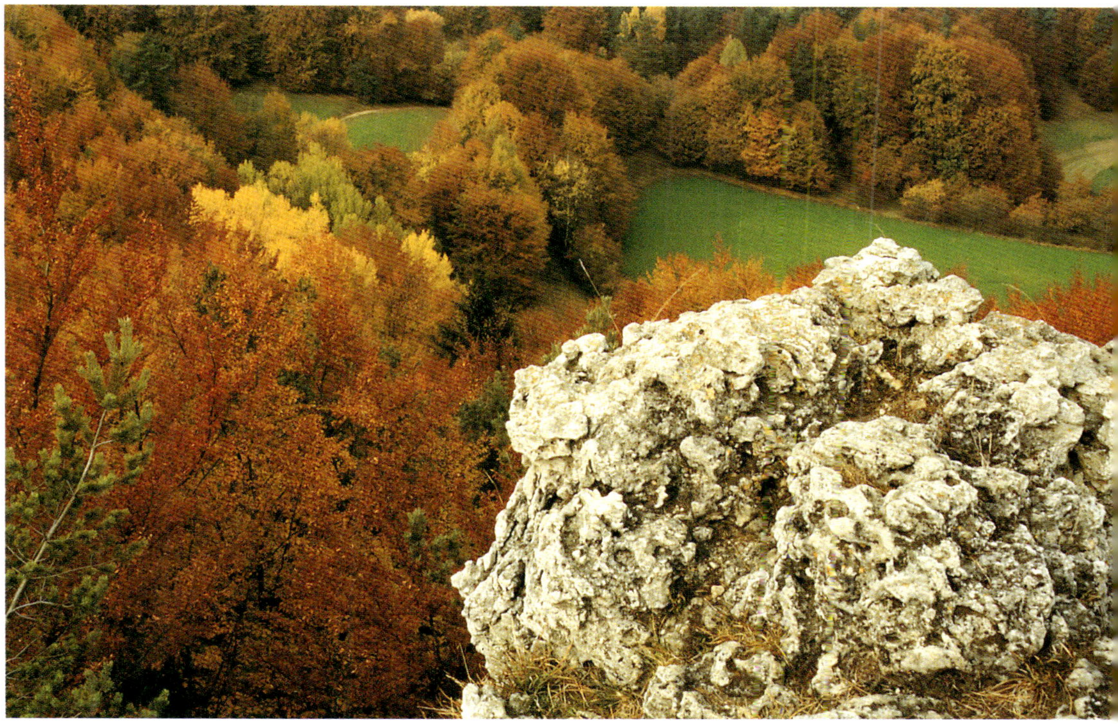

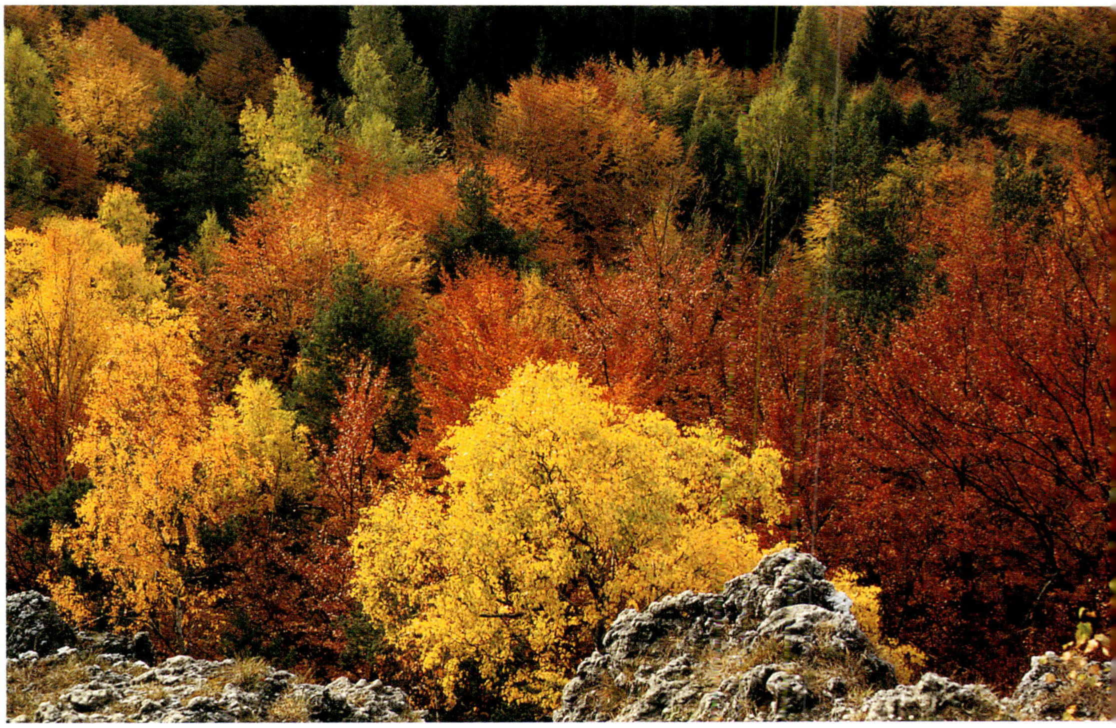

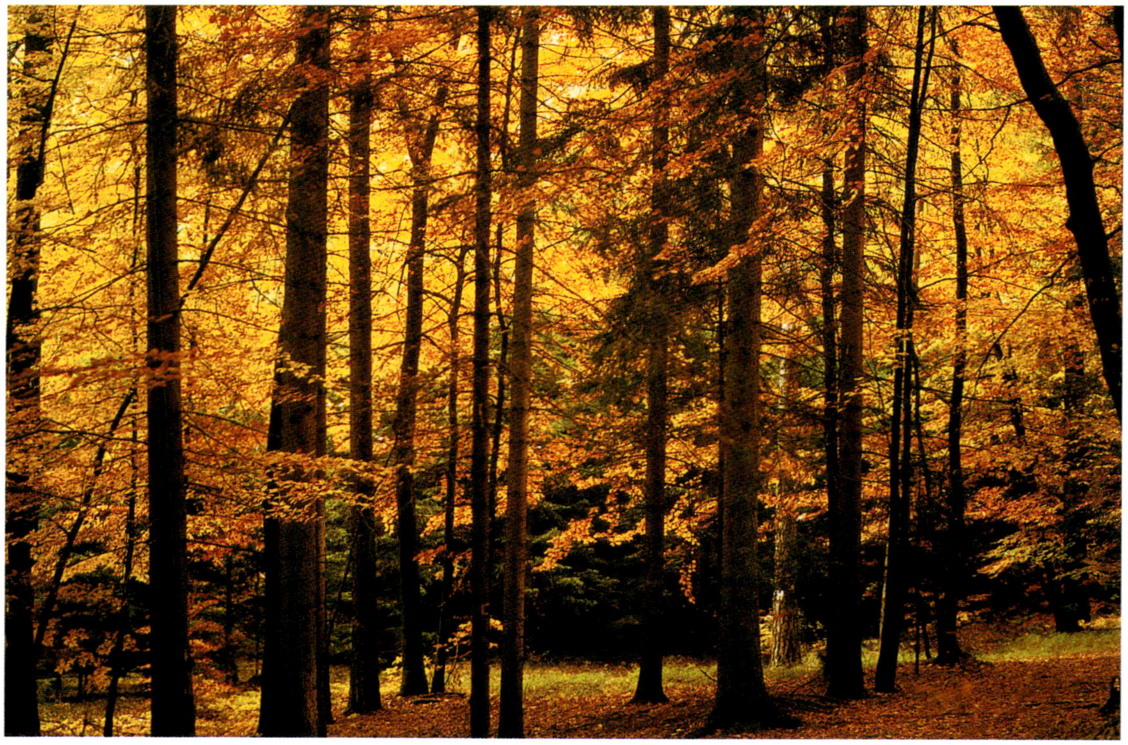

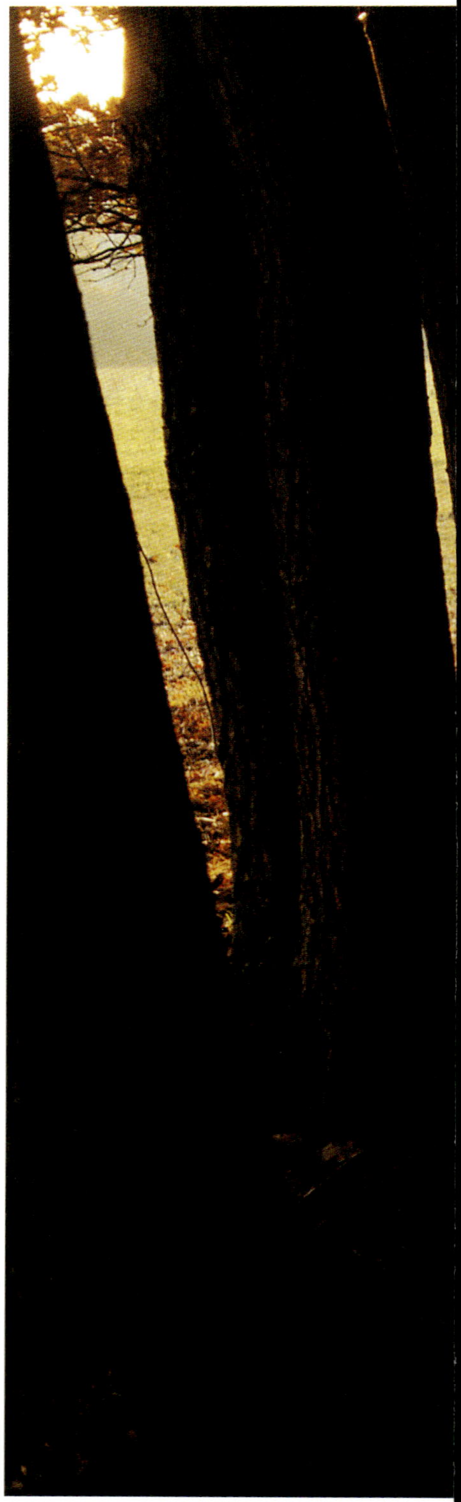

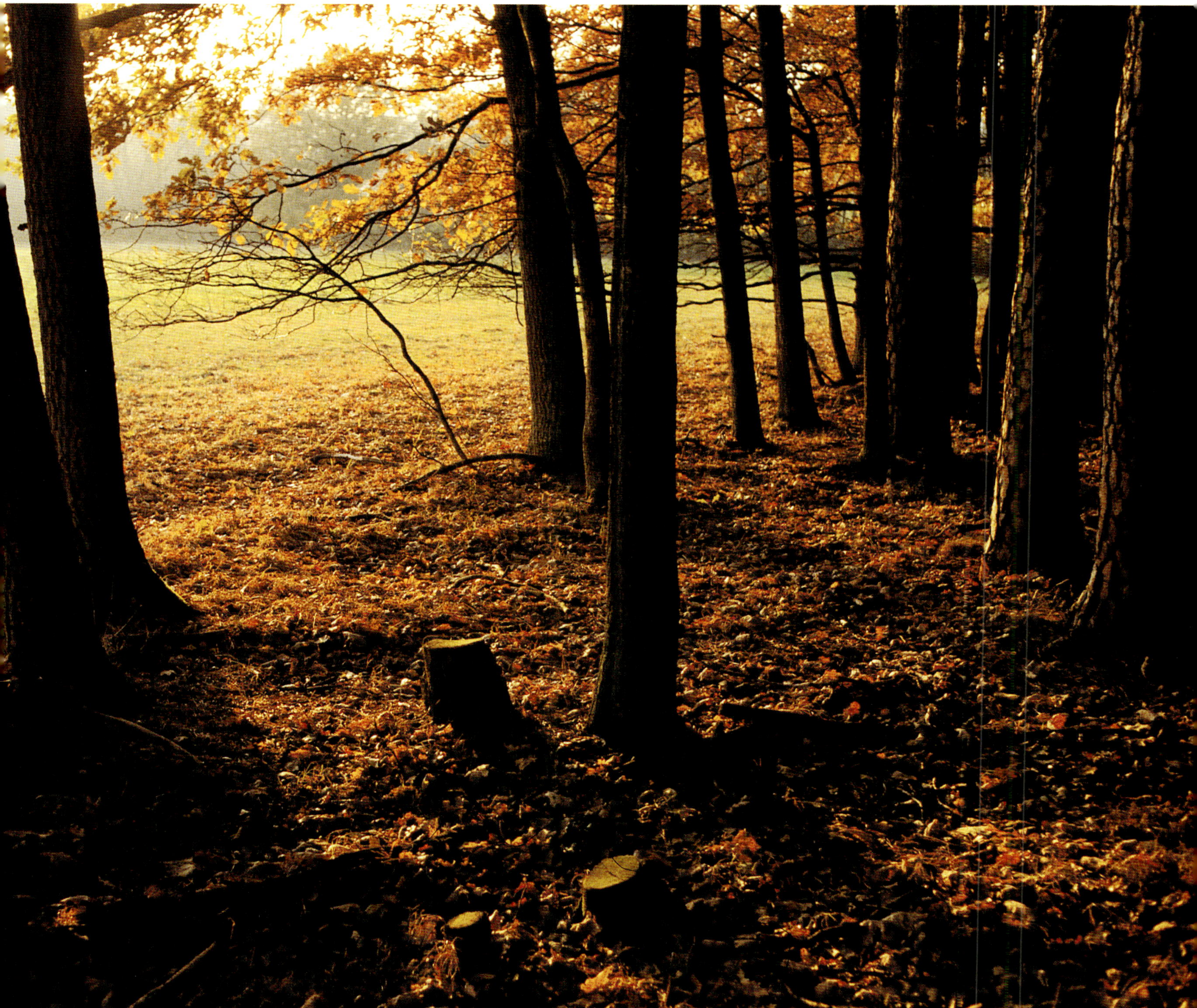

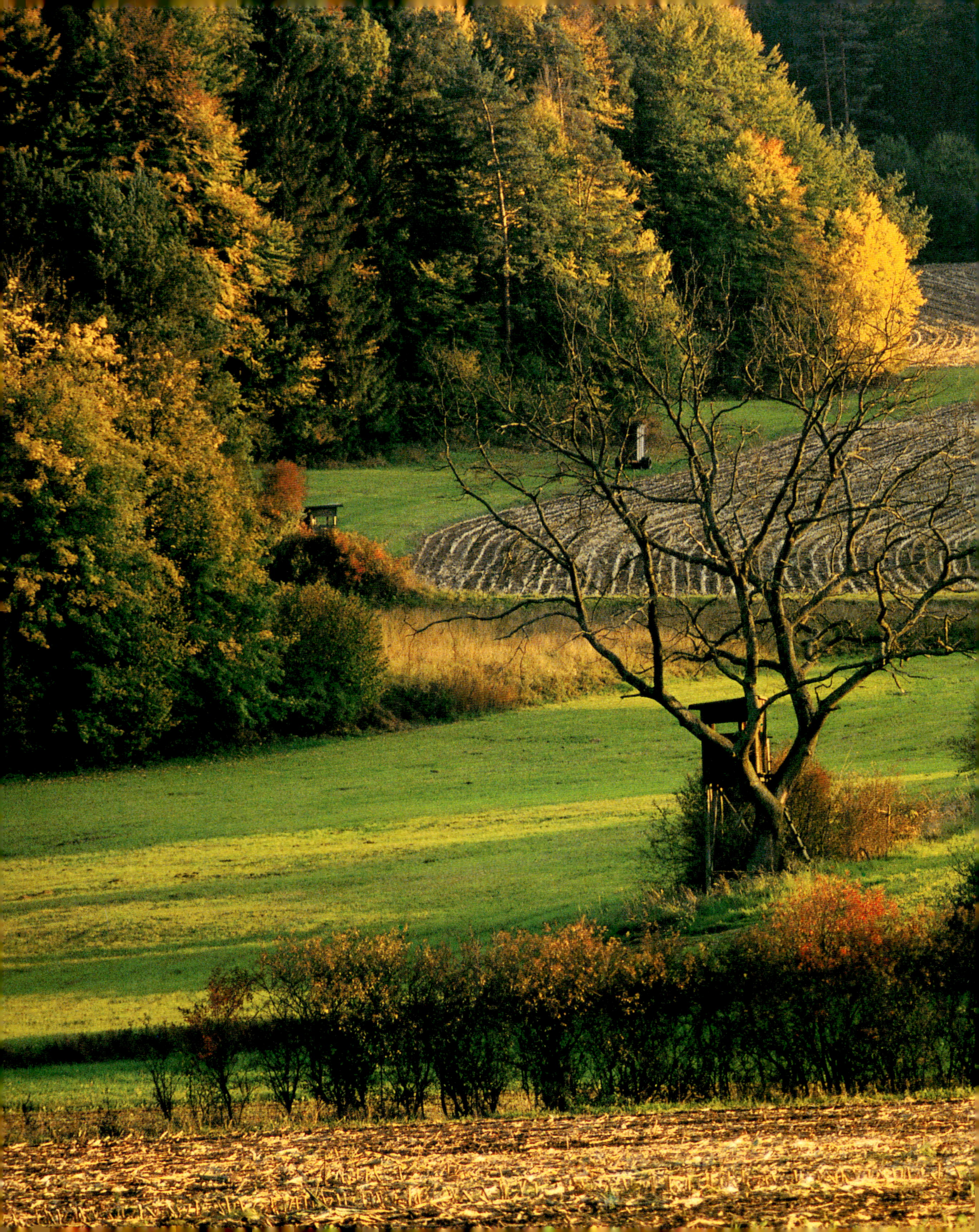

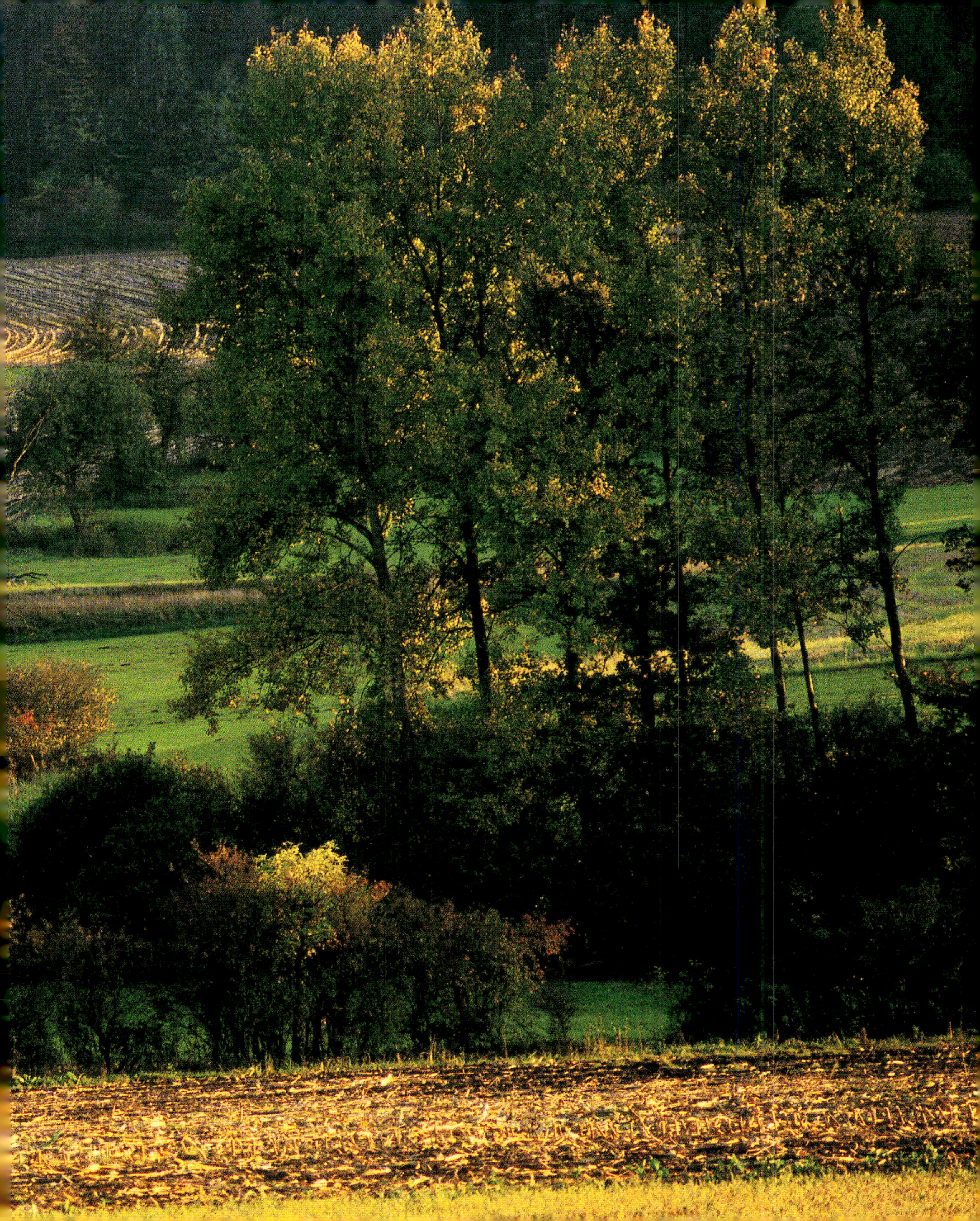

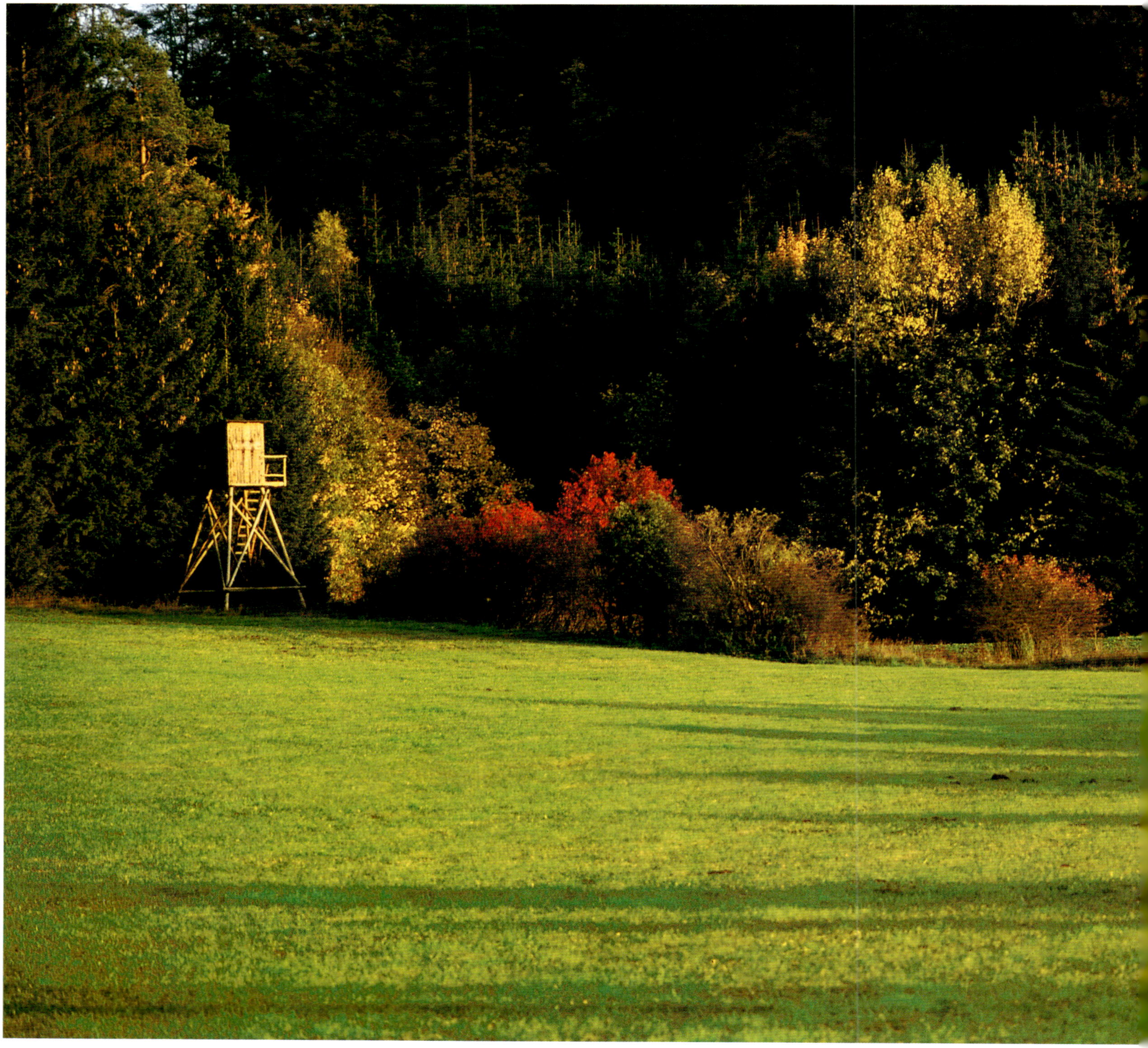

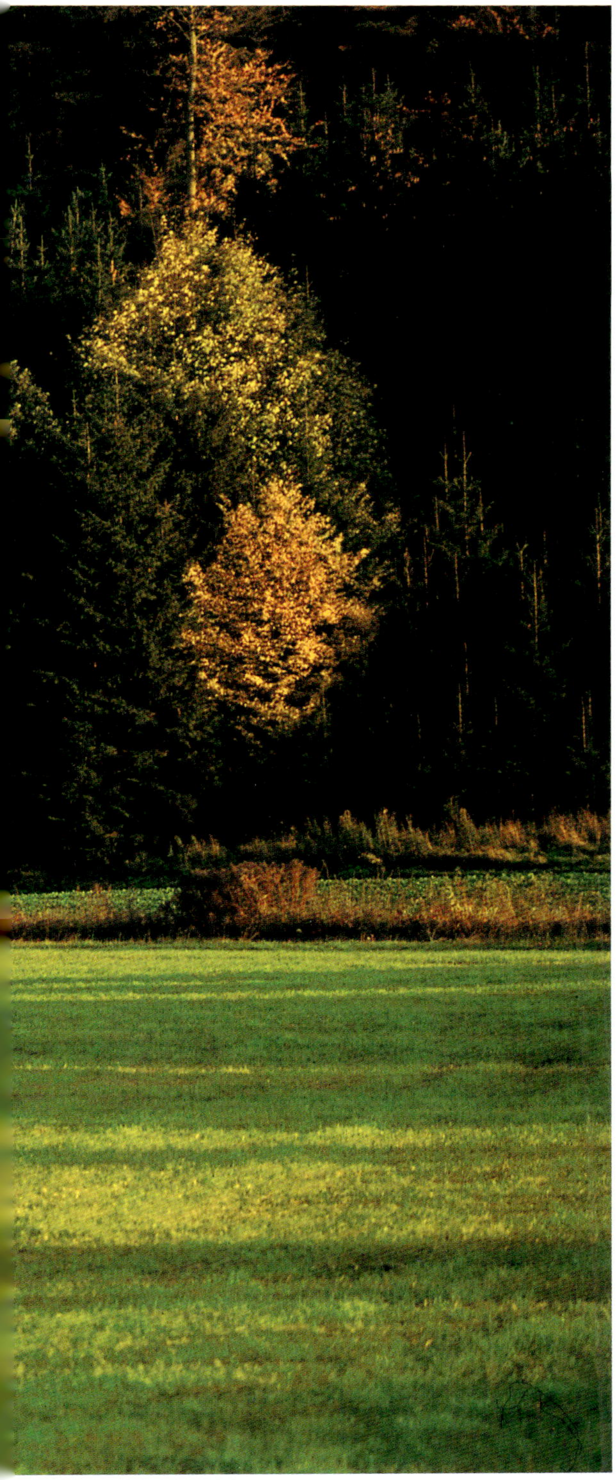

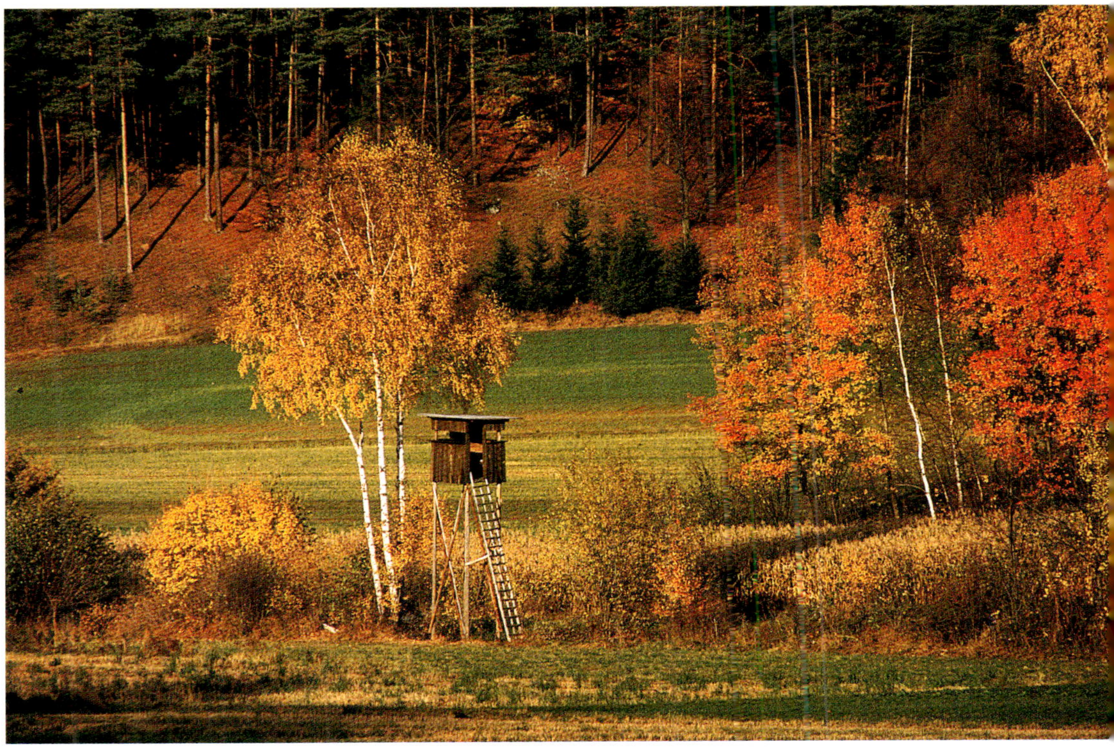

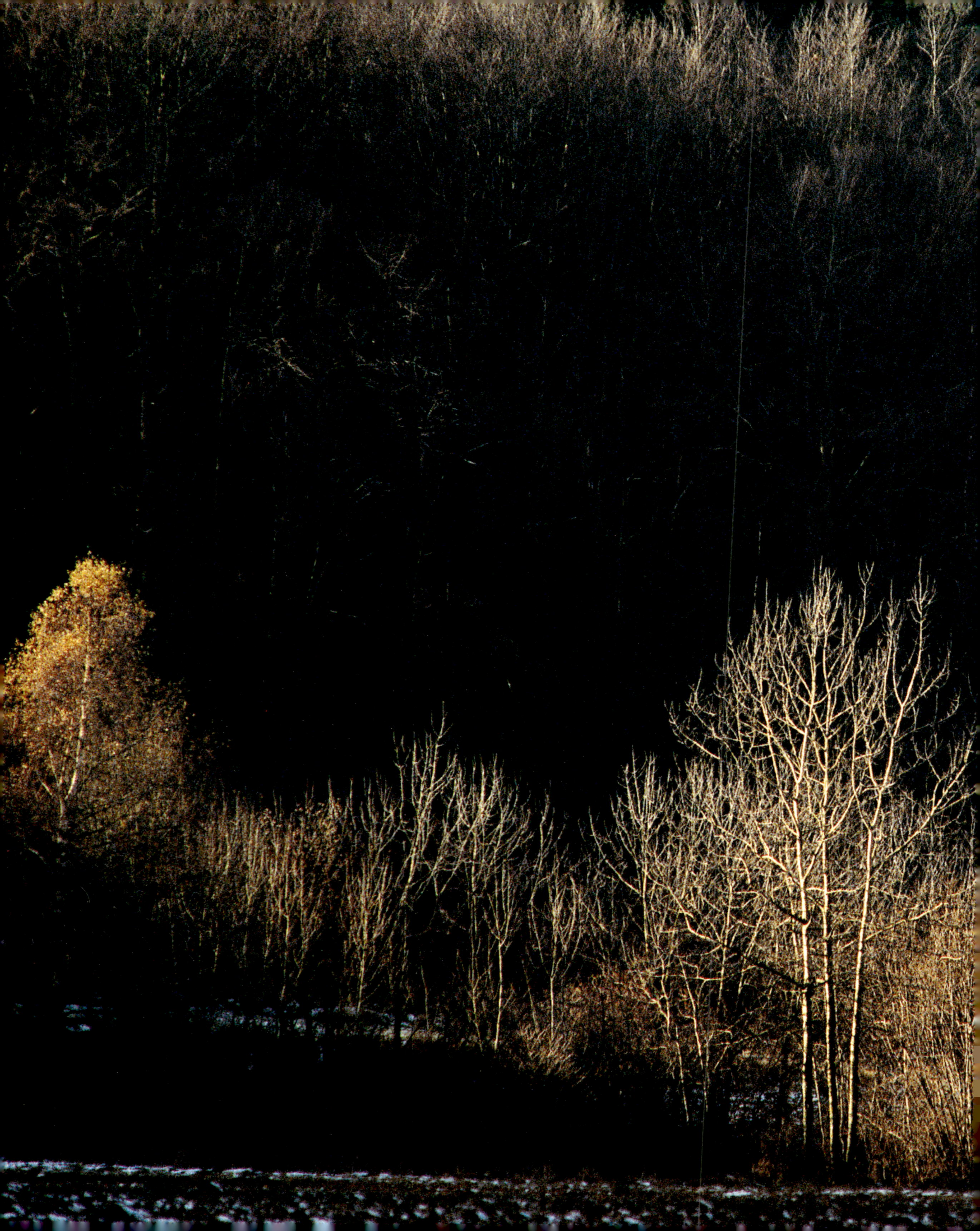

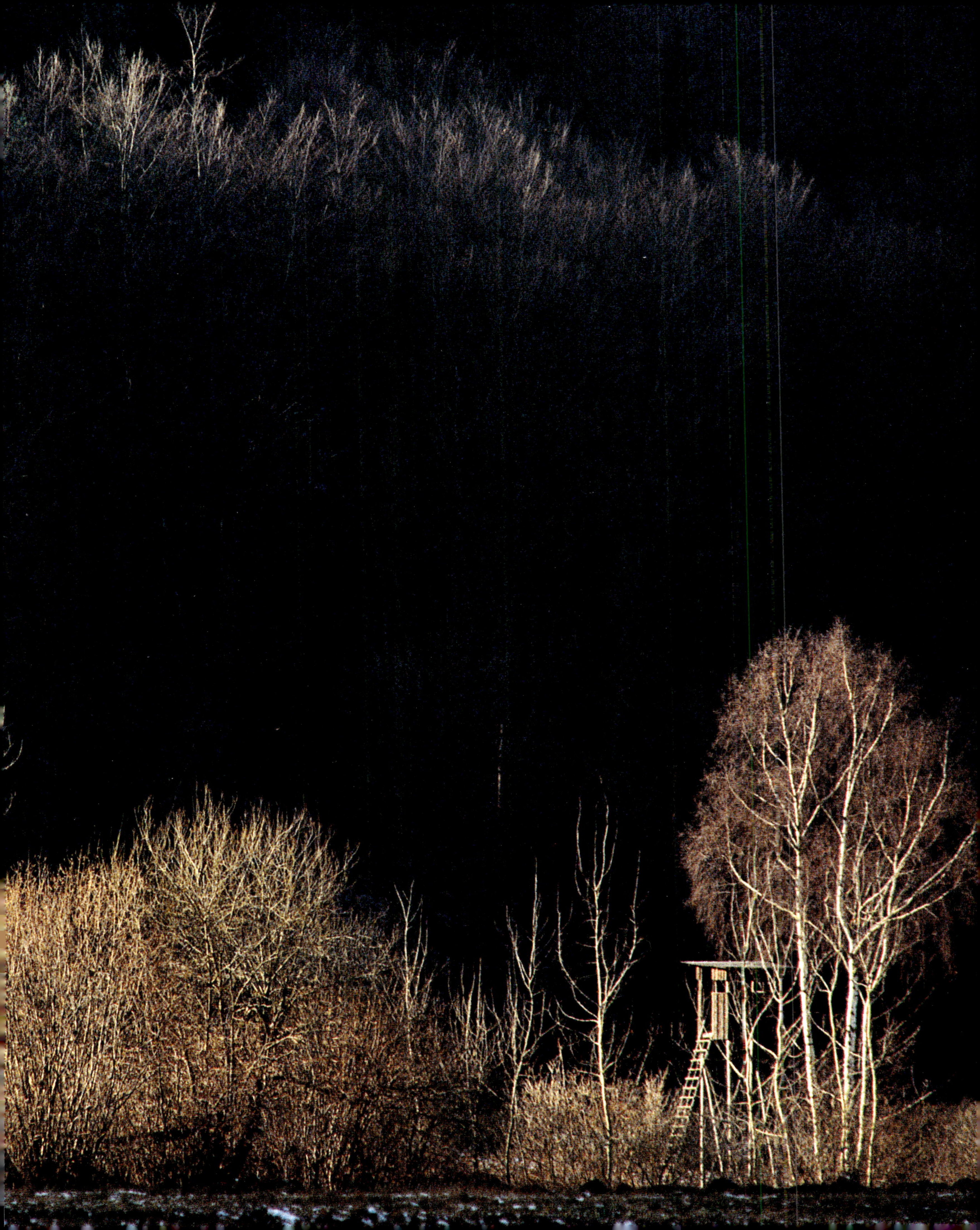

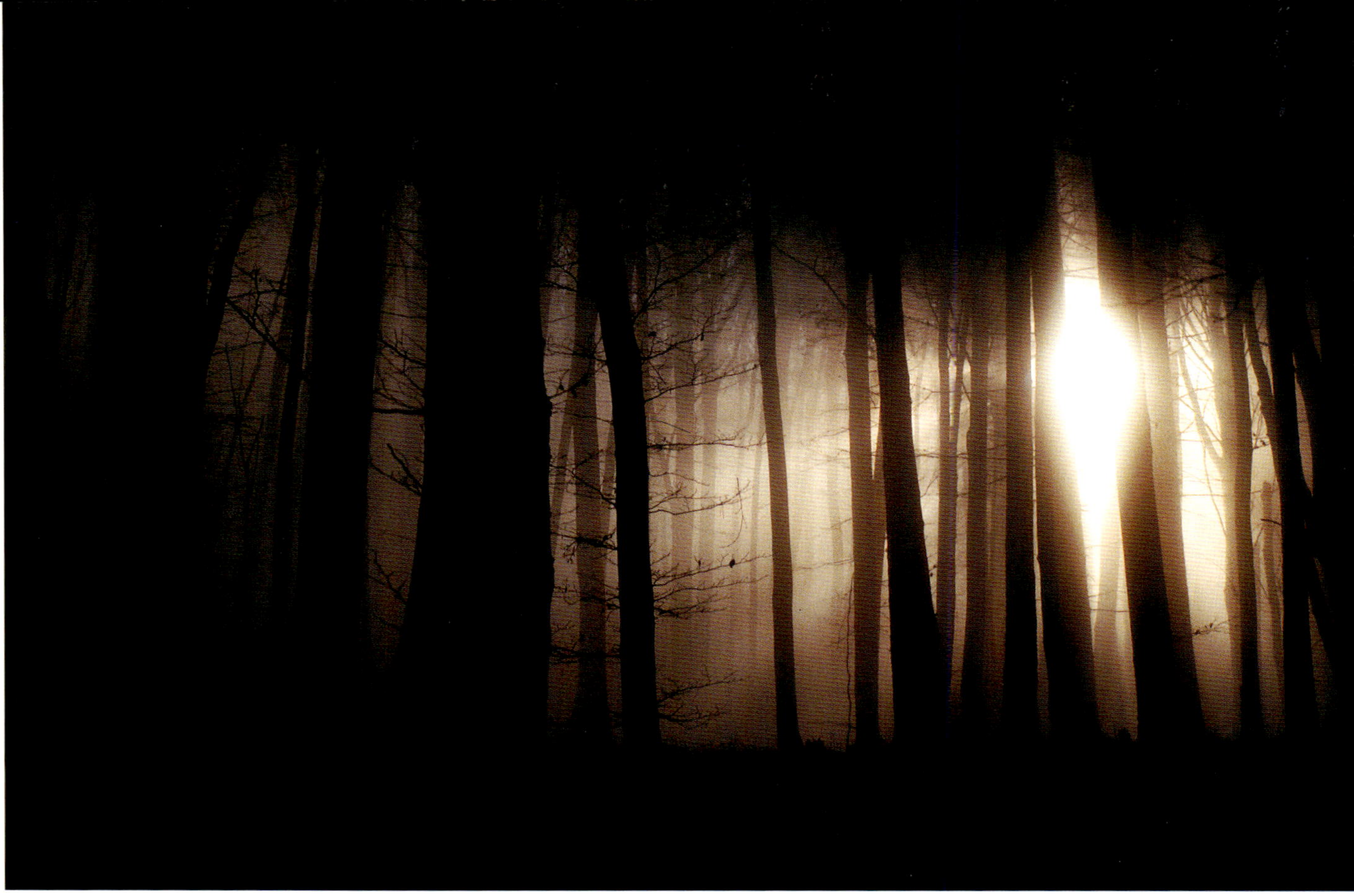

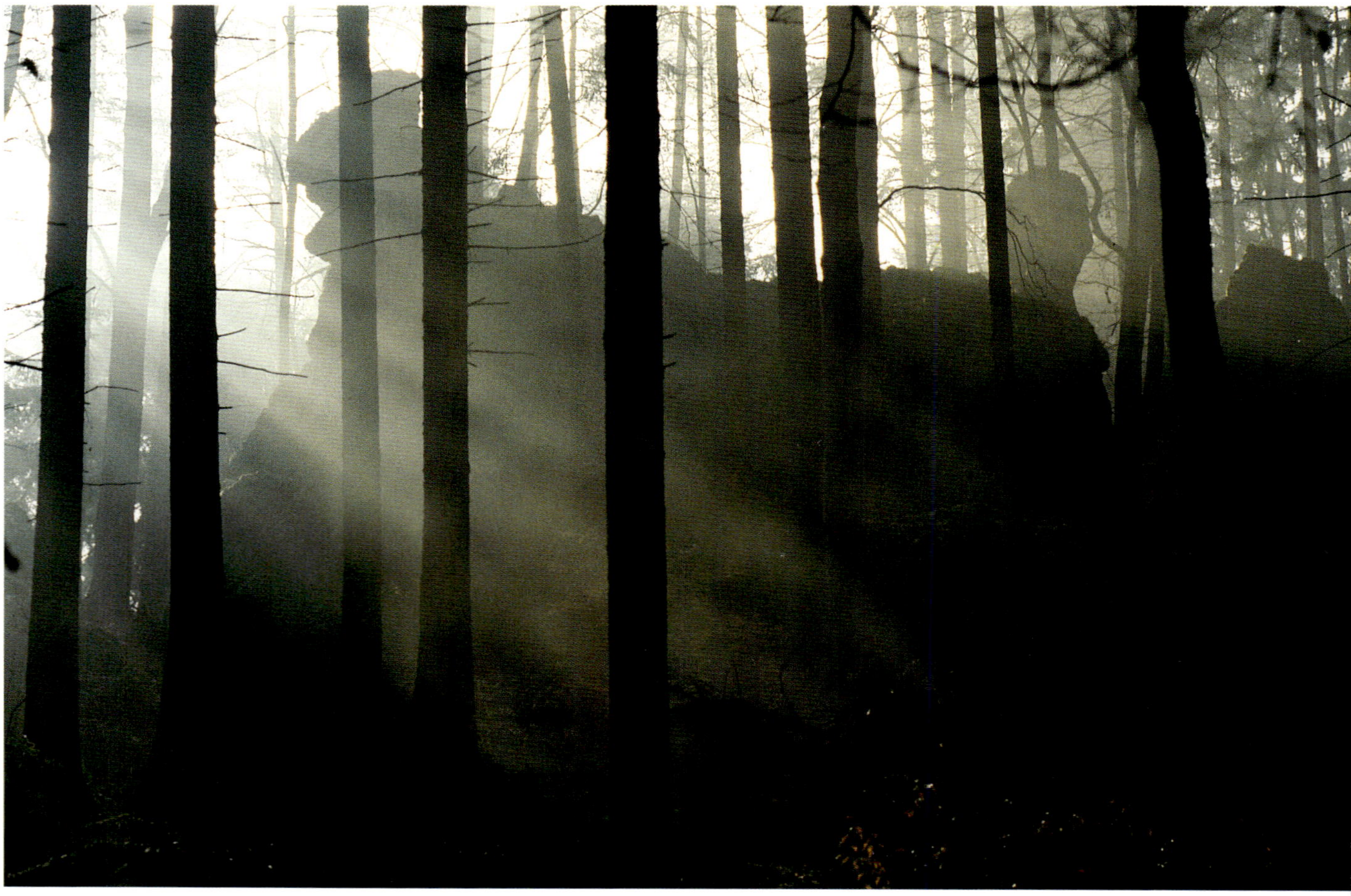

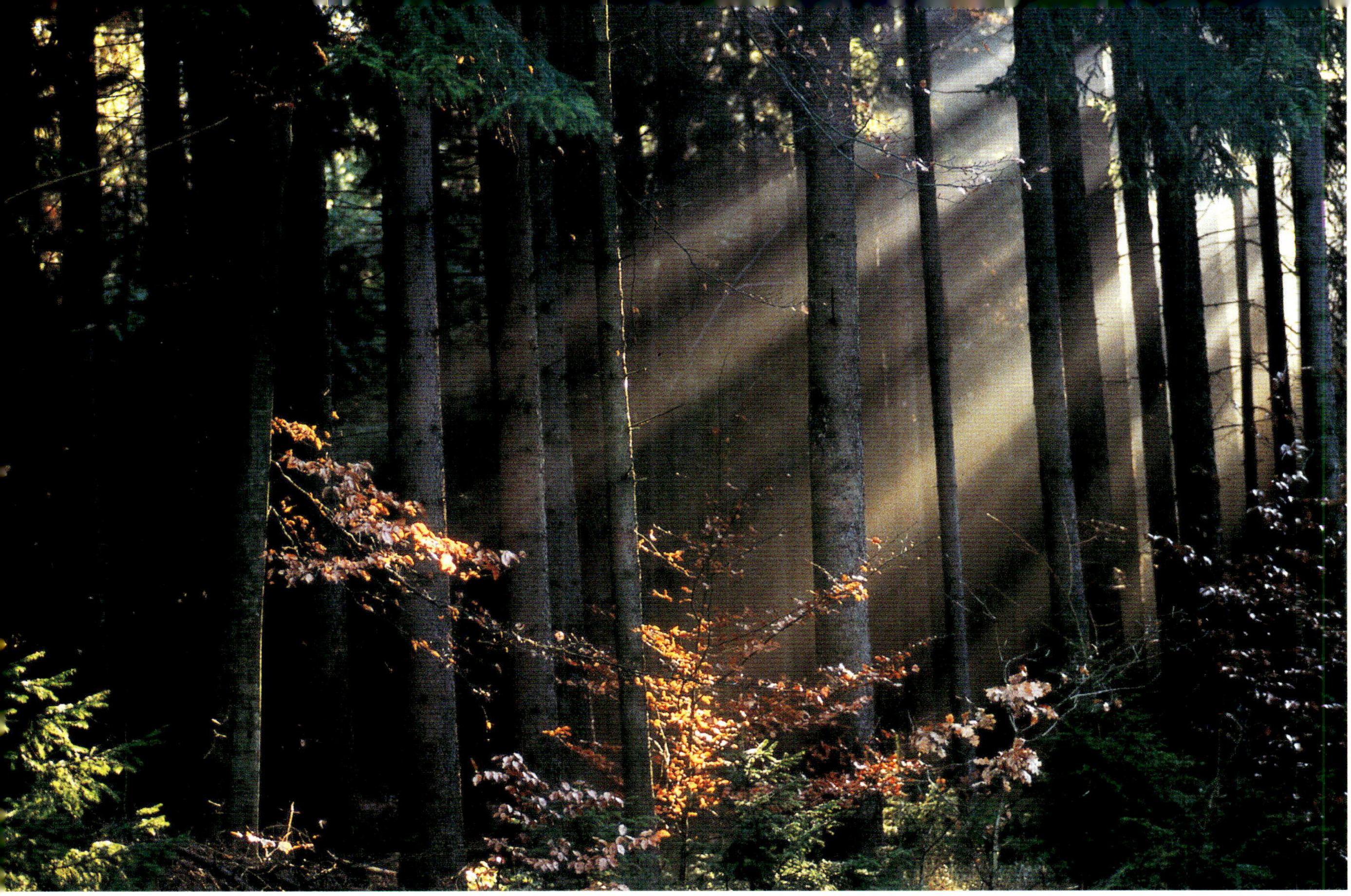

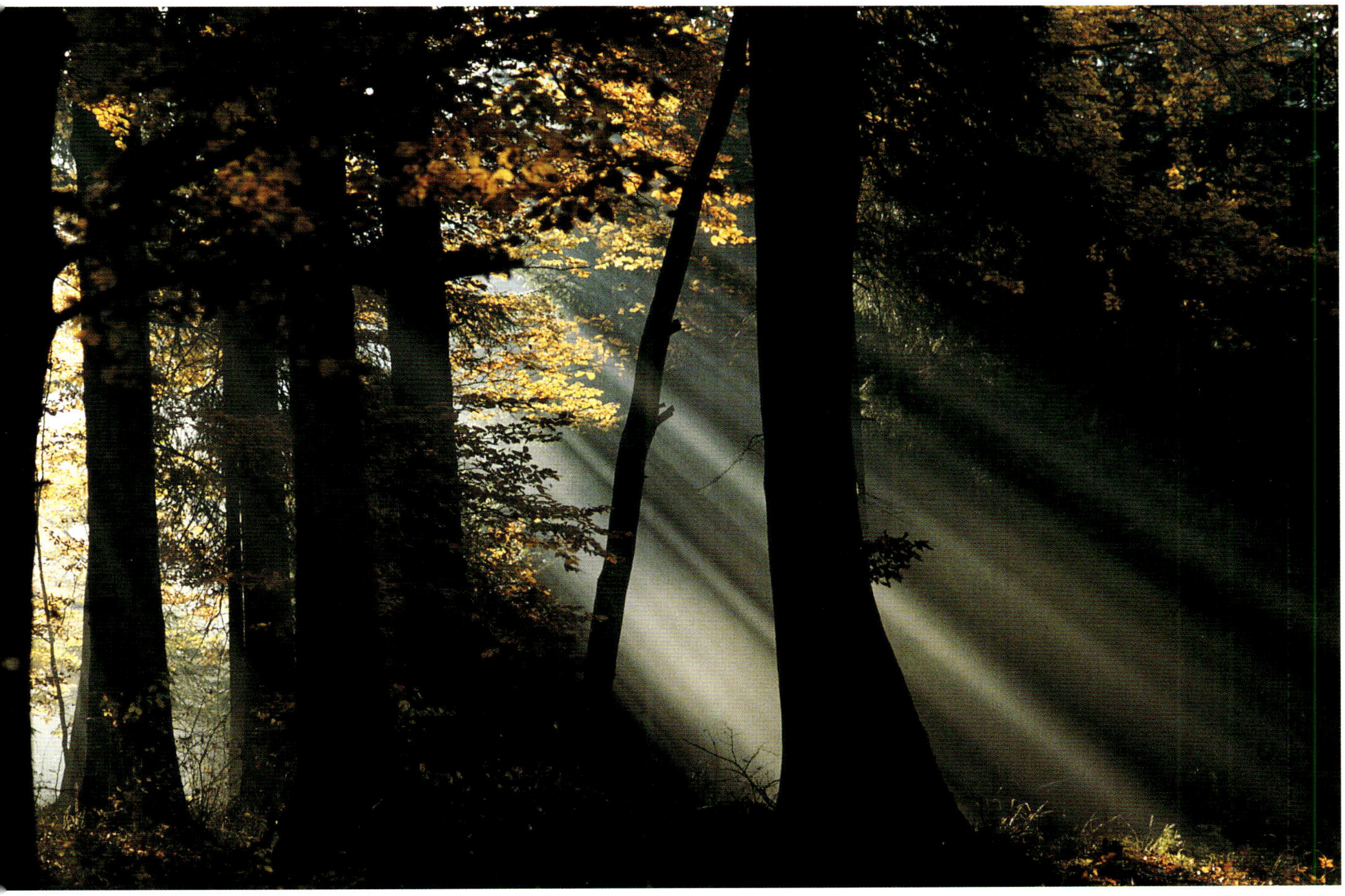

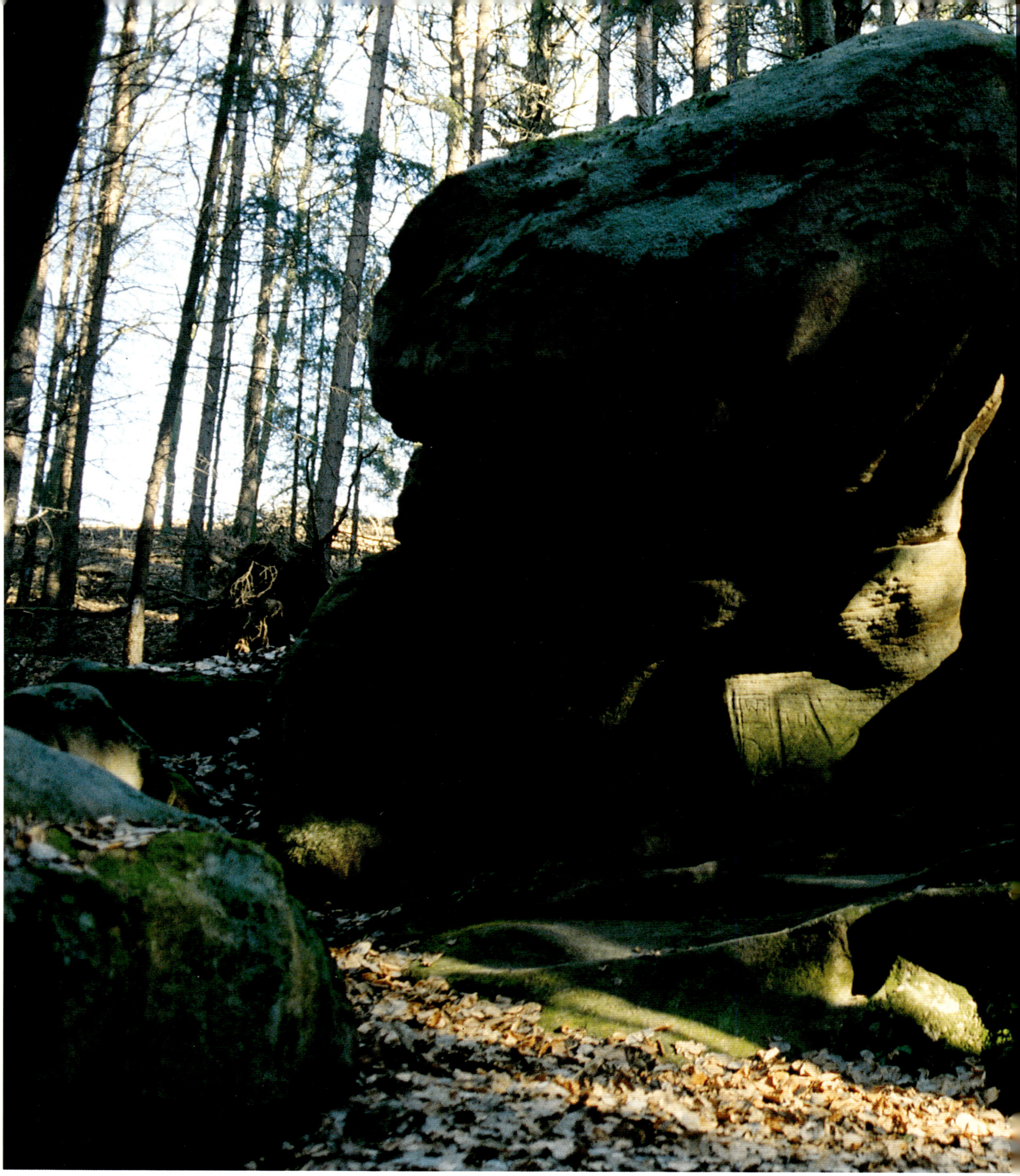

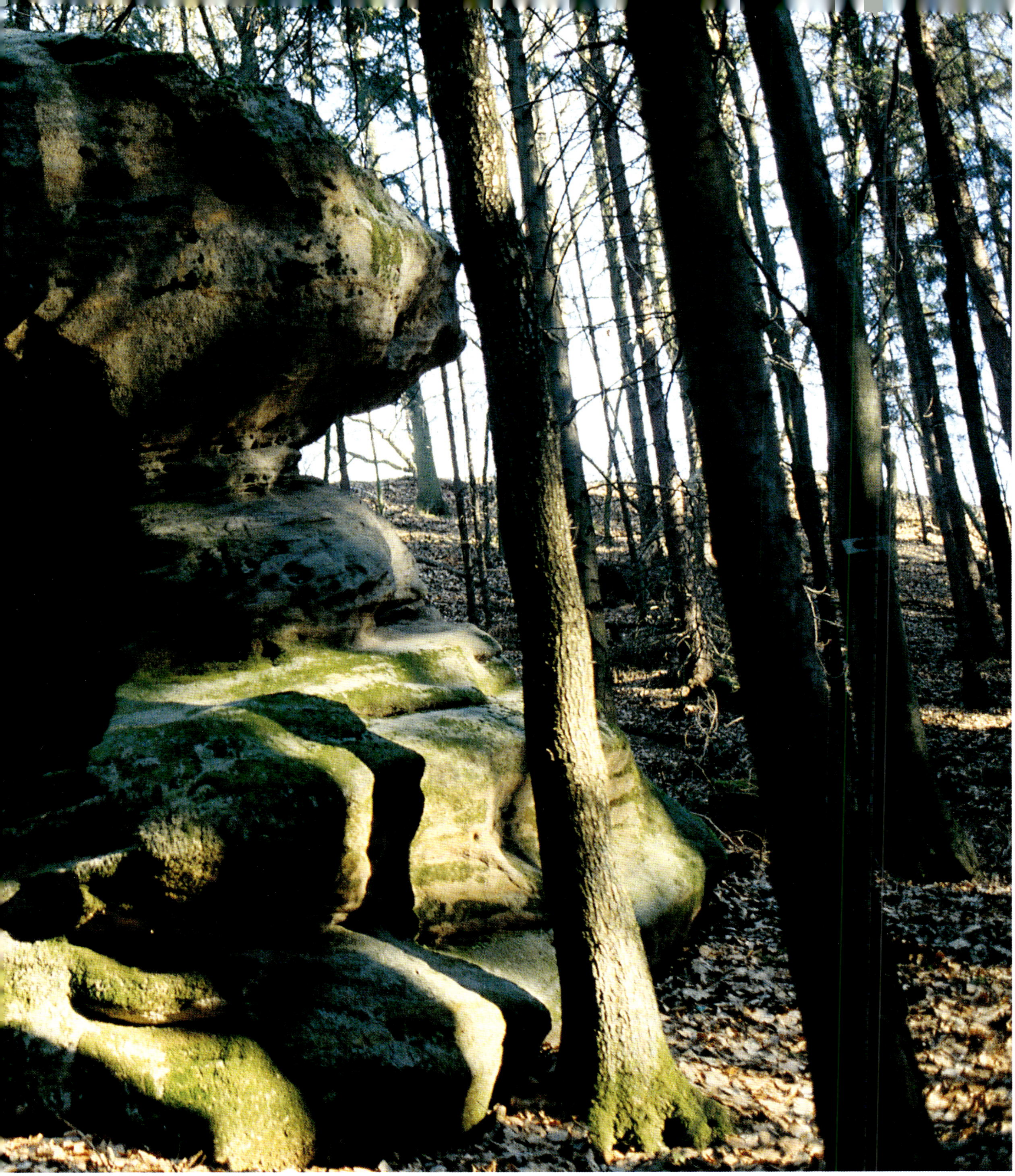

Ein letzter Weg, eine letzte Wanderung. Der Fotograf, dessen besonderer, genauer Blick uns inzwischen schon so vertraut ist, als wäre es unser eigener, nimmt uns mit in eine Welt aus Schwarz und Weiß, eine Welt, in der Farbtupfer selten und kostbar geworden sind. Unter den dicksohligen, hochgeschnürten Schuhen knirscht frischer, pulvriger Schnee. Kalte, klare, trockene Luft strömt in die Lungen. Feiner Nebel legt sich beim Atmen vors Gesicht. Das Land ist still.

Entrindete Stämme schlafen im Schneebett. Nichts rührt sich mehr. Nur die langen, harten Schatten der Bäume verwandeln das weiße Laken des Waldes in ein nahezu unbewegtes graphisches Bild. Eisblumen gleich, recken sich die zerbrechlichen Astäderchen einer schlanken Baumgesellschaft in die frostige Höhe. Das Land ist starr.

Die Bäche verharren in ihrem Lauf. Soeben noch, so will es uns scheinen, waren die Wasser über die Kaskaden der Hüttenbachschlucht gequollen. Nun aber, gleichsam vom einen Augenblick auf den anderen, ist alles wie im kalten Schreck erstarrt. Alles Fließen, alle Bewegung eingefroren zu spitzen Zapfen, glasiger Fläche. Stillstand. Kalte, klare Ruhe. Erfrorene Momente. Eisiger Augenblick. Und doch ist da die Sonne. Strahlend zwängt sie sich durch eine dunkle Astgabel. Das Licht gibt nichts auf, auch wenn es ihm jetzt noch schwer fällt, die Erde zu wärmen.

WINTER

Kalte Kunst der Natur. Eis und Schnee verwandeln Zweige und die letzten braunen Blätter des längst vergangenen Herbstes. Ein nackter Baum, der sich kühl und kunstvoll mit einem Überzug aus fein gewebten Schneekristallen kleidet. Gefrorene Sturzbäche mit dem spitzen, fragilen Charme von Stalaktiten. Und auch hier, in ihrer unterkühltesten, starrsten Phase, versäumt es die Natur nicht, uns eine fesselnde, grandiose Inszenierung zu zeigen. Bizarre Architekturen aus Wasser und Kälte, Fels und Eis. Glitzerndes Theater unter Null, vorgeführt auf steinernen Bühnen aus archaischer Vorzeit.

Hartgefroren auch die brüchigen Schollen der Äcker. Schwer wie Quecksilber das Wasser im umschatteten Weiher bei Dechsendorf. Die Felder im weißen, langgestreckten Faltengewand, ein kühles, straff gespanntes Kleid, das die Landschaft gleichsam schlanker und noch weiter wirken läßt. Wie Zuckerwatte dazwischen ein paar kristalline Sträucher, vom Wind gezaust die korallenhaften Astadern und Zweiggeflechte. Trauerweiden, die in der Nachbarschaft kahler, dürrer Hopfenstangen fast schon verspielt und heiter anmuten. Und über allem gravitätische, finstere Schneewolken, die ohne Eile dahinziehen mit ihrer schweren Fracht im düster geblähten Leib, den nur selten ein Sonnenstrahl zu durchdringen vermag.

Wie über Nacht ergraut sind buschige Wipfel, schlohweiß geworden das Haupt dreier schlanker Baum-Grazien am Hang des Hohensteins. Anderswo tragen Ästchen einen rundenden Überzug aus eisigem Glas. Während die extravaganten, spitzigen Eisblumen im verborgenen zu blühen belieben. Wie wenn sie sich durch dieses Versteckspiel dem Auge des Fotografen entziehen könnten, verkriechen sich die blütenweißen Wunderwerke in geschützte Winkel des Unterholzes. Umkränzen verirrtes Laub, schmücken selbstlos und in eisiger Pracht unscheinbares Gehölz. Bis die Sonne wiederkommt.

Vor dem gähnenden Schlund einer feuchten Grotte im Schwarzachtal versperren eisige Zacken wie spitze weiße Zähne den Weg über den gefrorenen Bach. Uns kann dies nicht schrecken. Wir wissen, daß die Erstarrung nicht ewig währt. Wir fühlen das Nahen eines neuen Wechsels im immerwährenden Kreislauf der Natur. Es ist eine Wiederkehr des Gleichen, das nie jedoch dasselbe bringt, sich nie wiederholt. Sondern das uns stets aufs neue mit kunstvollen Wandlungen überrascht, mit Variationen, so unendlich wie das Universum. Eine Welt, die Weg für Weg, Jahr um Jahr neu entdeckt sein will. Vom wachen Auge des Fotografen — und von uns selbst.

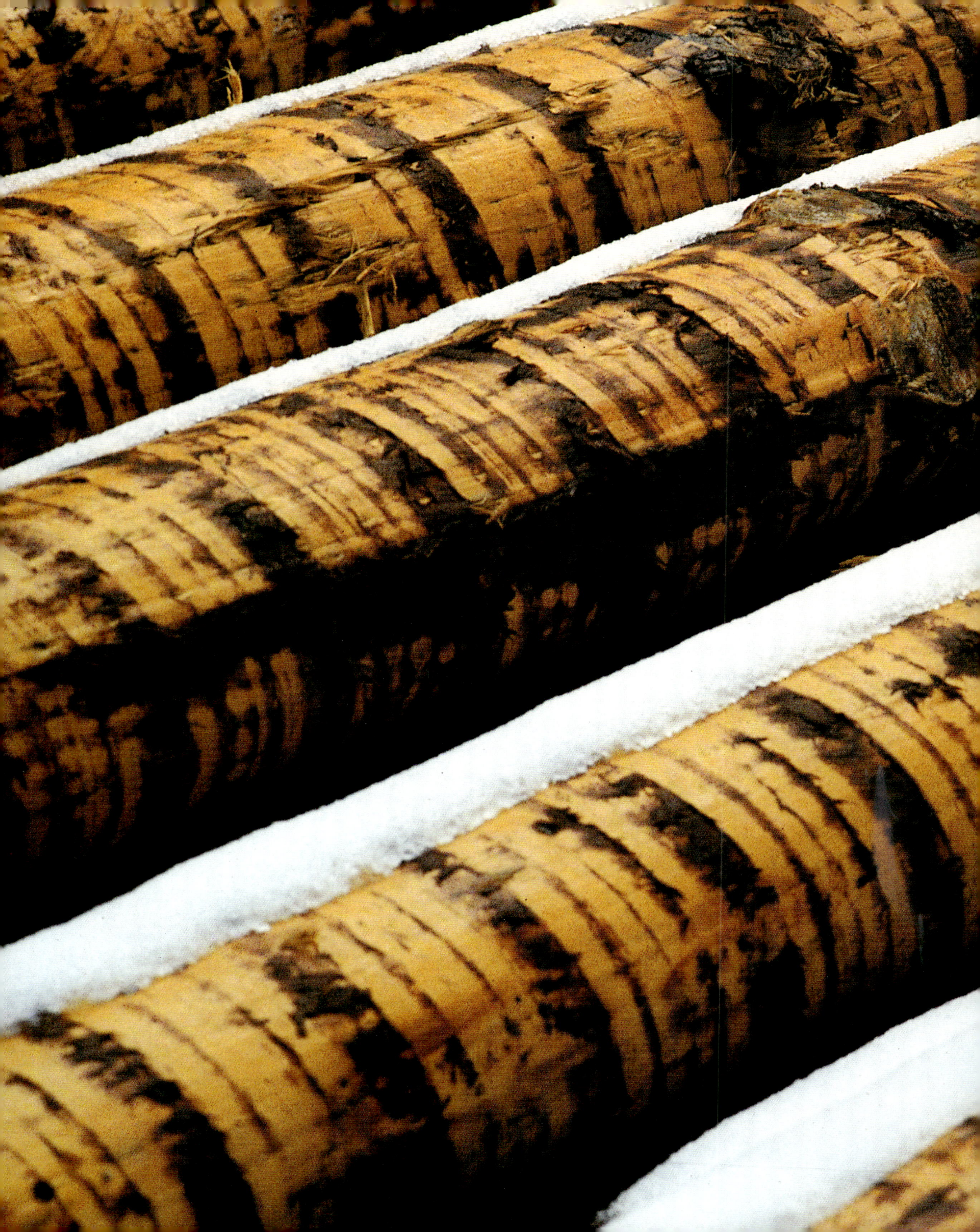

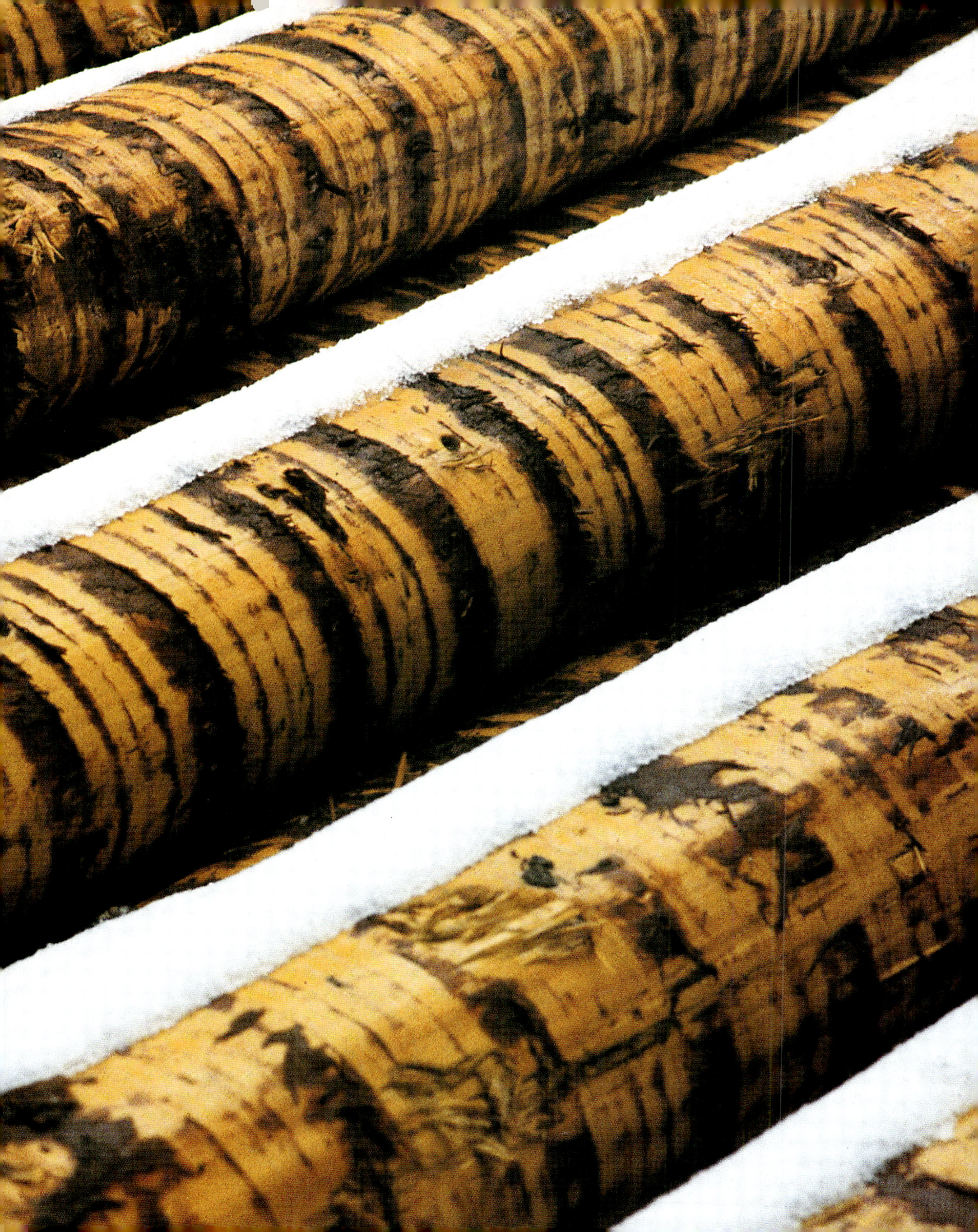

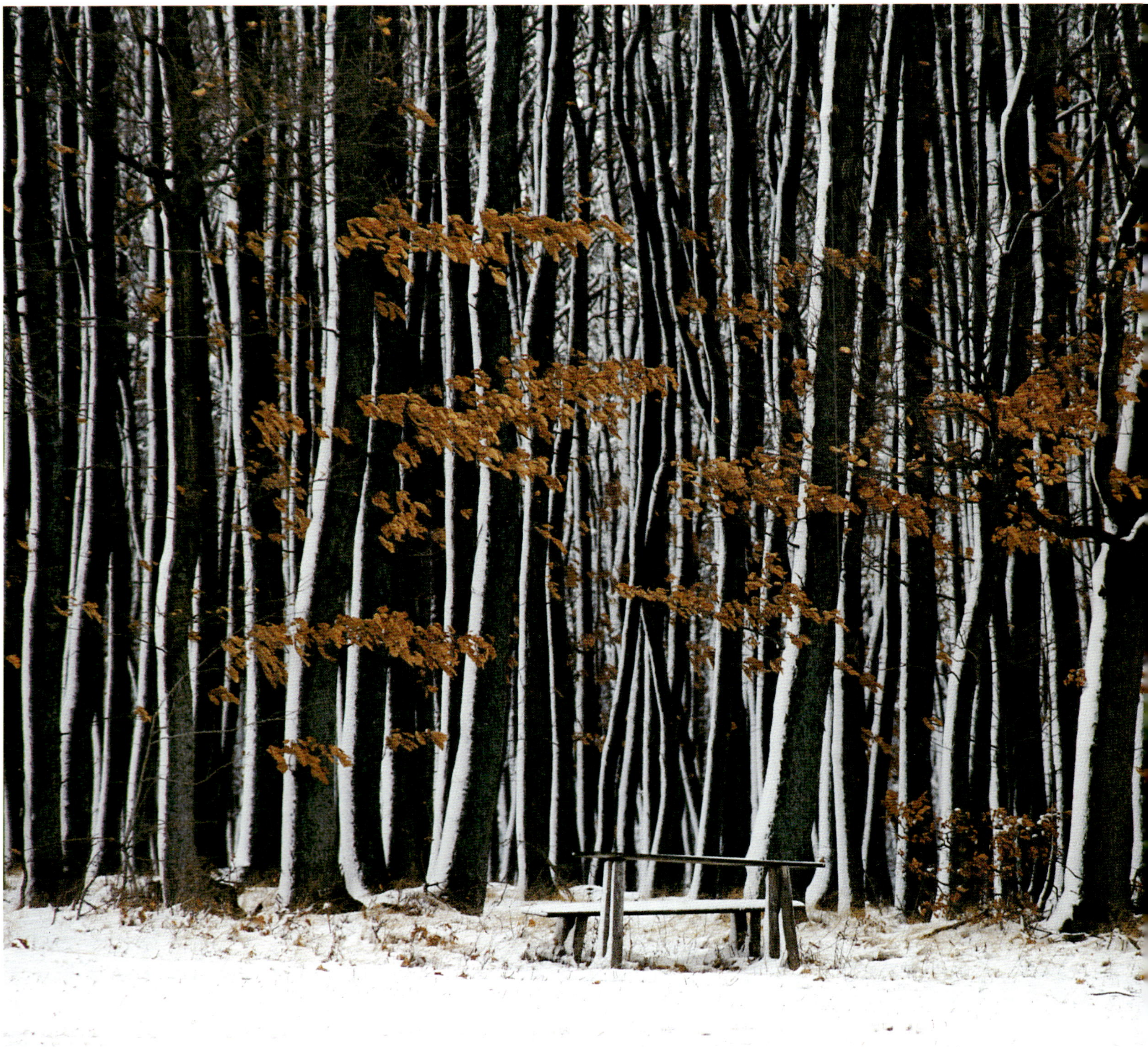

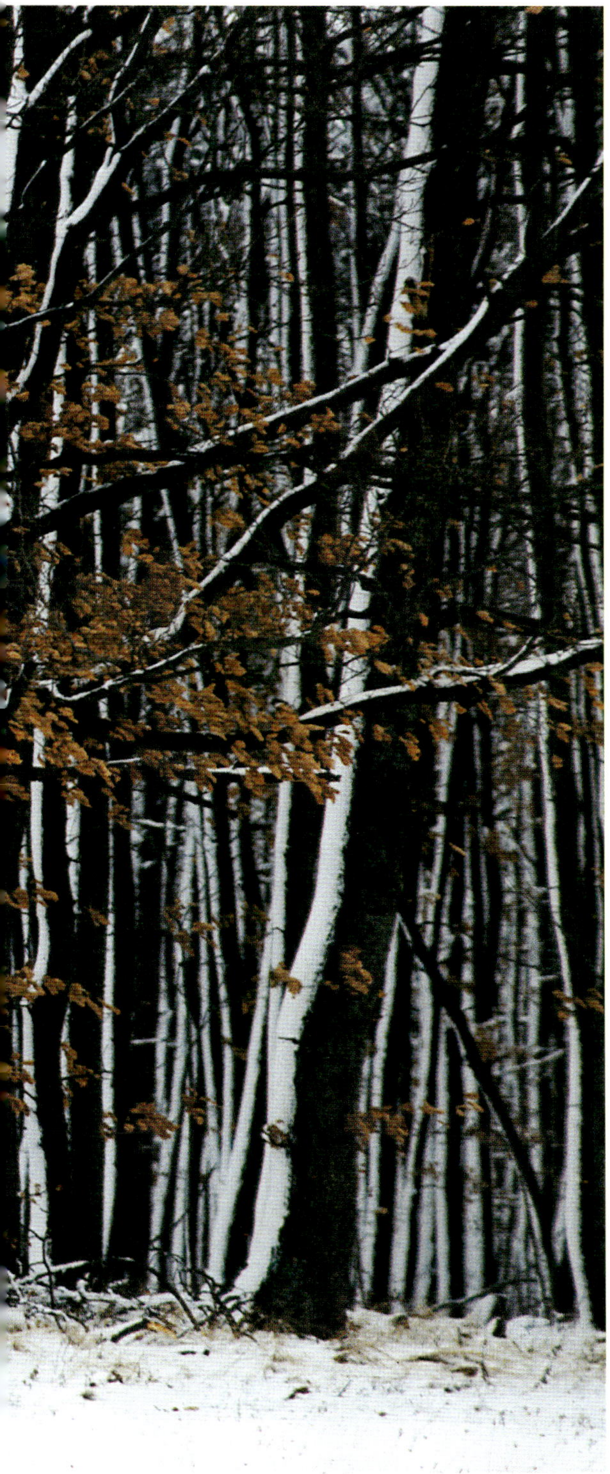
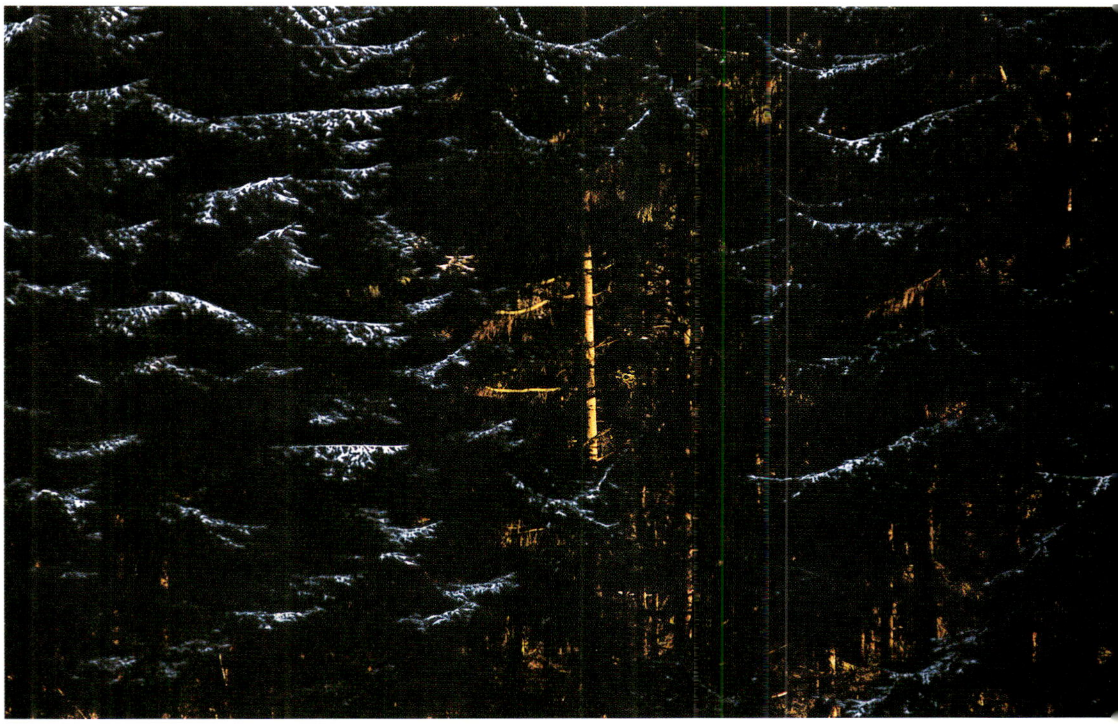
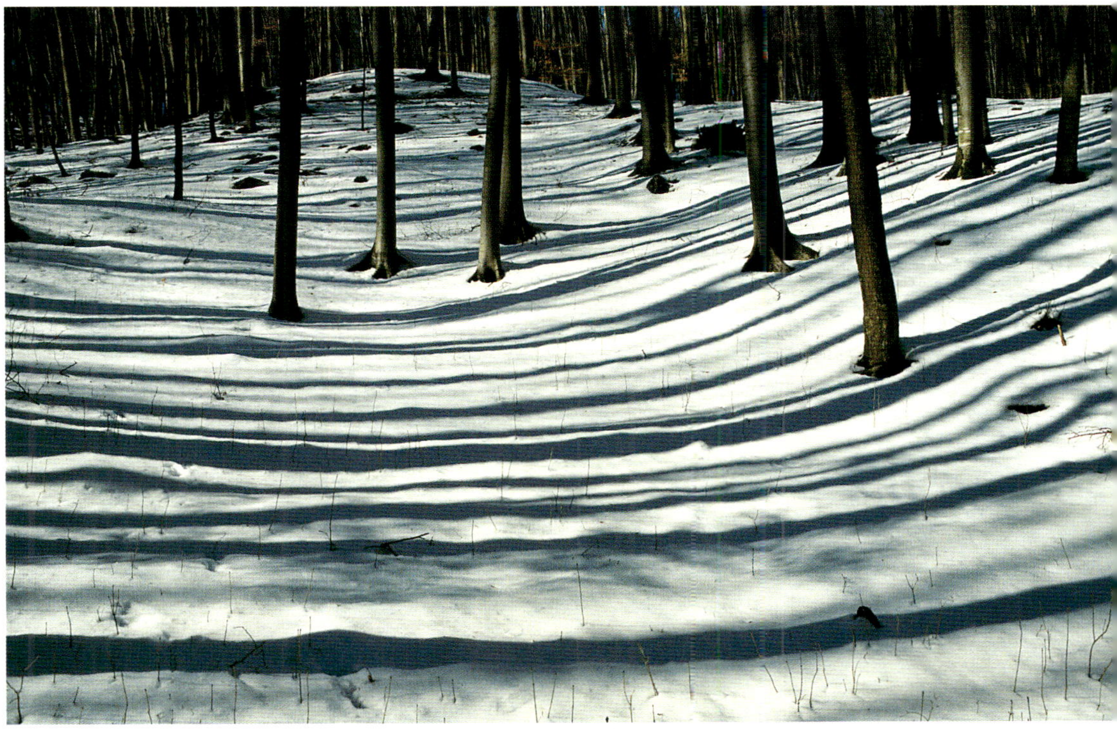

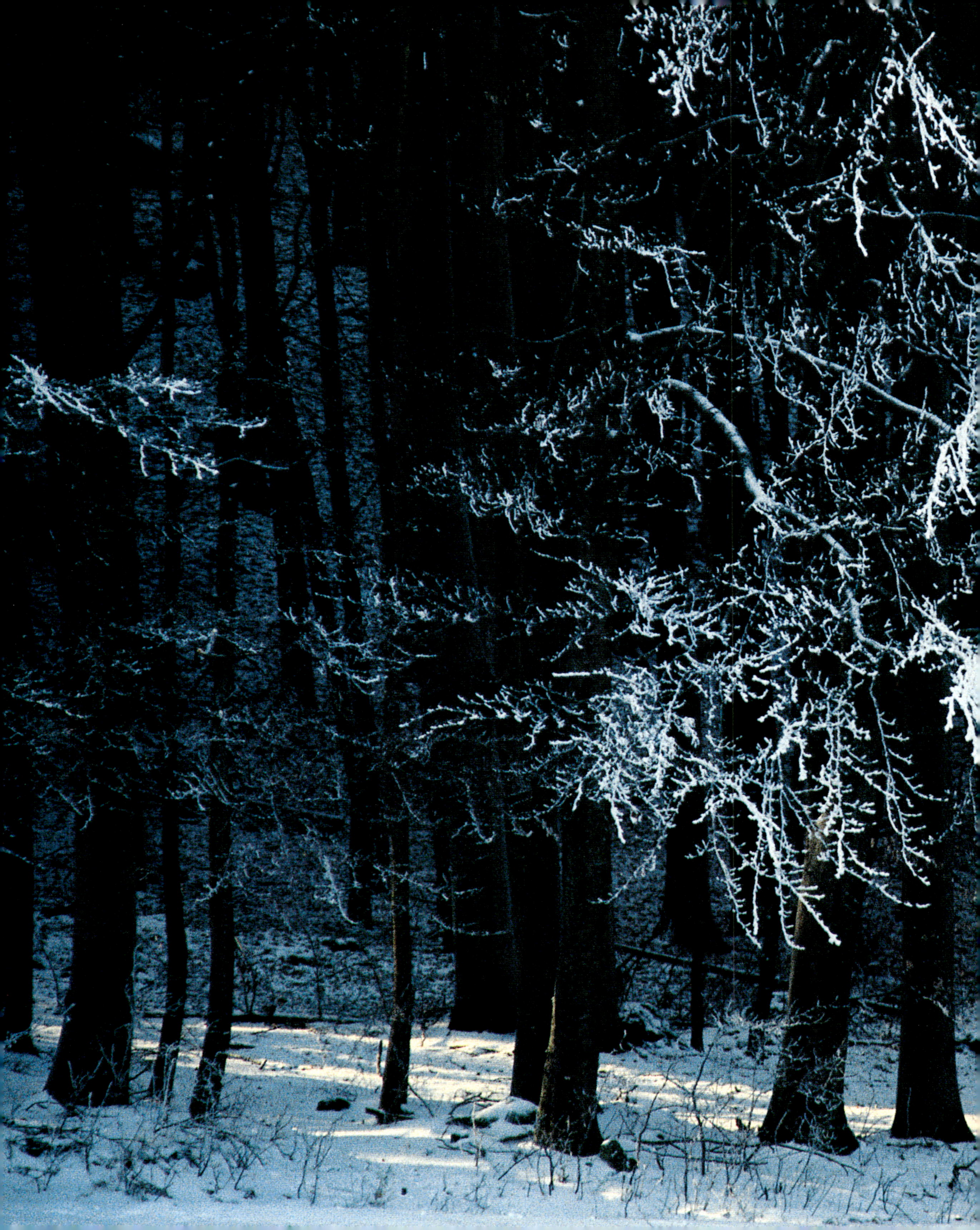

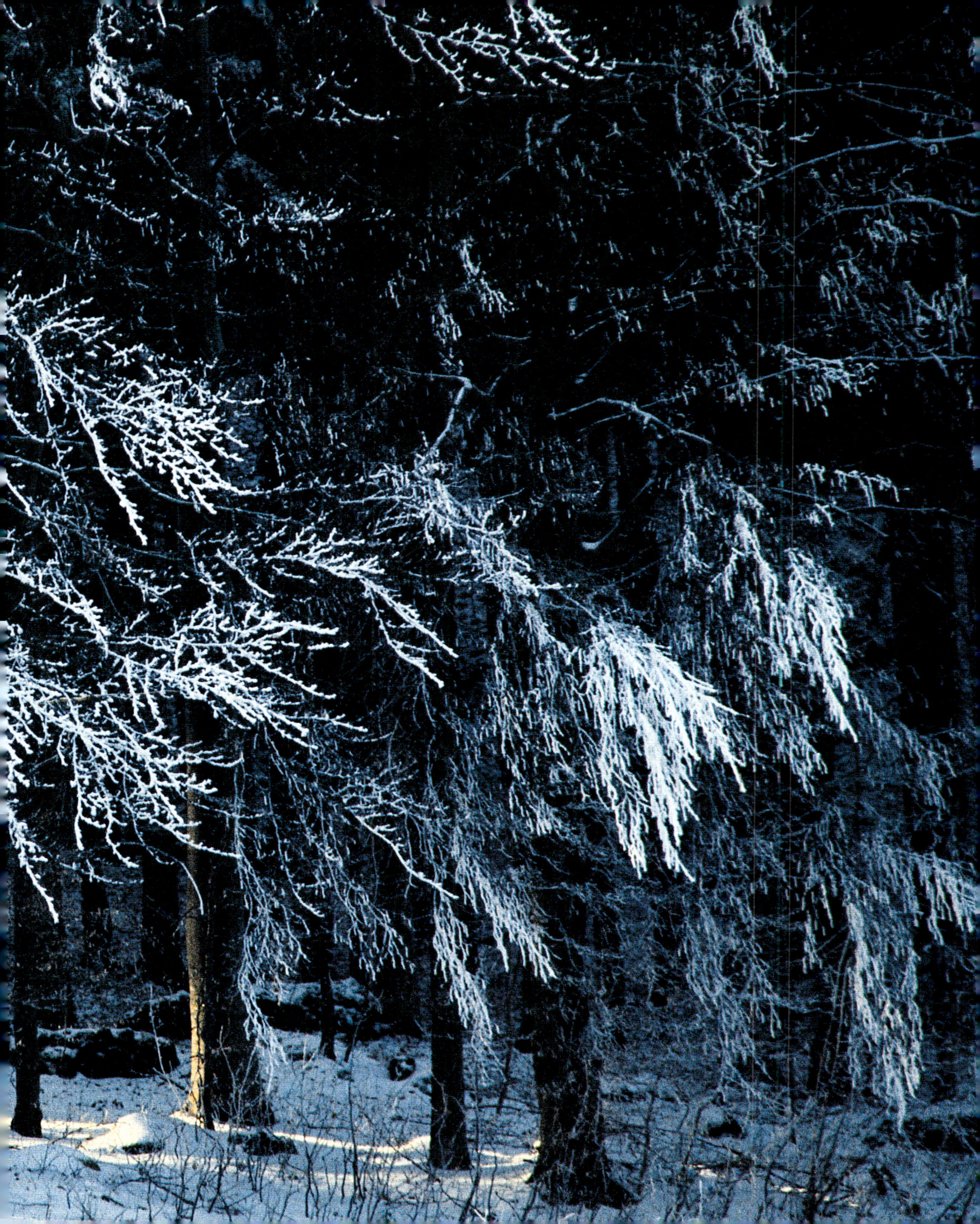

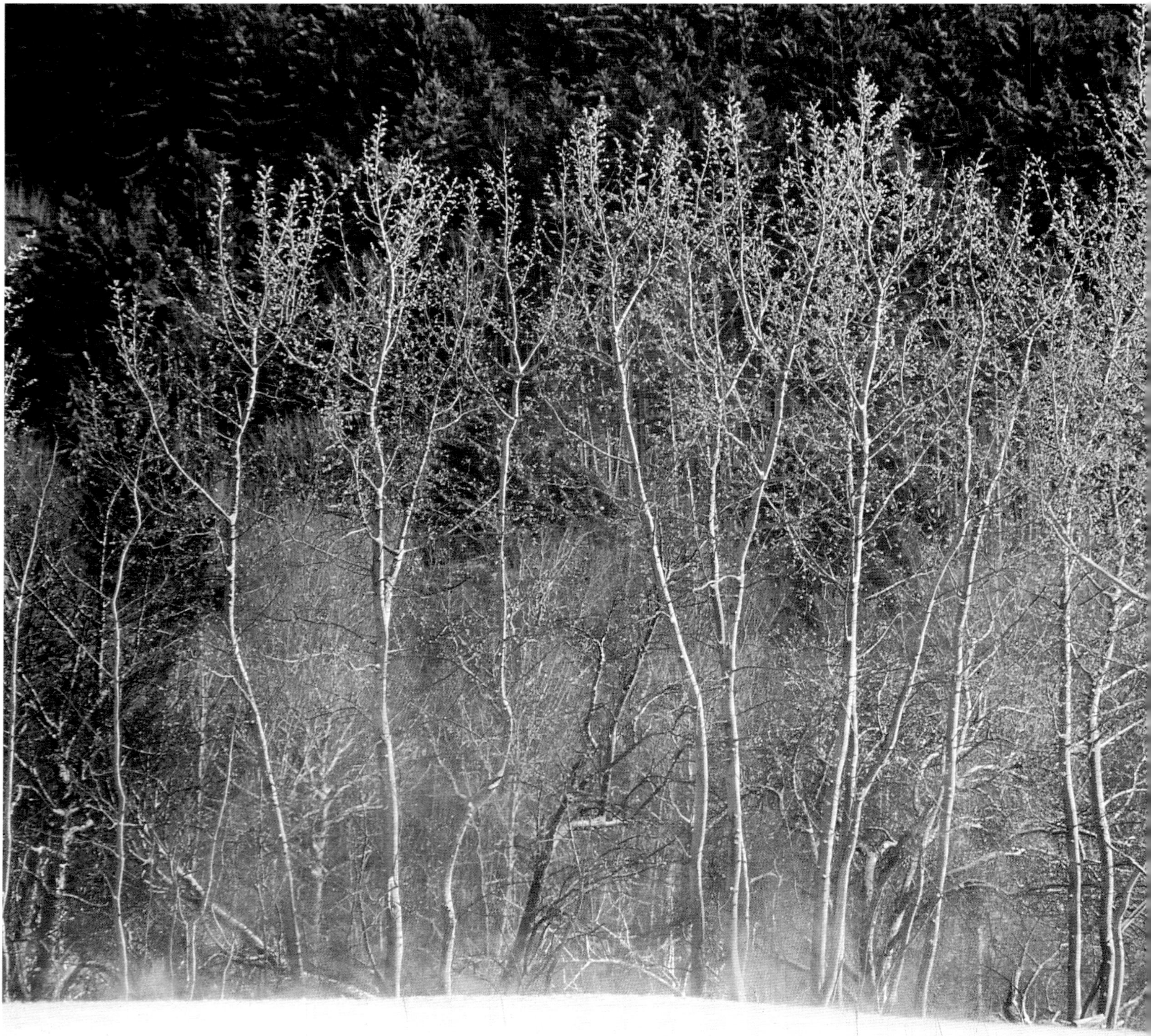

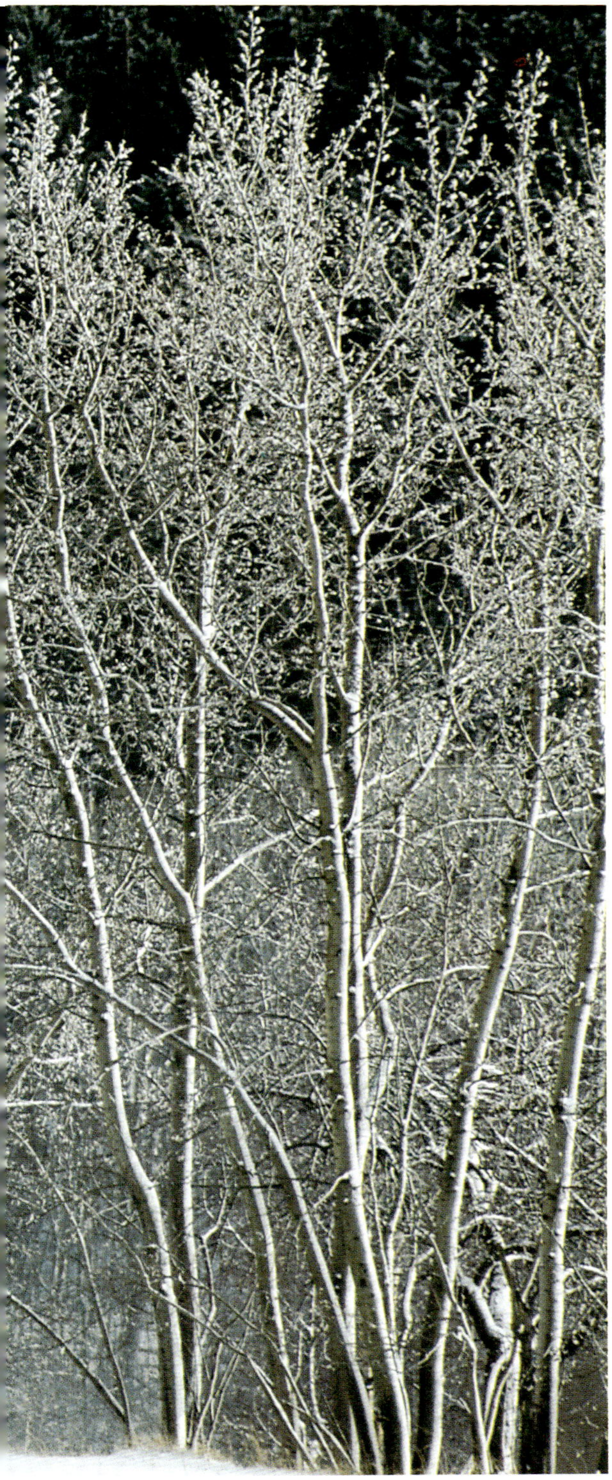
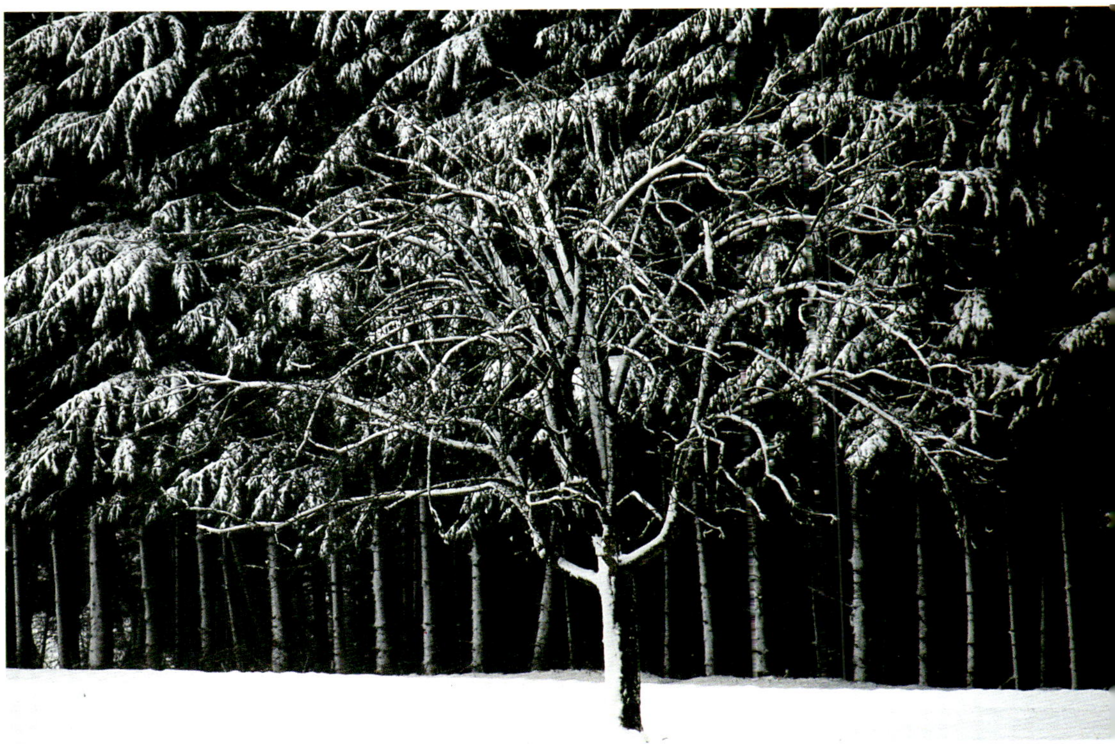

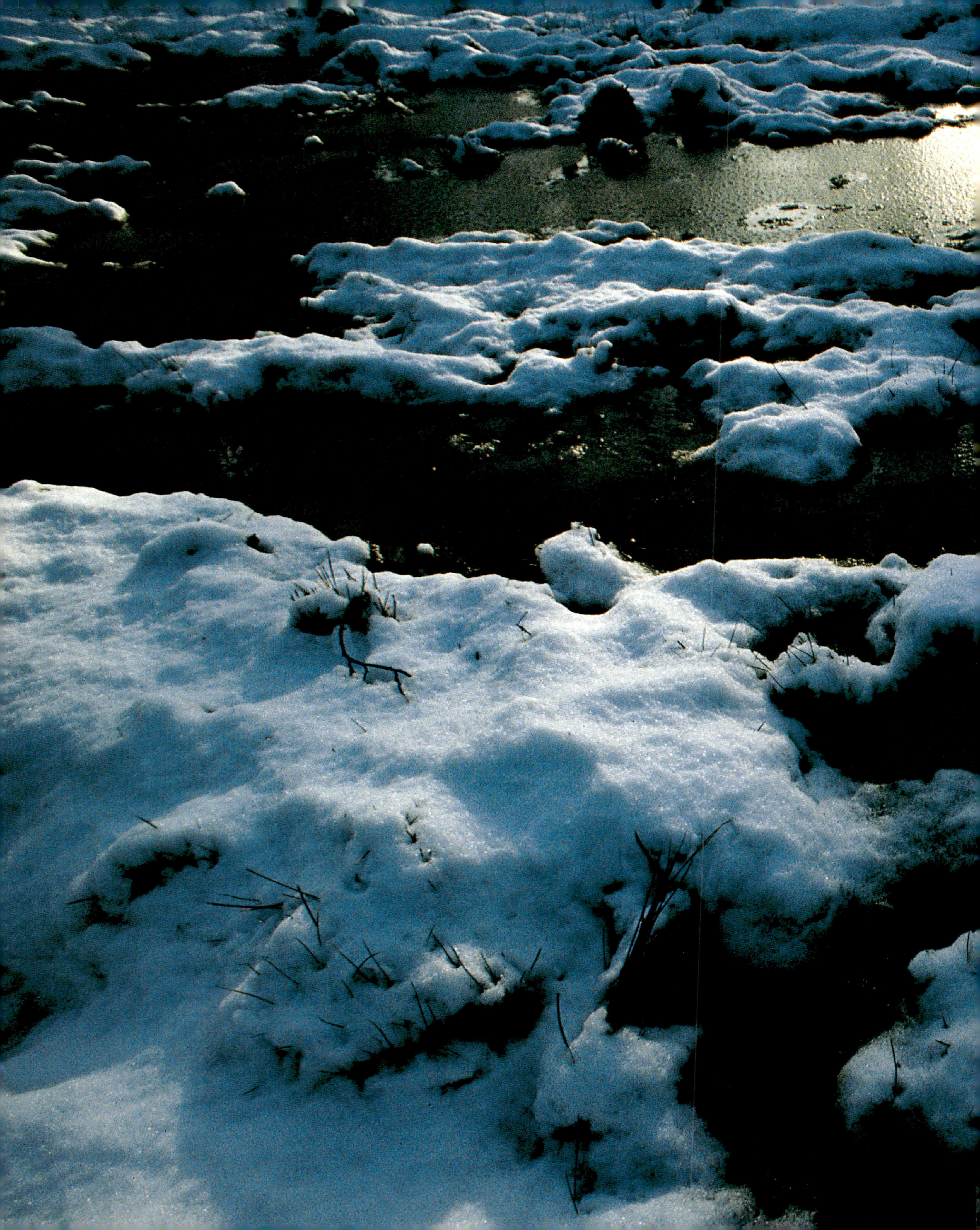

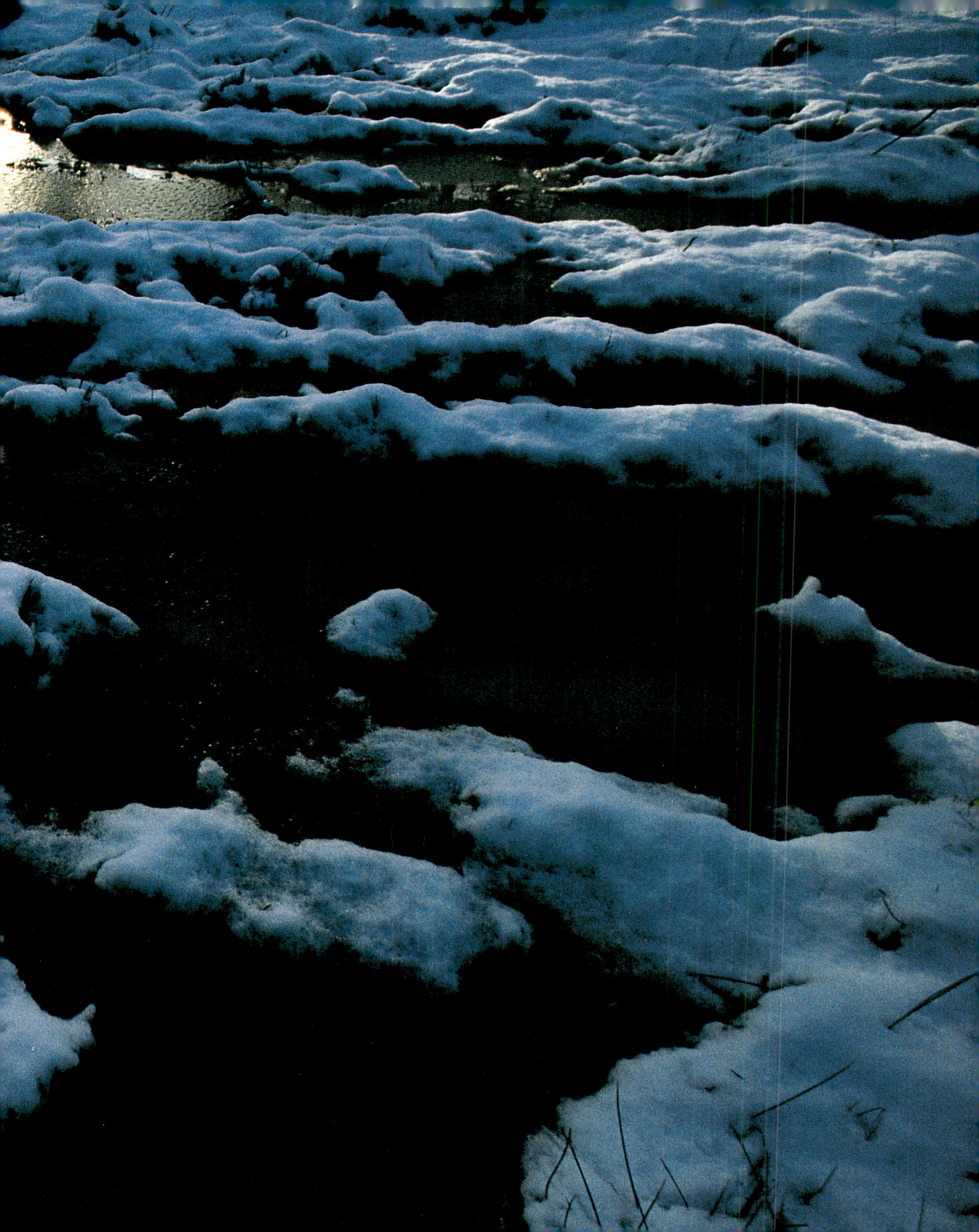

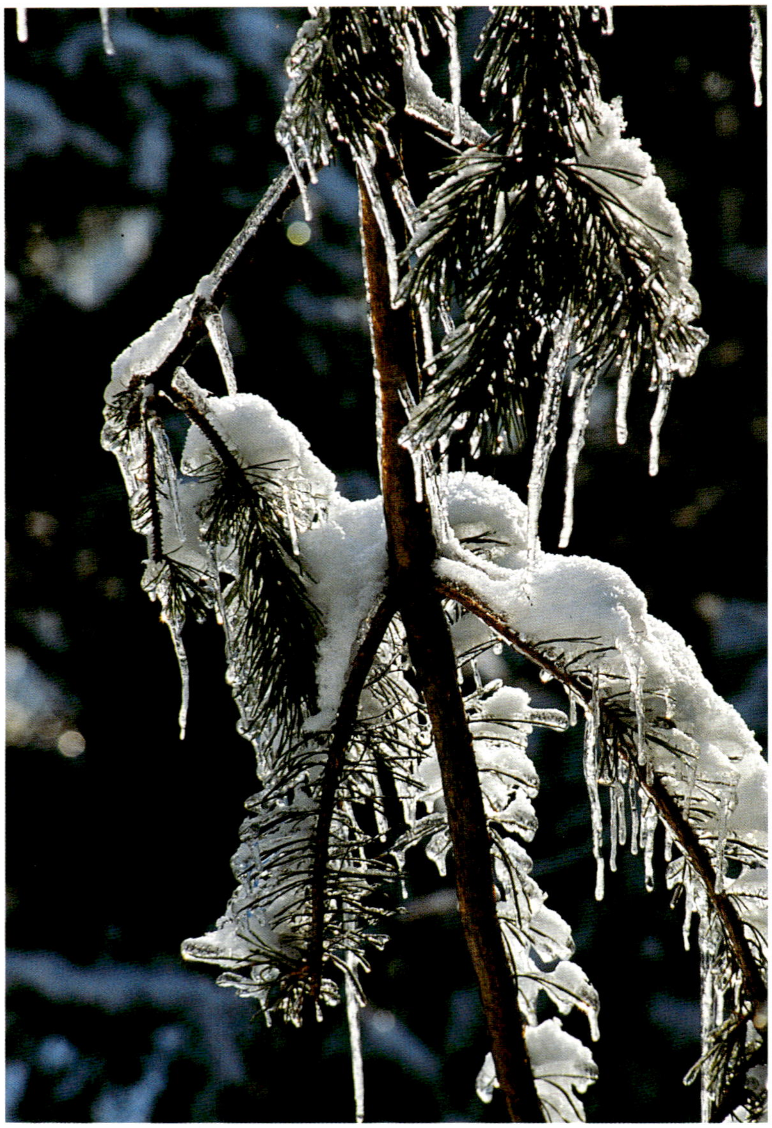
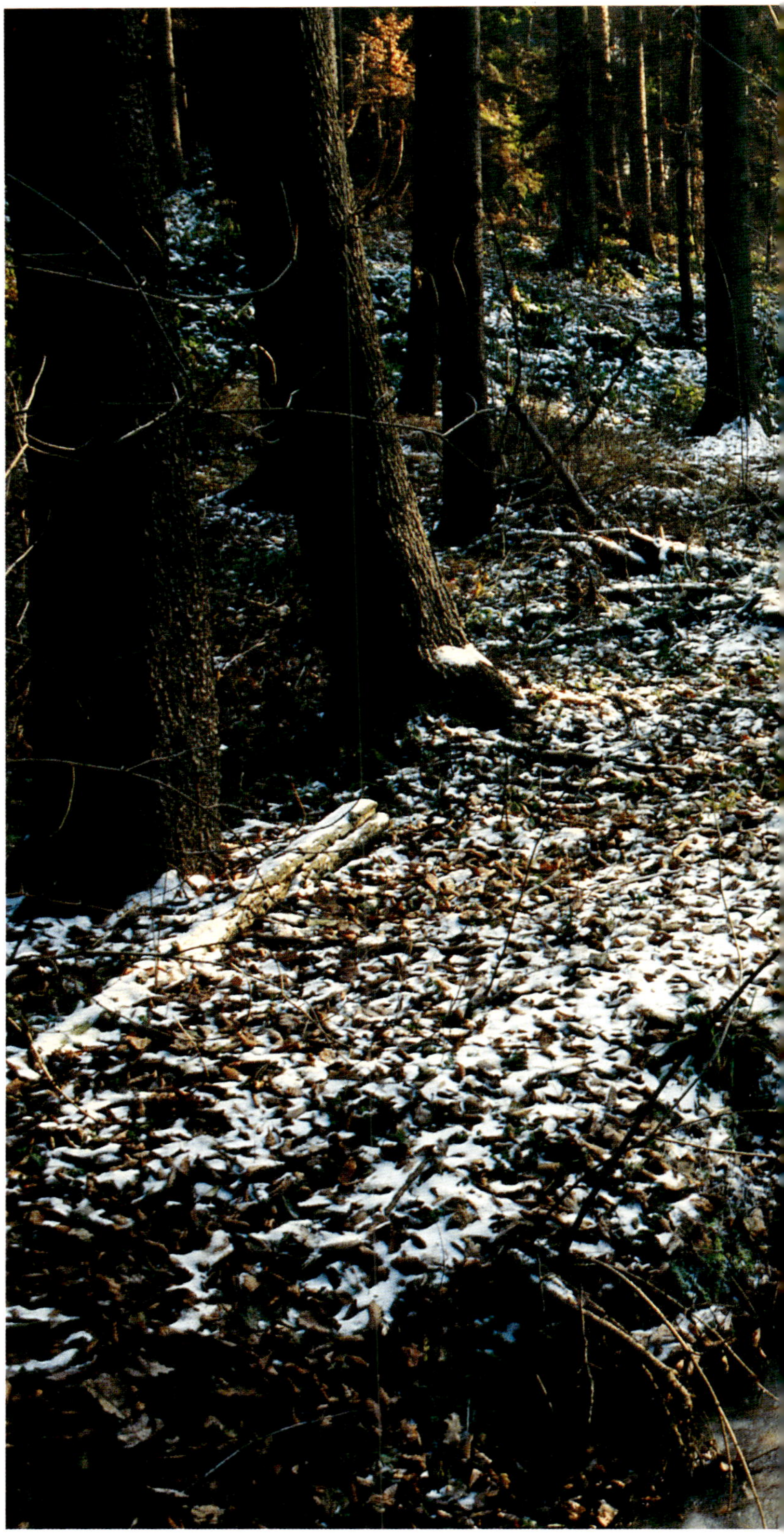

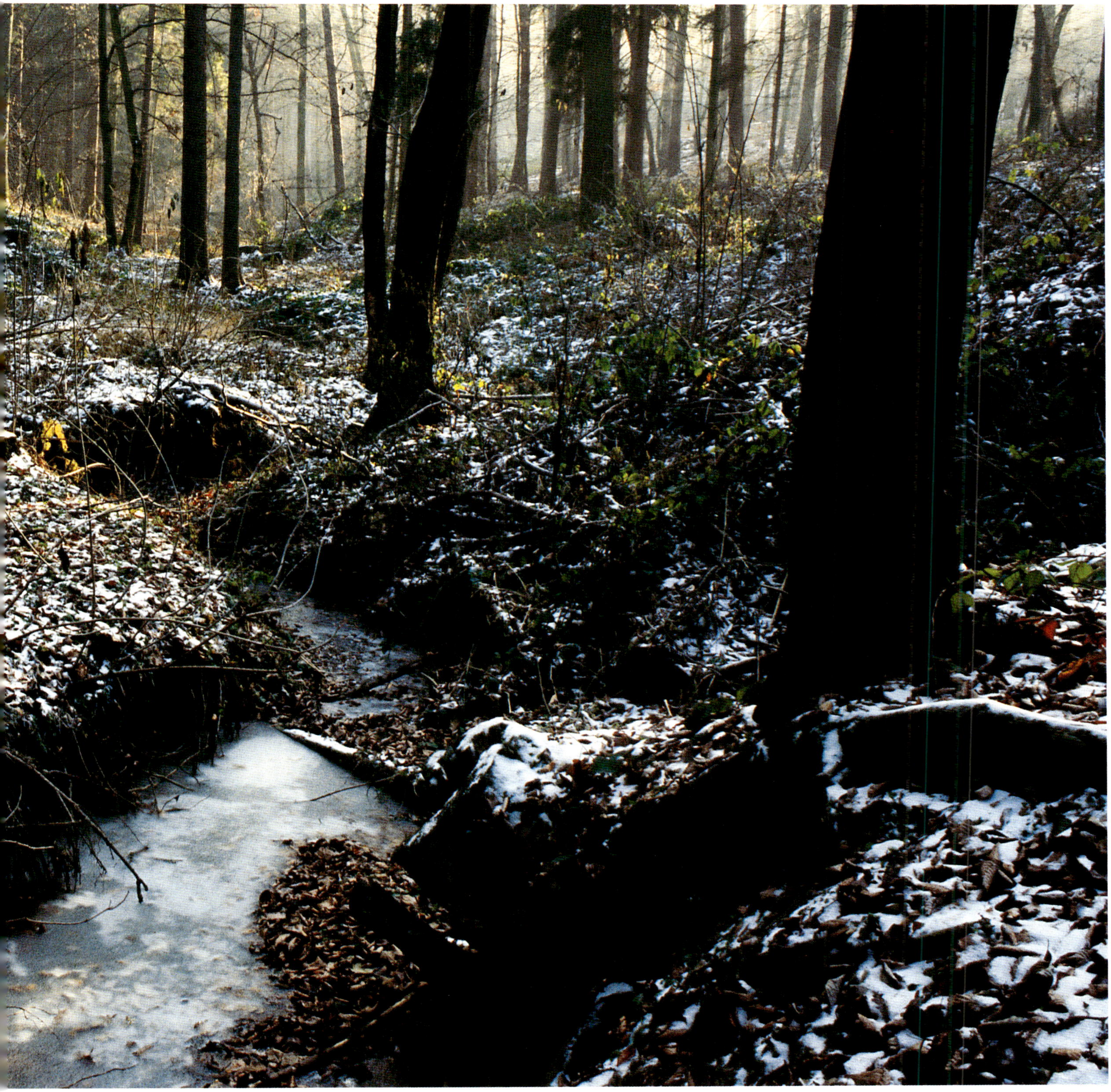

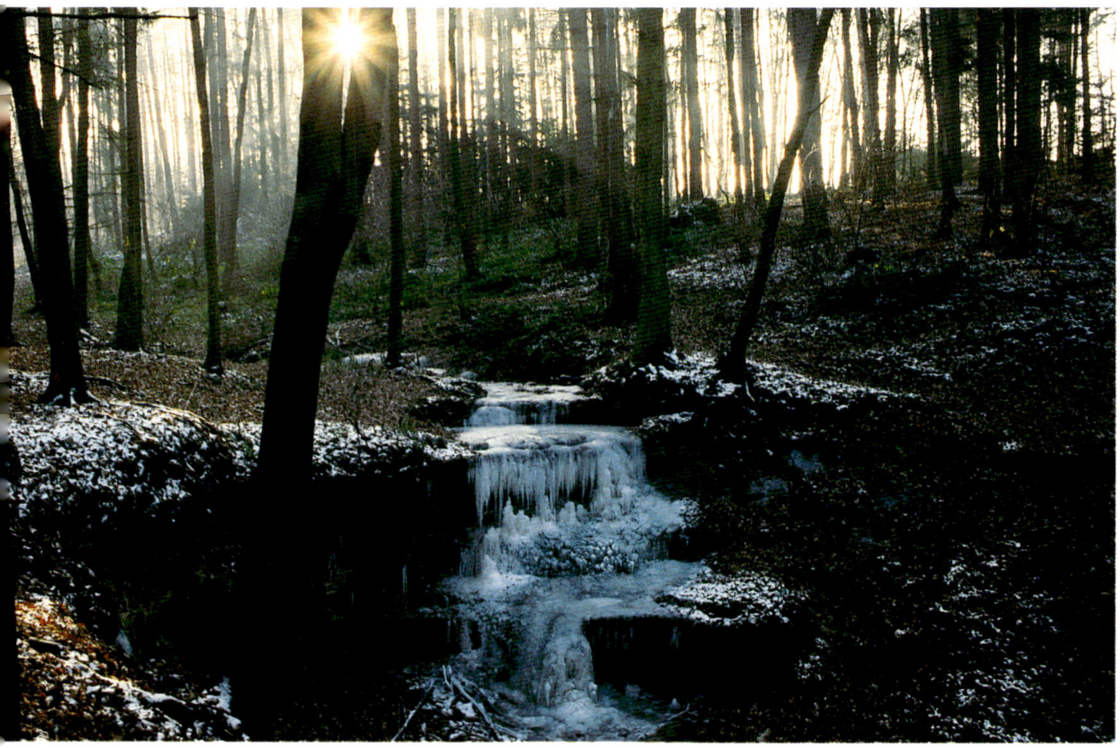

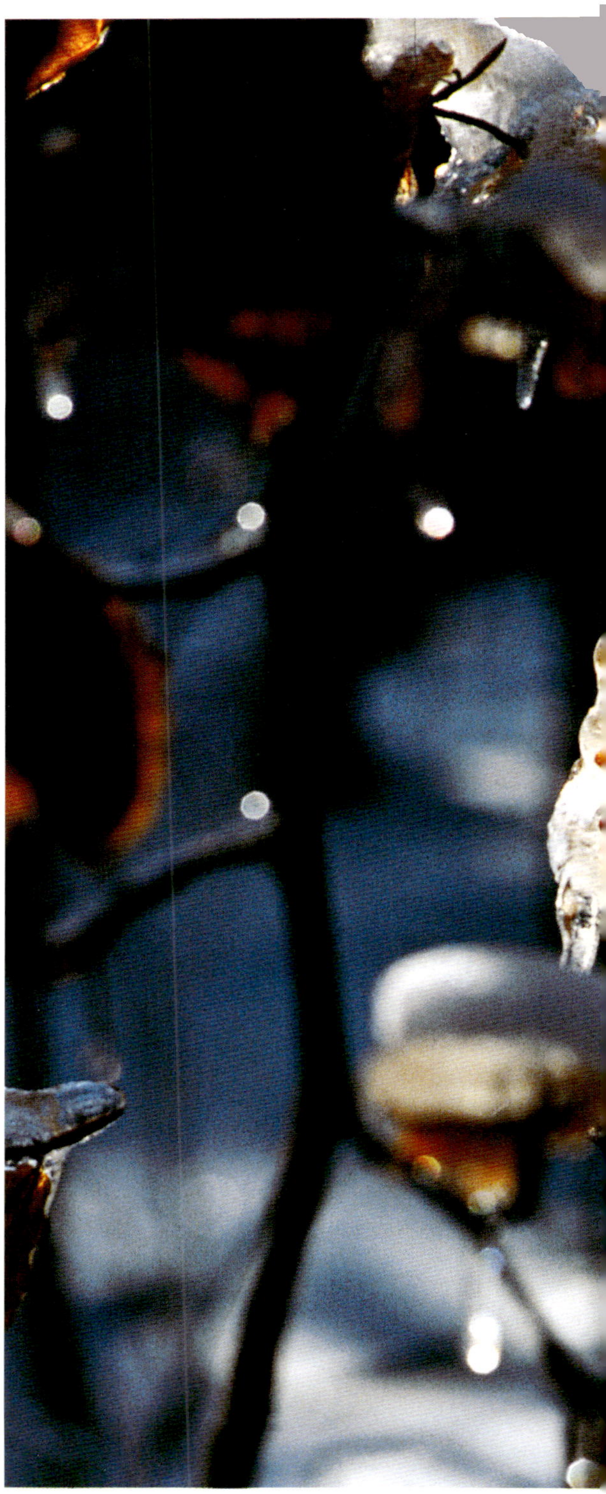

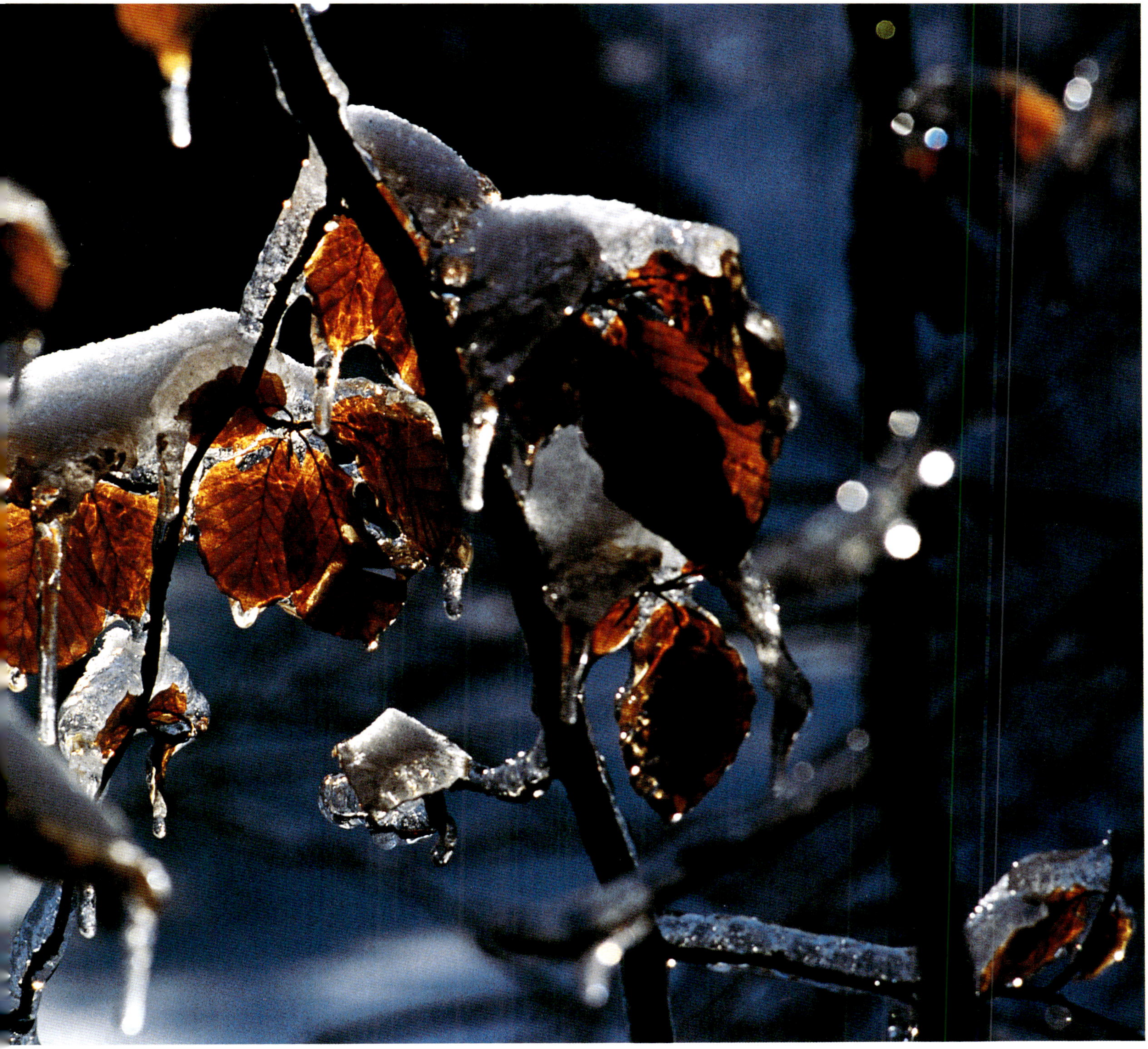

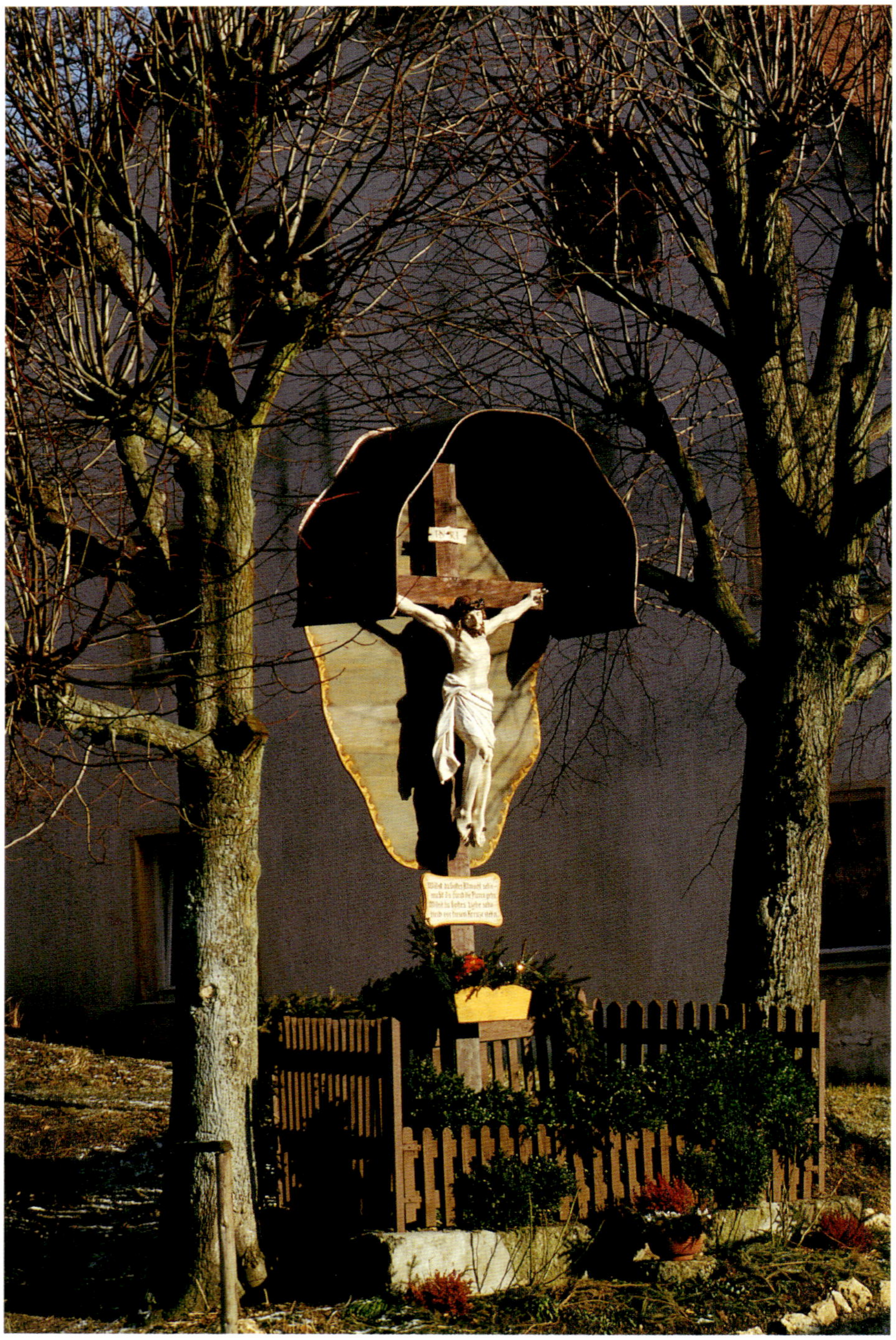

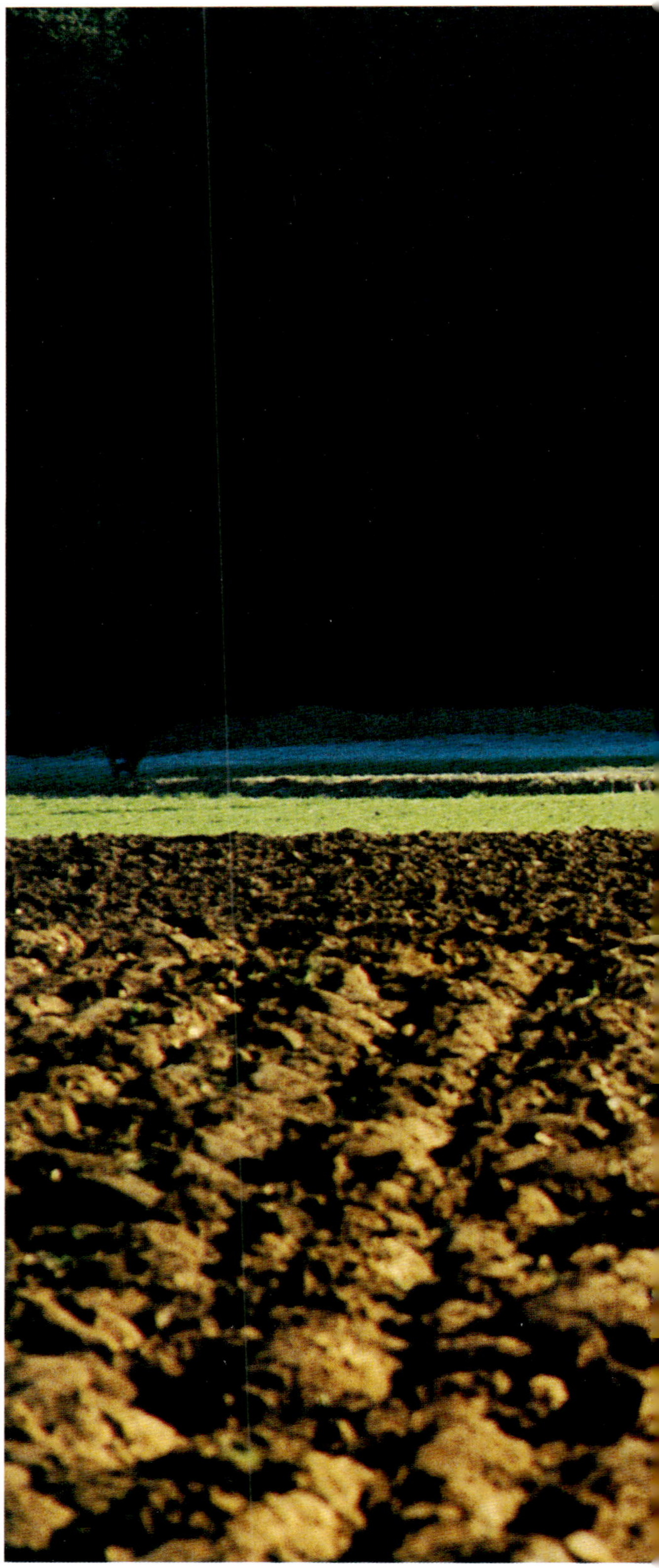

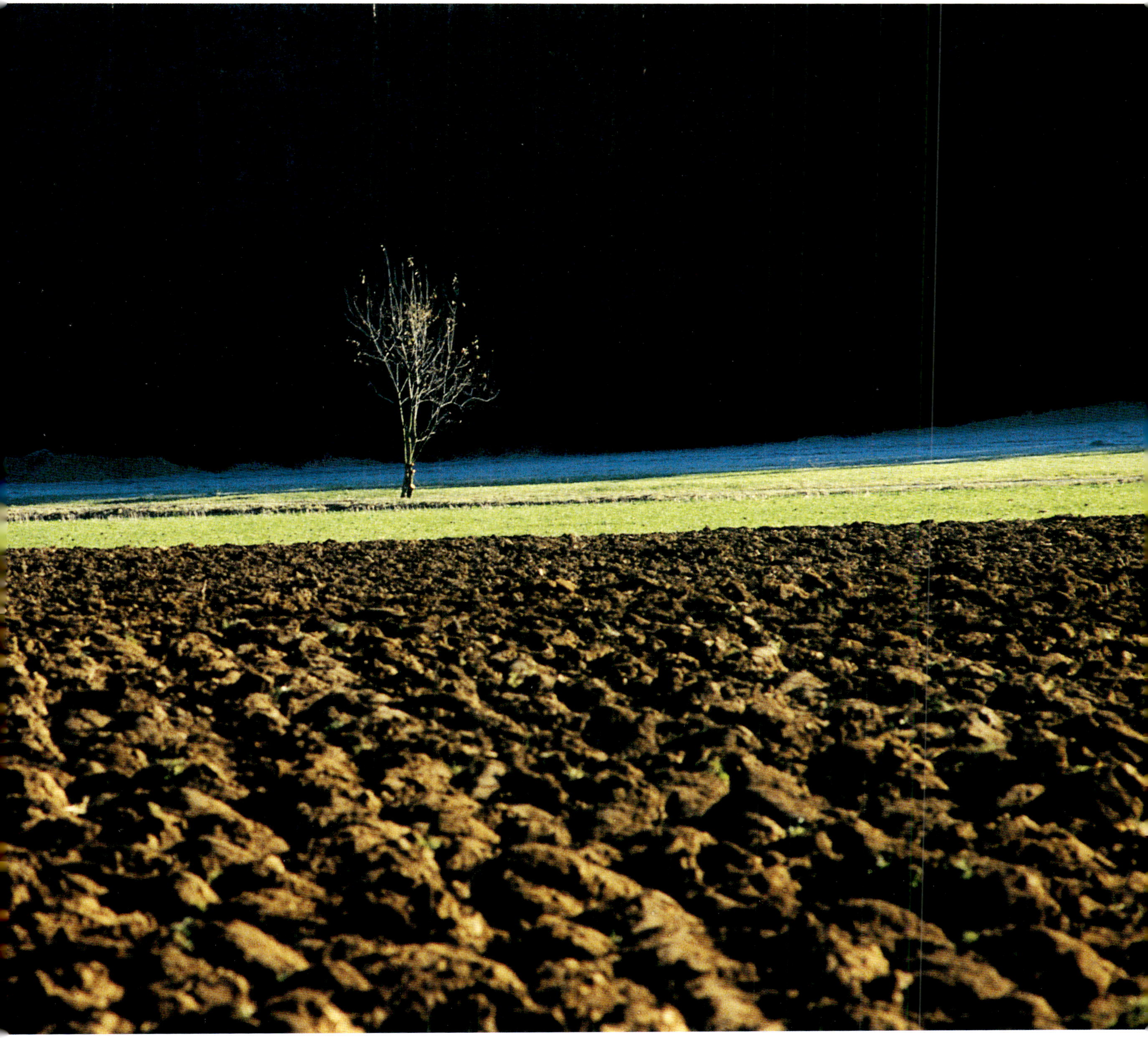

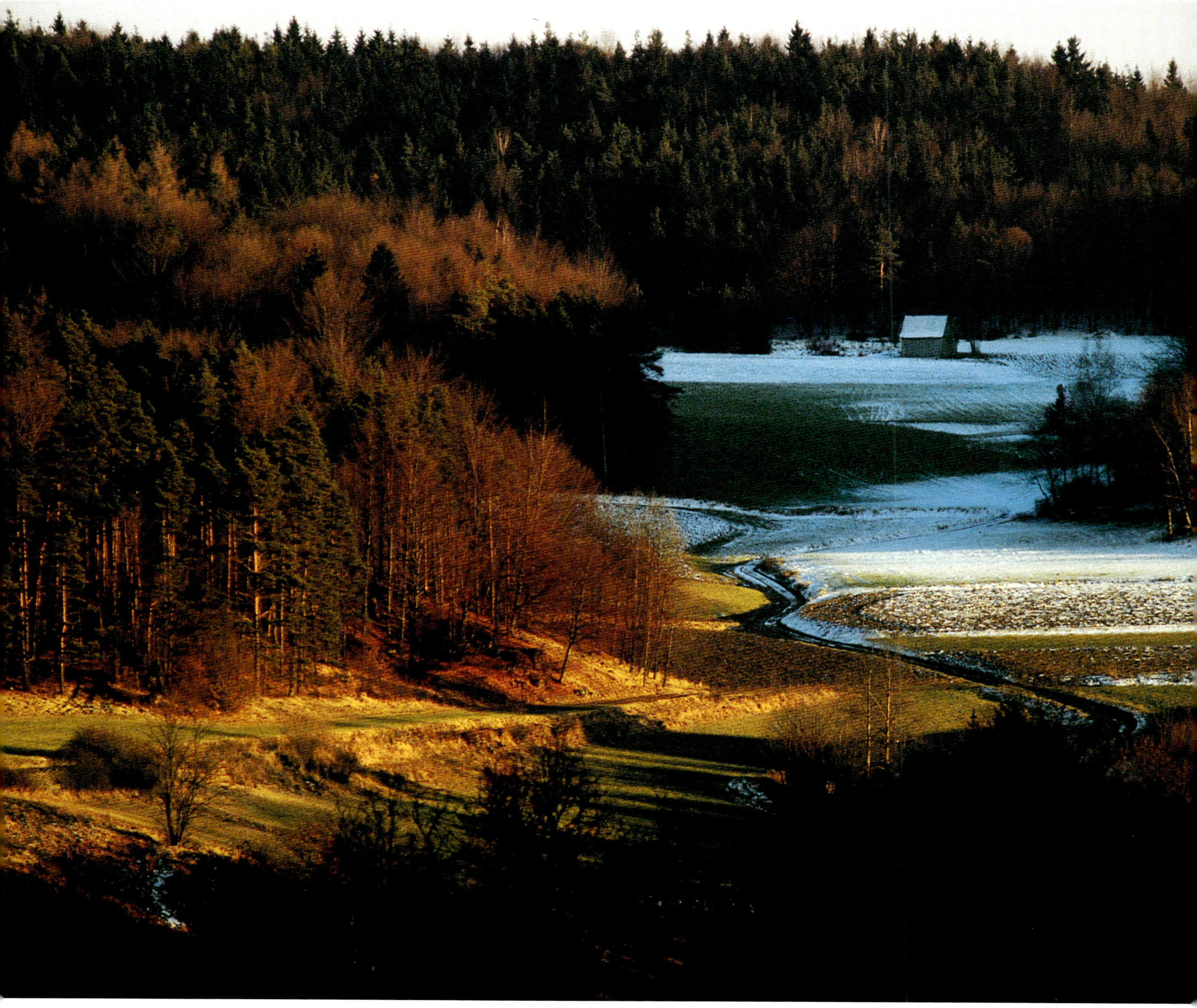

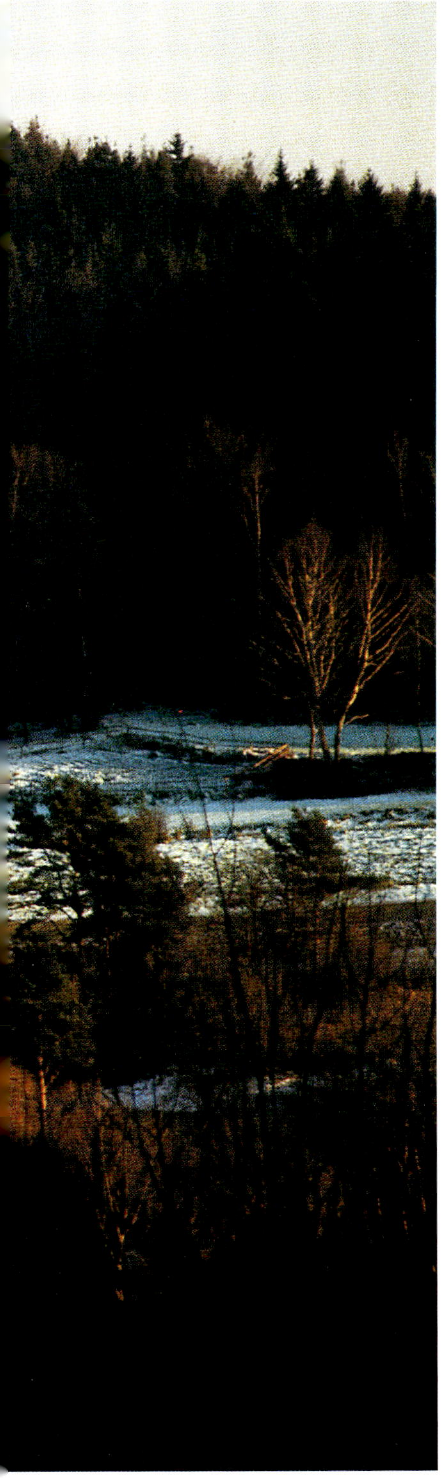

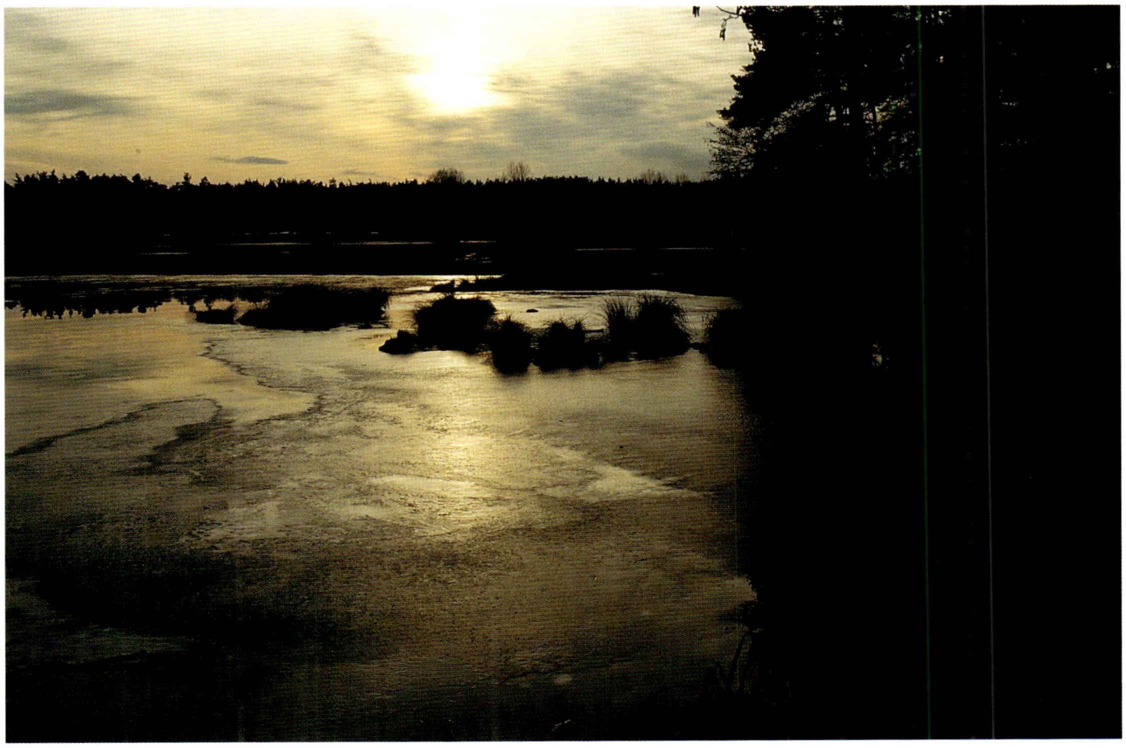

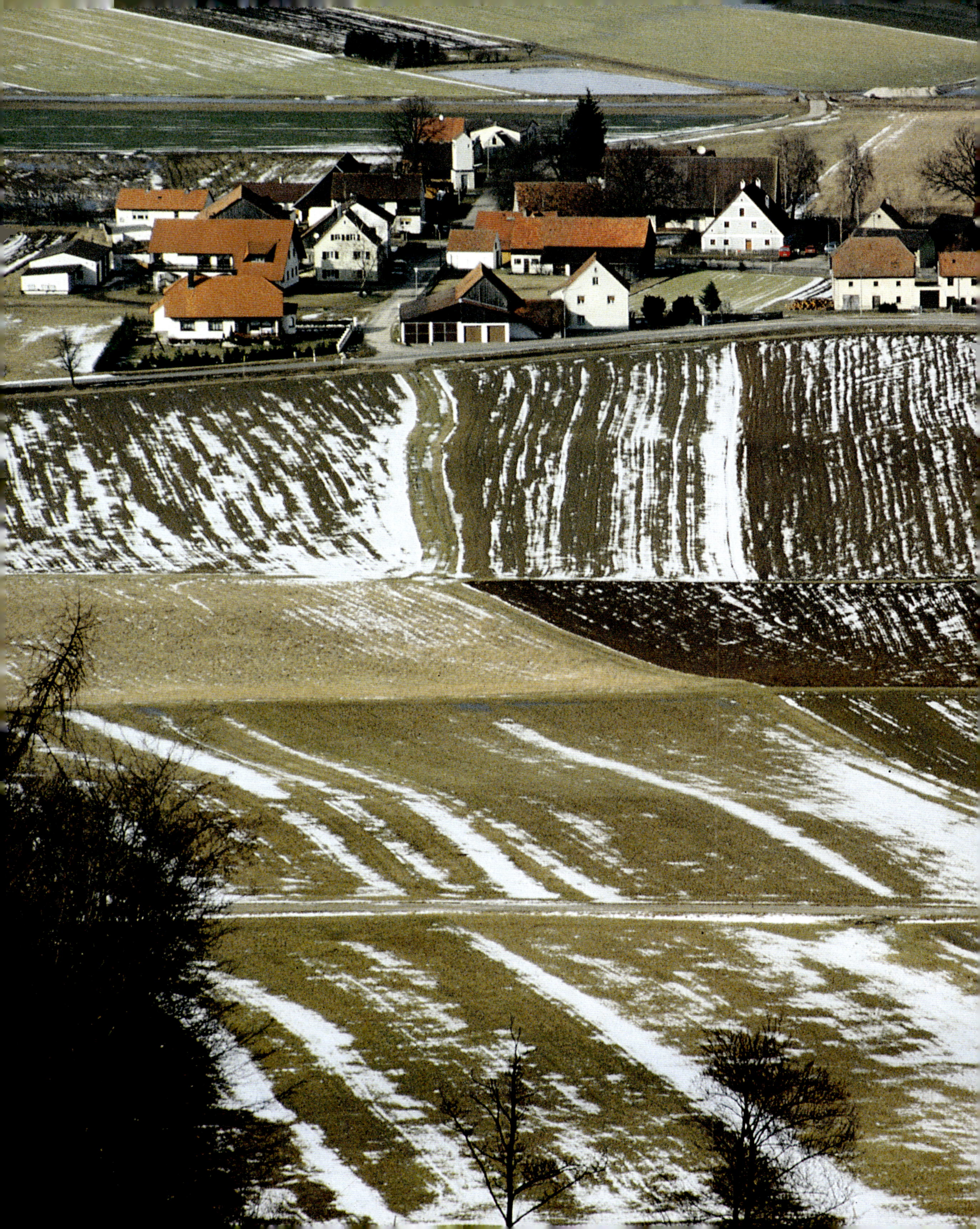

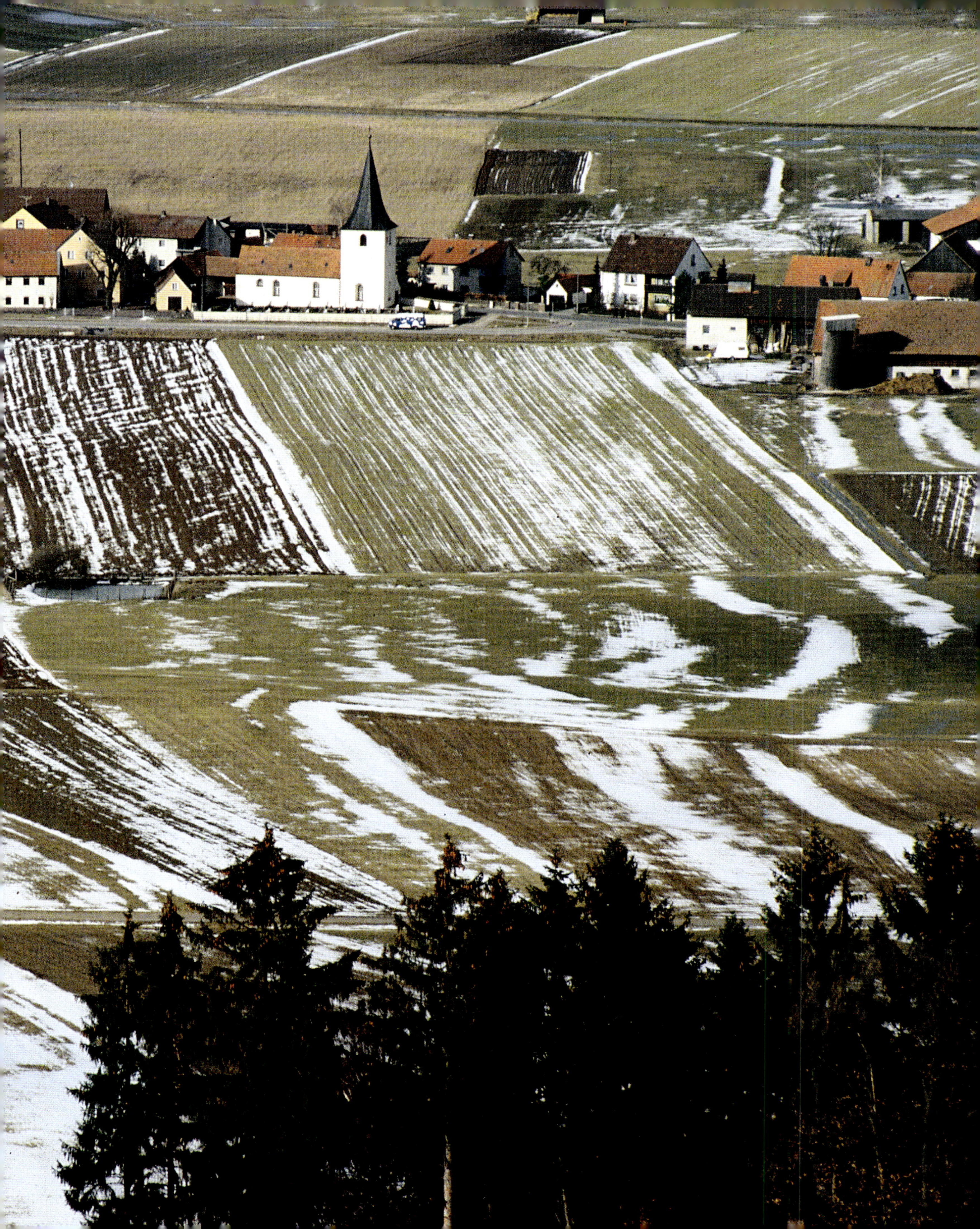

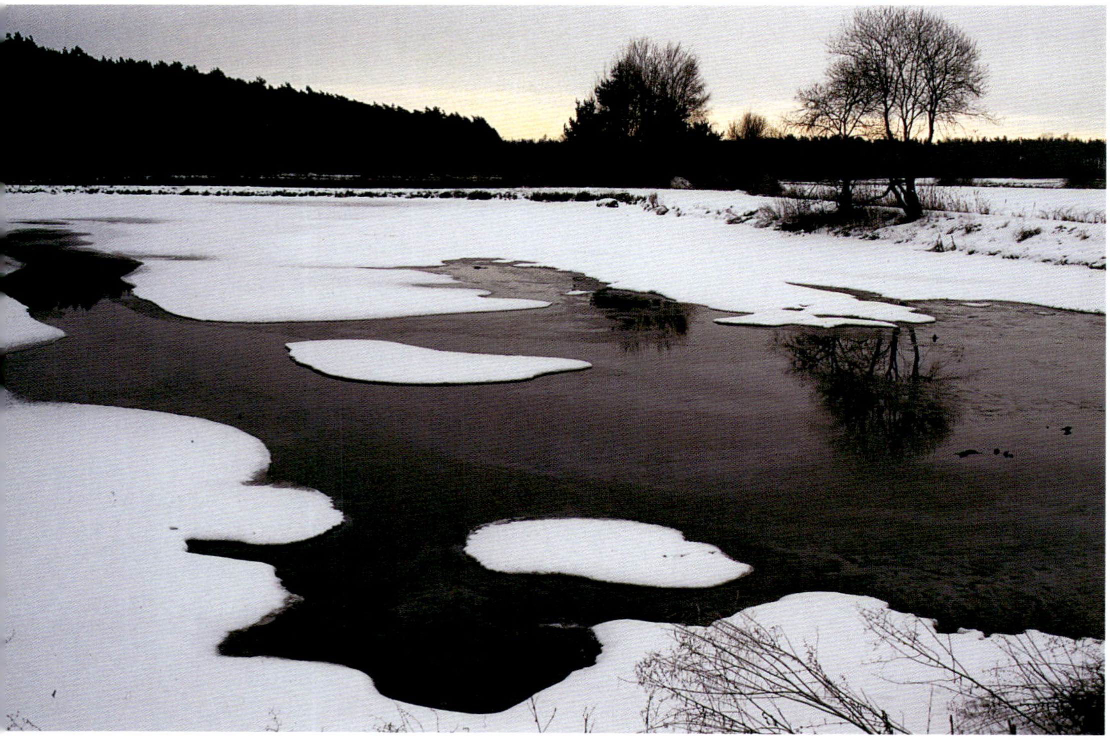

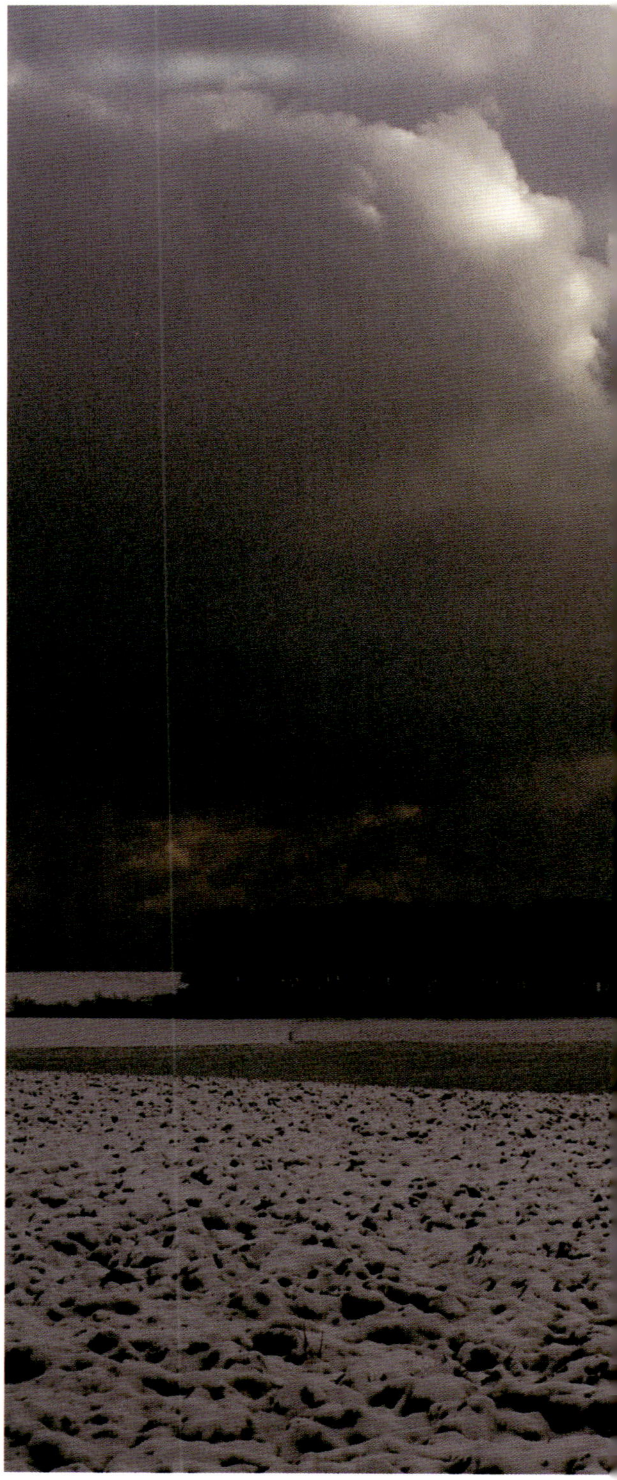

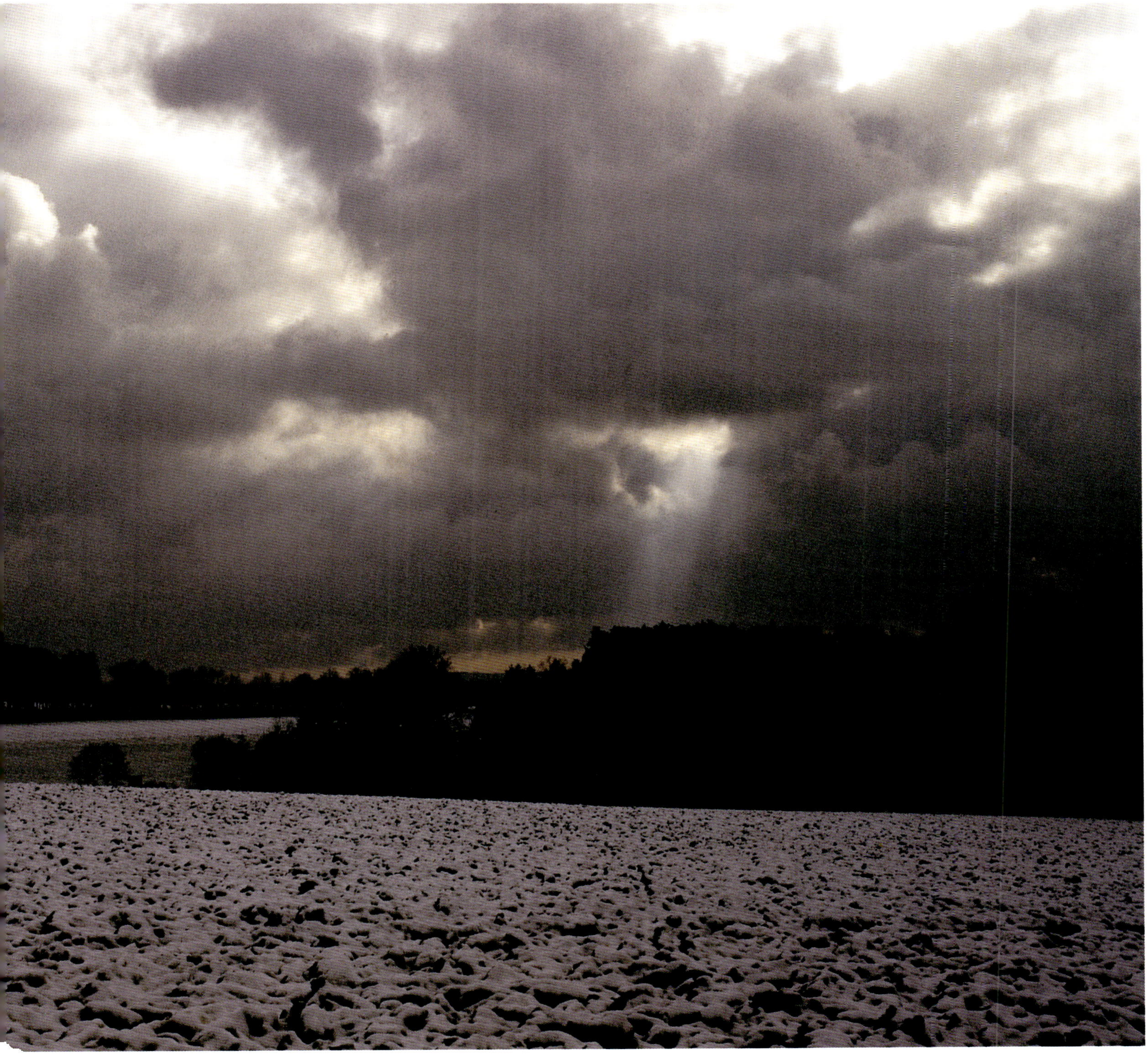

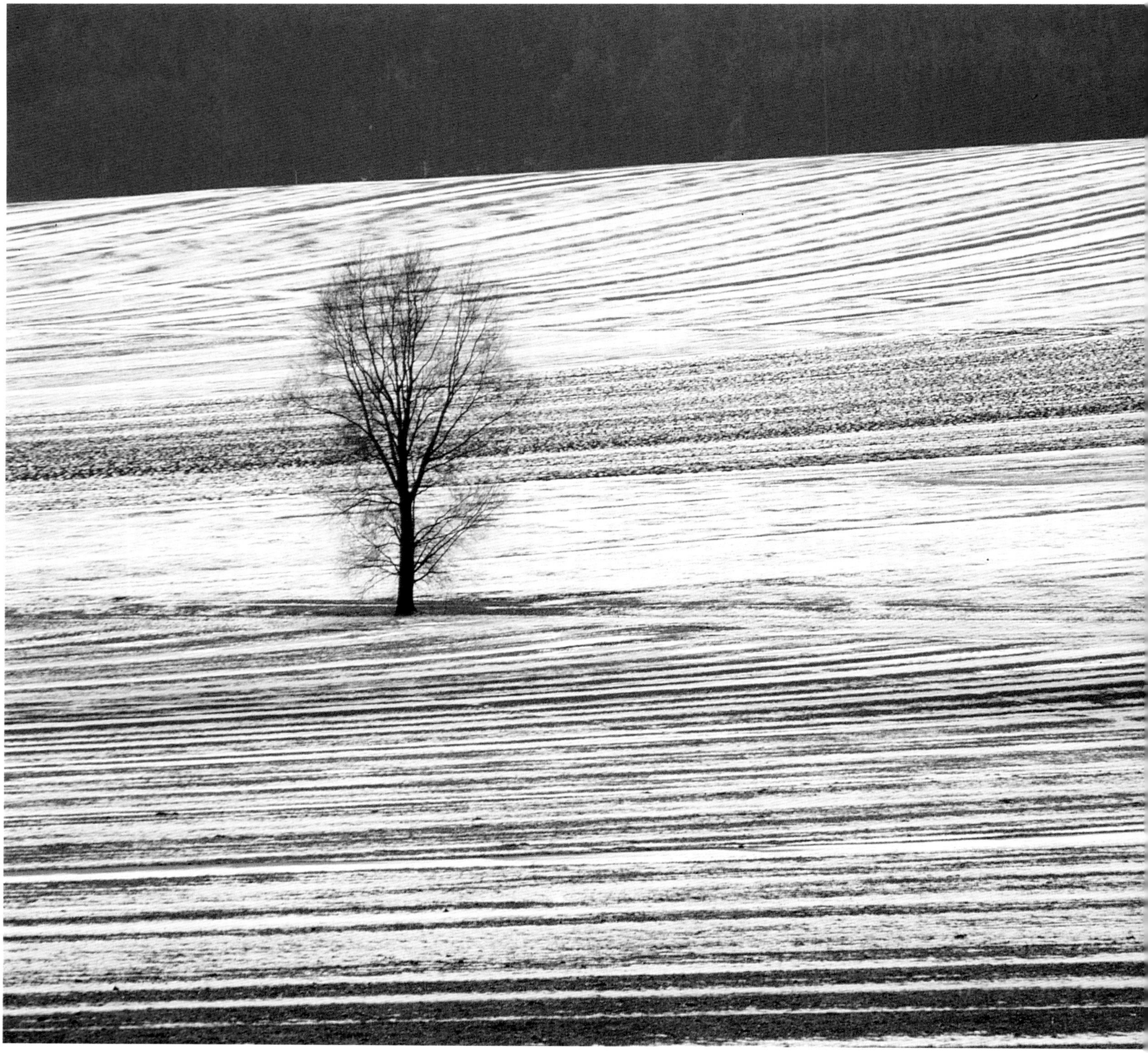

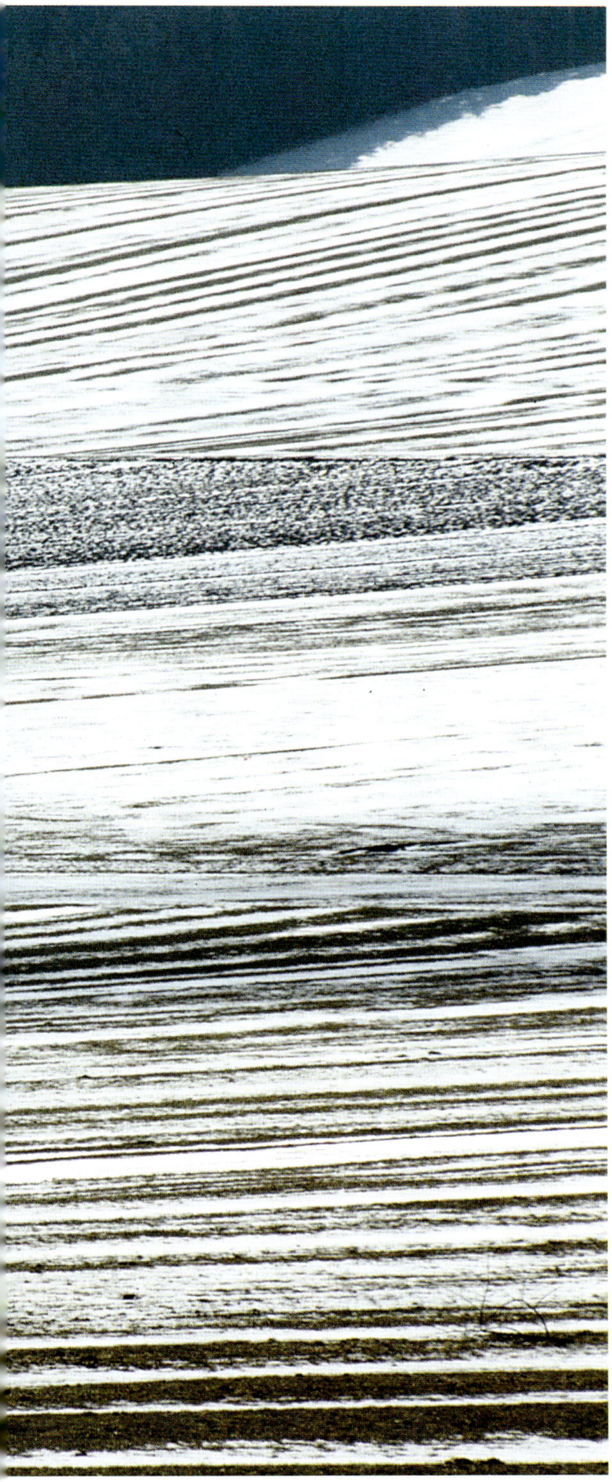

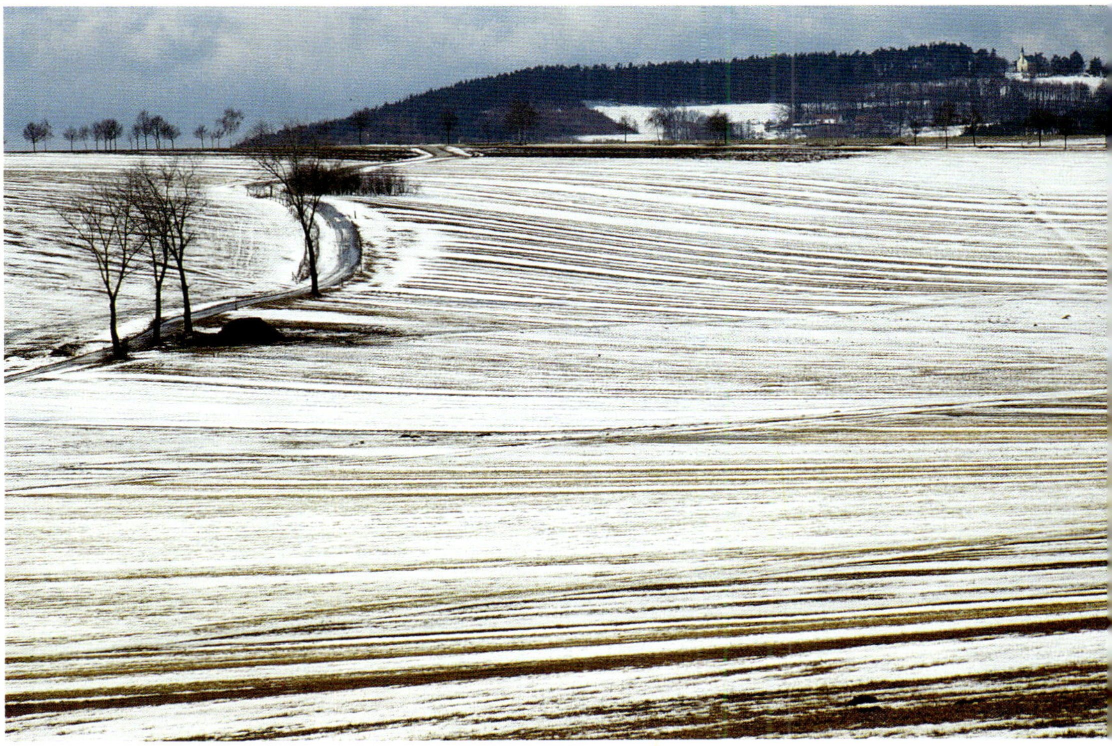

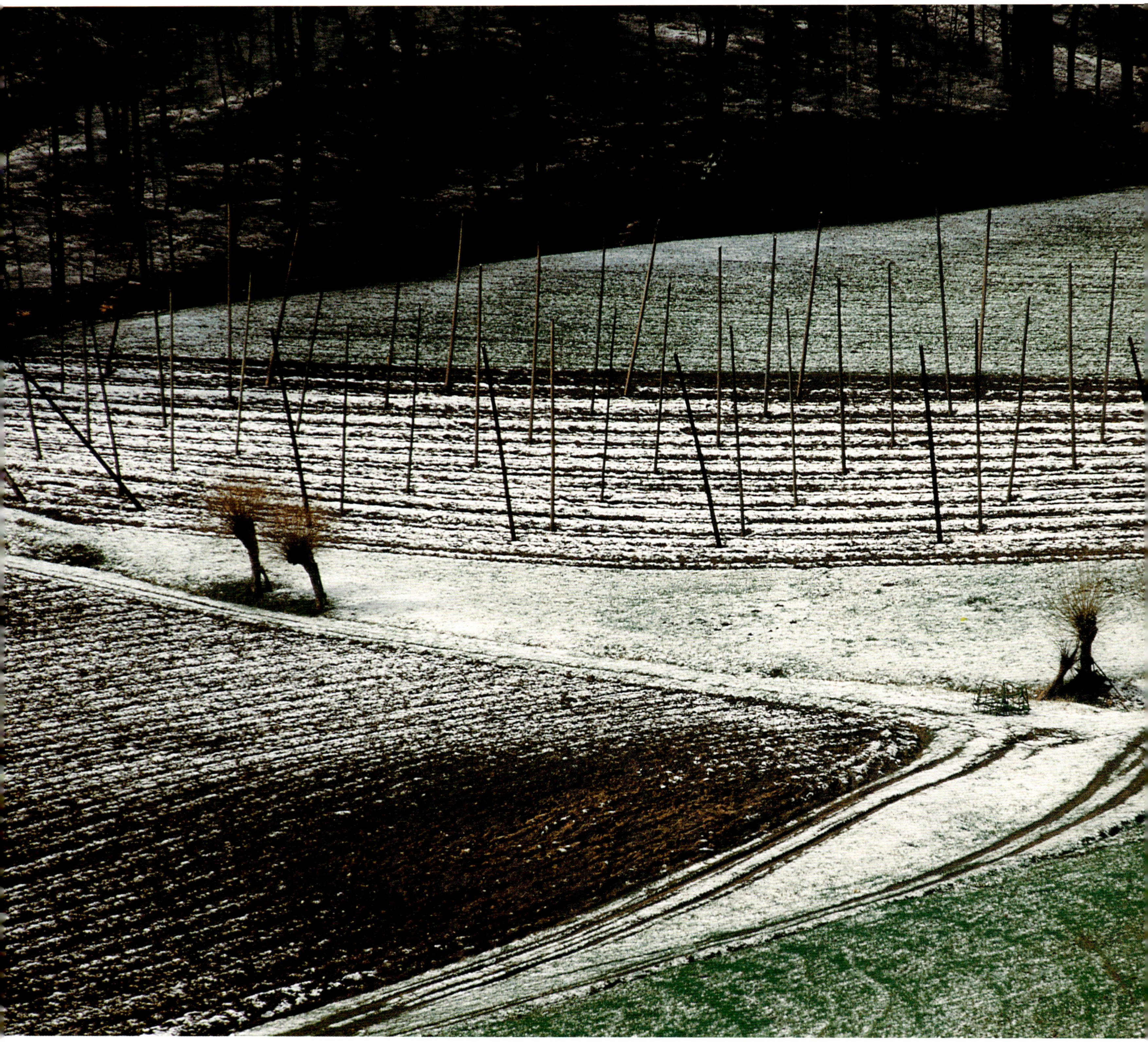

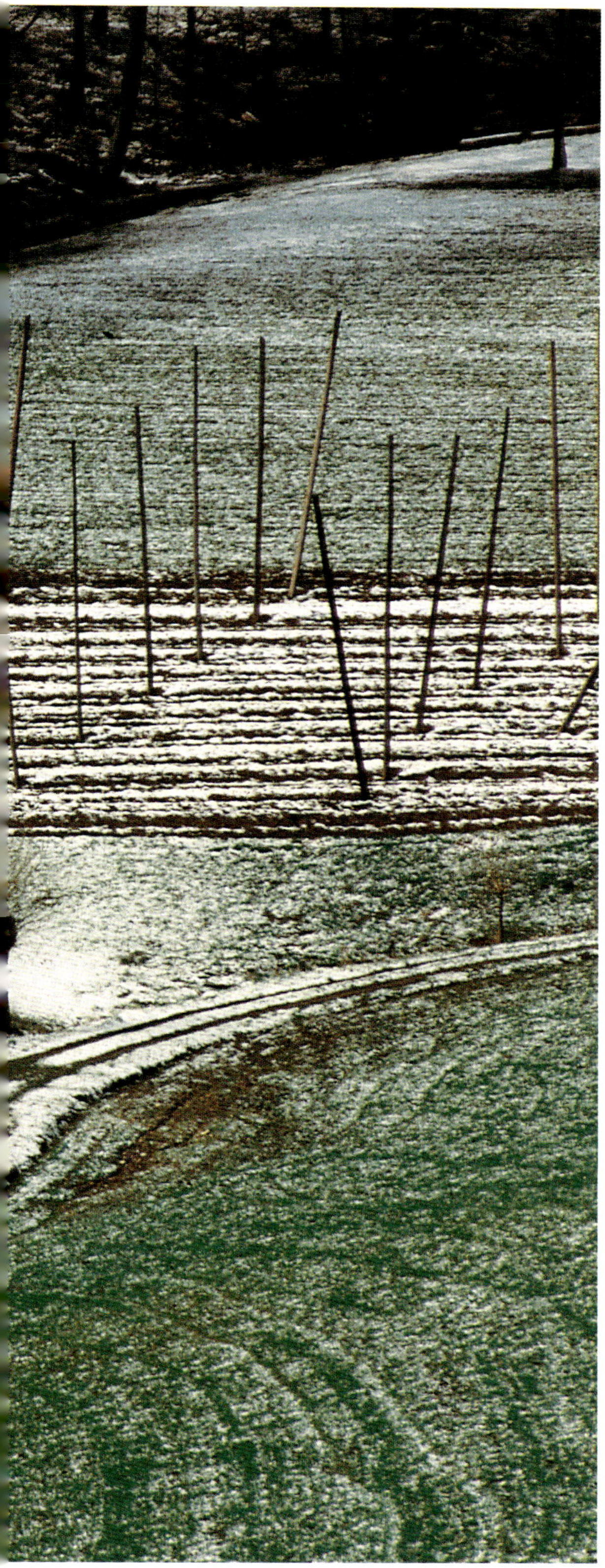

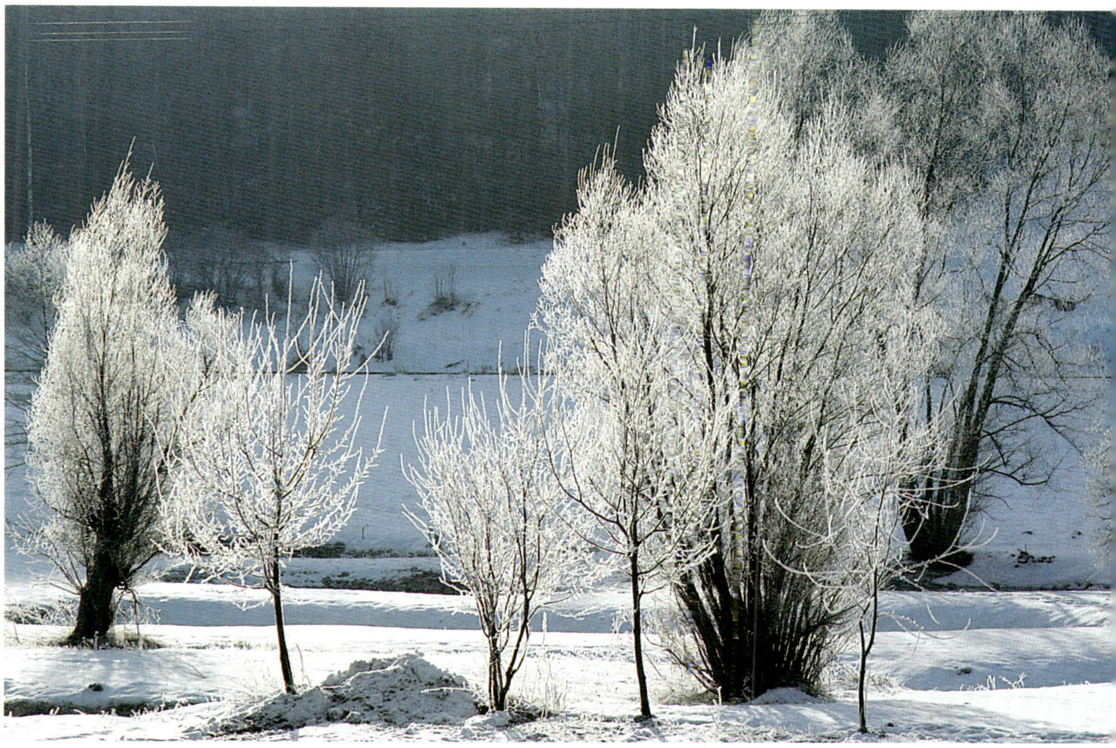

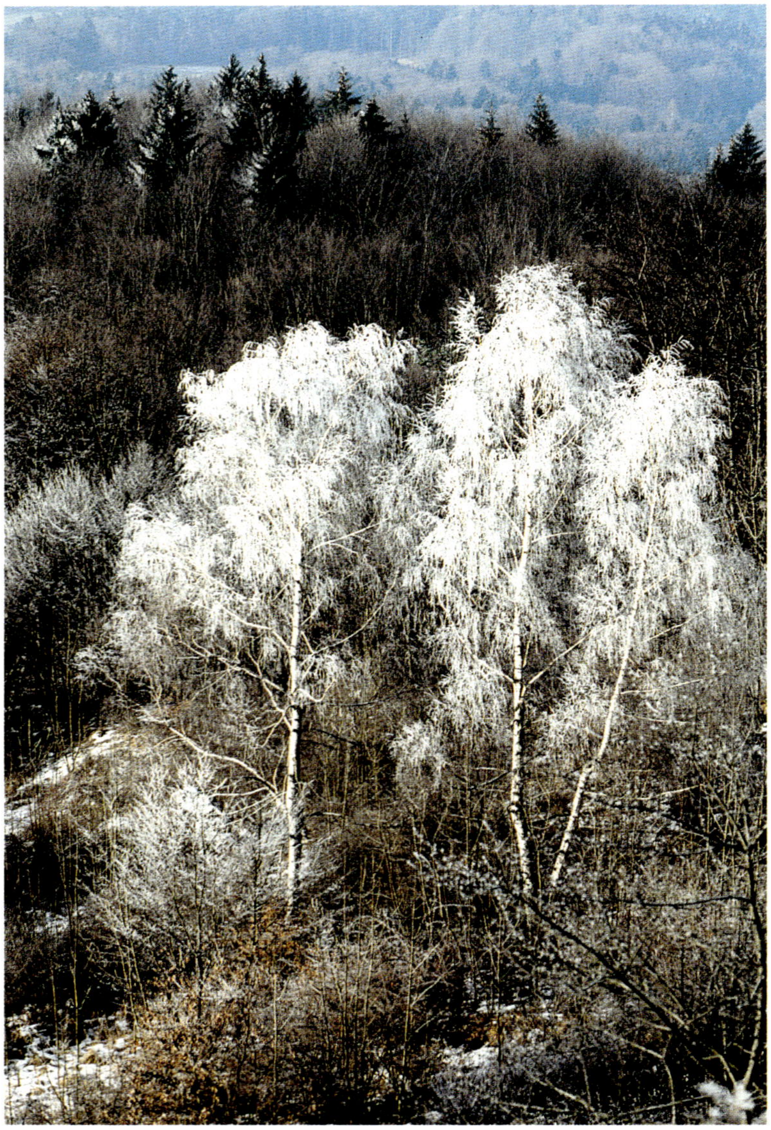
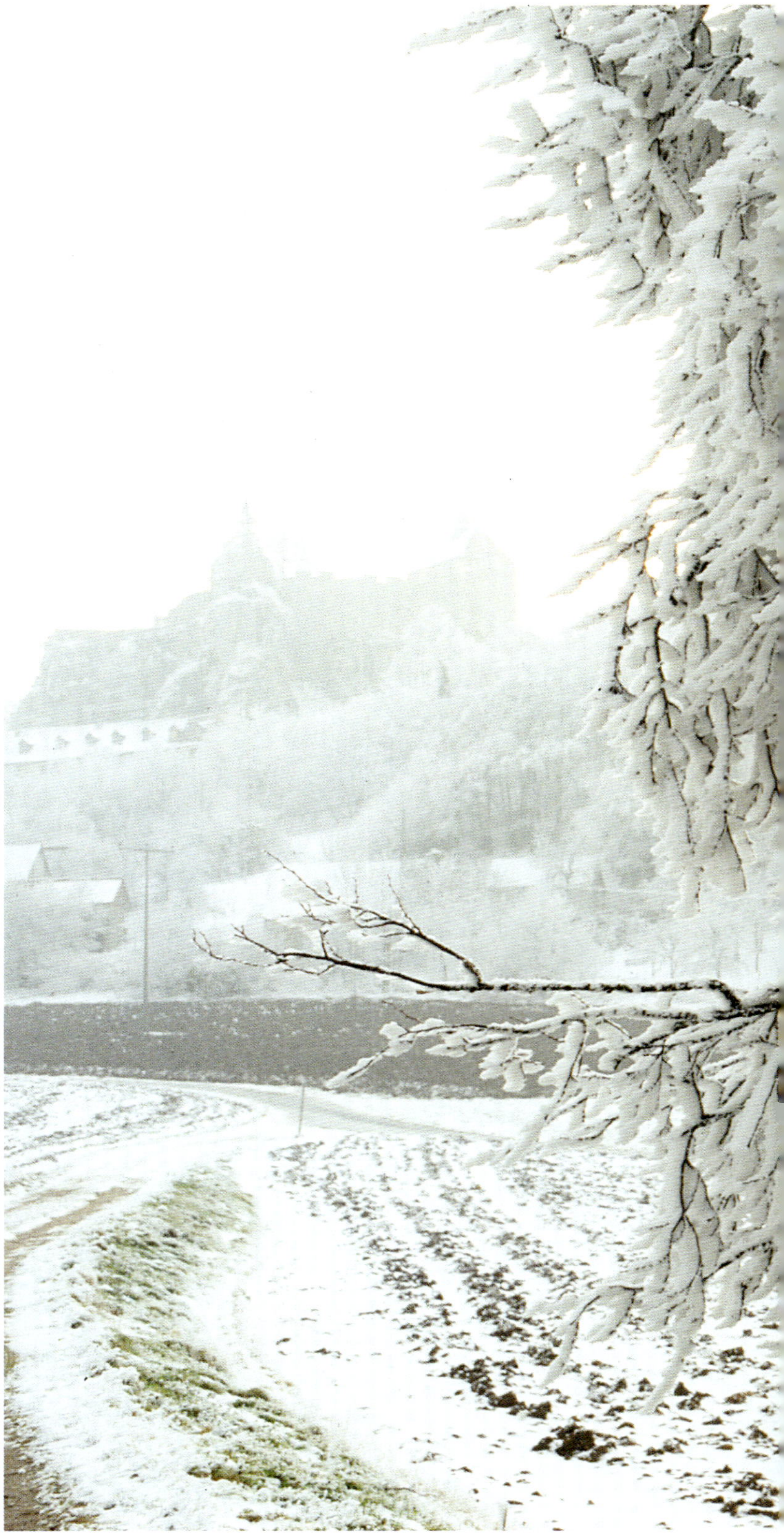

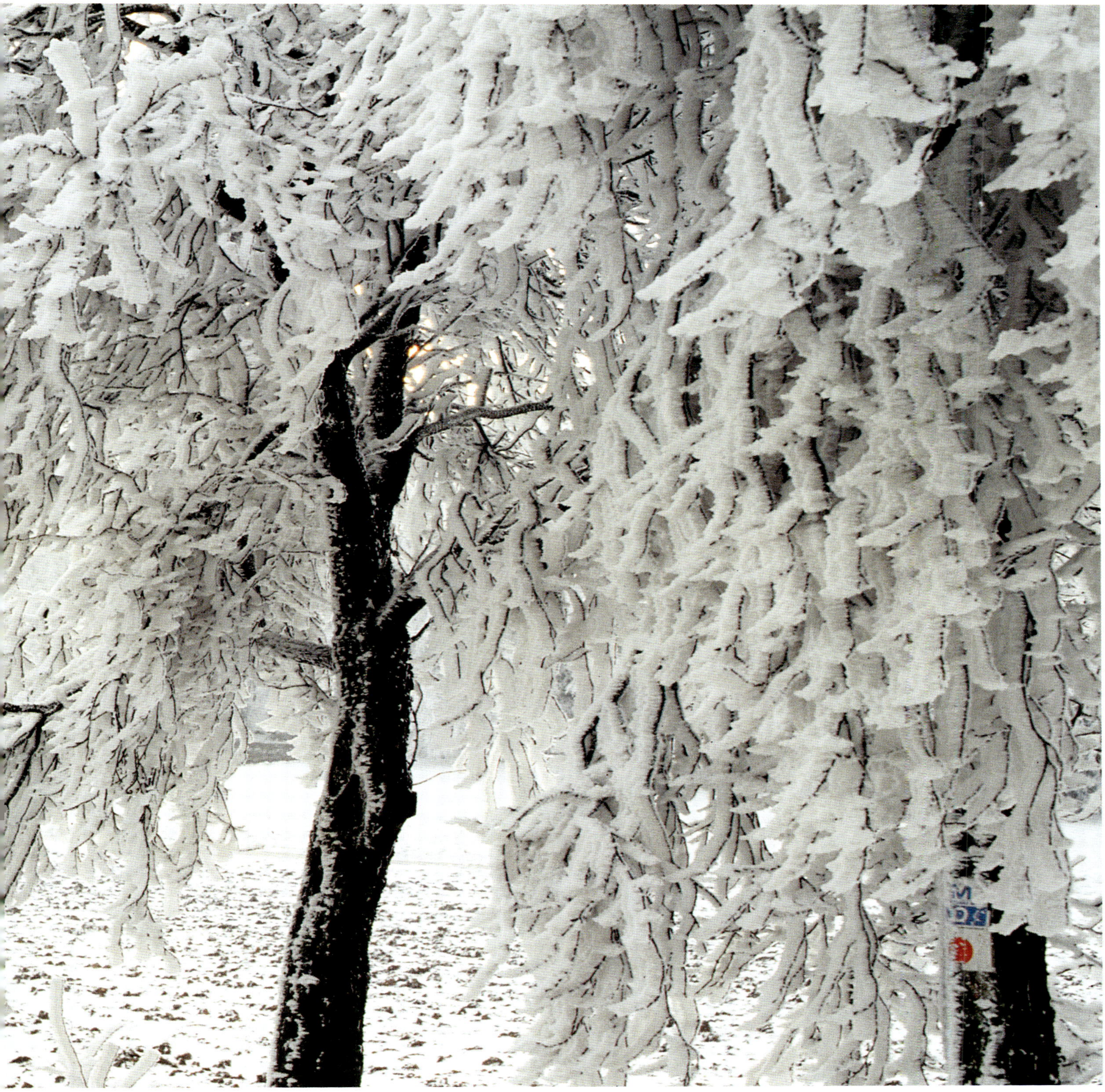

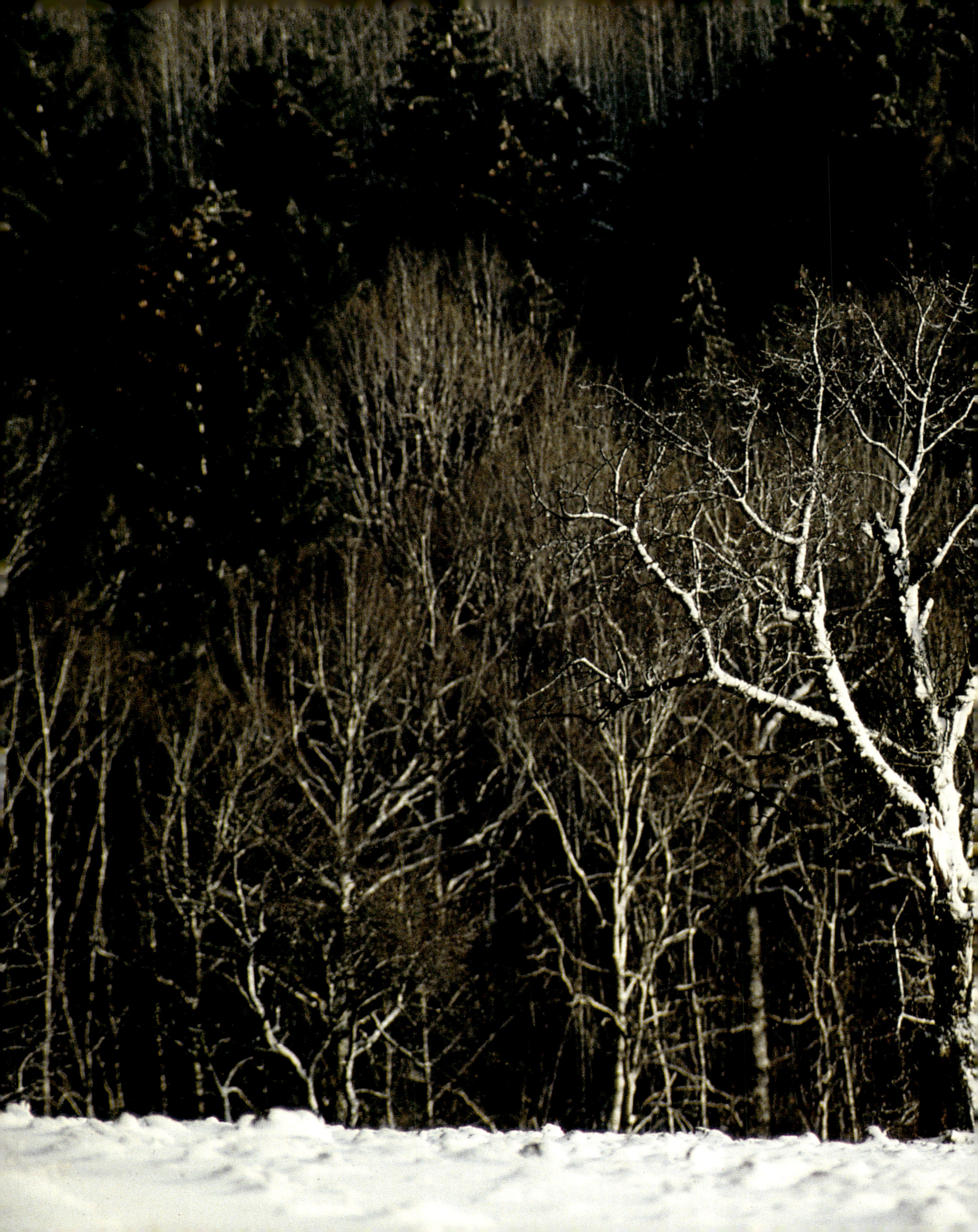

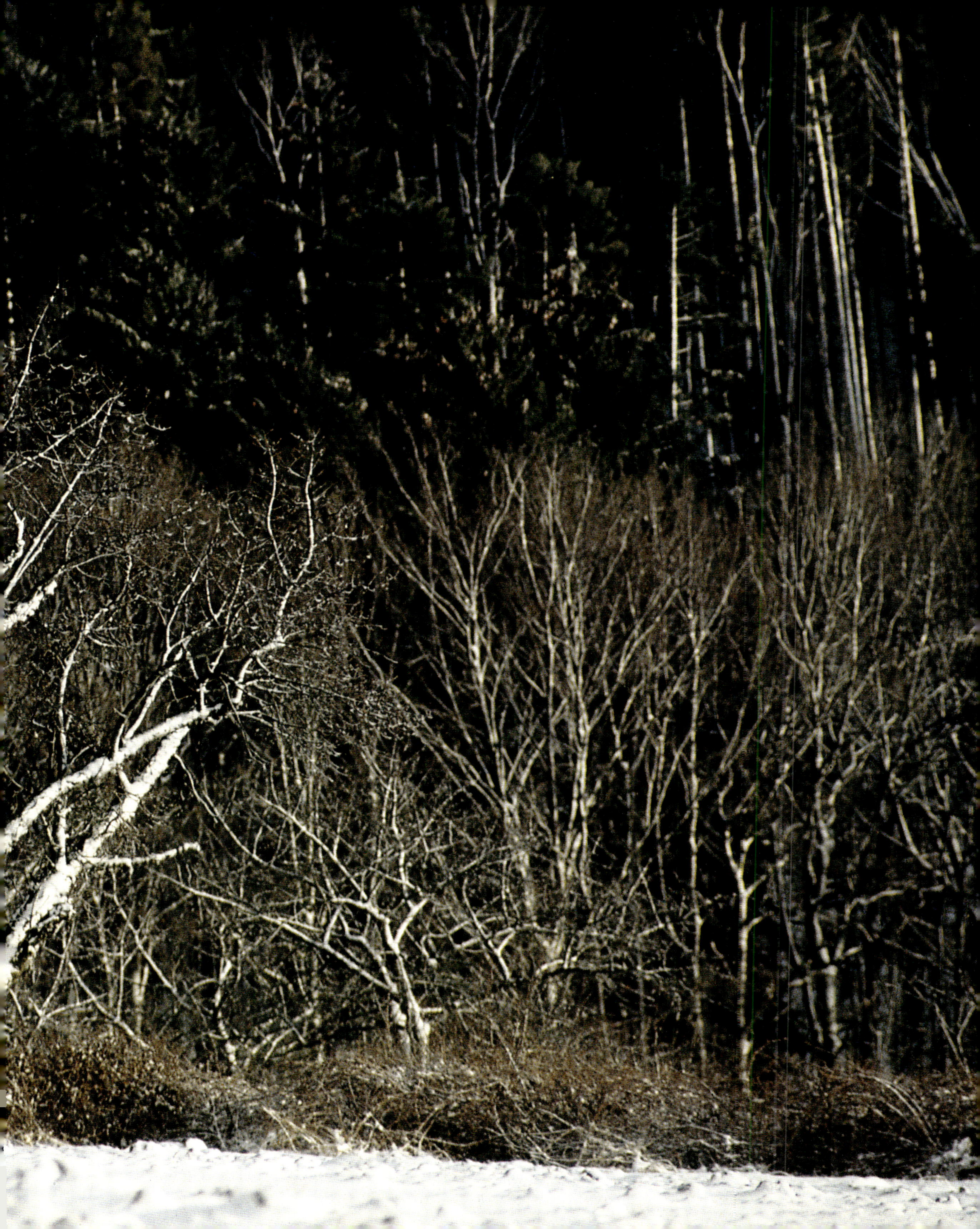

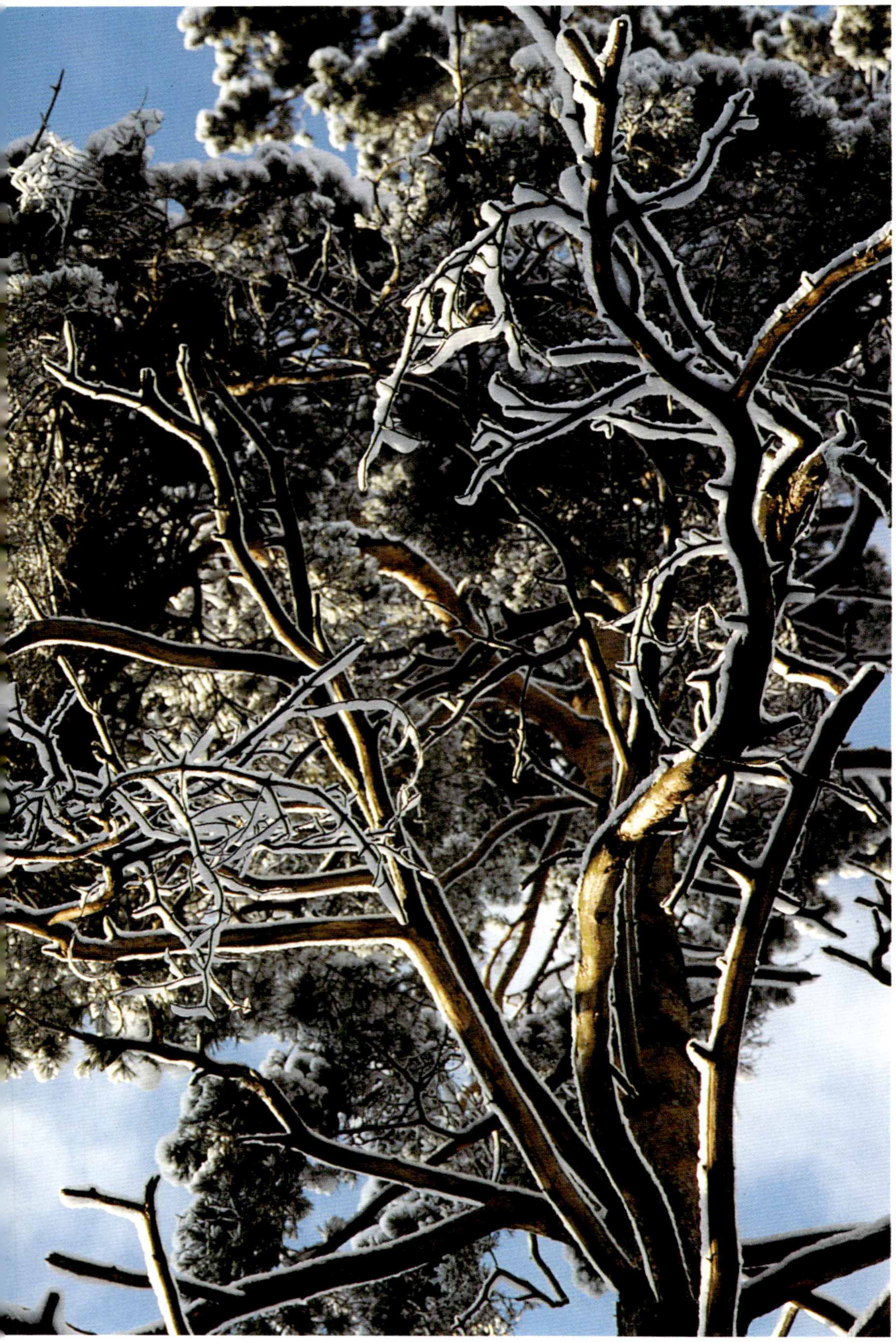
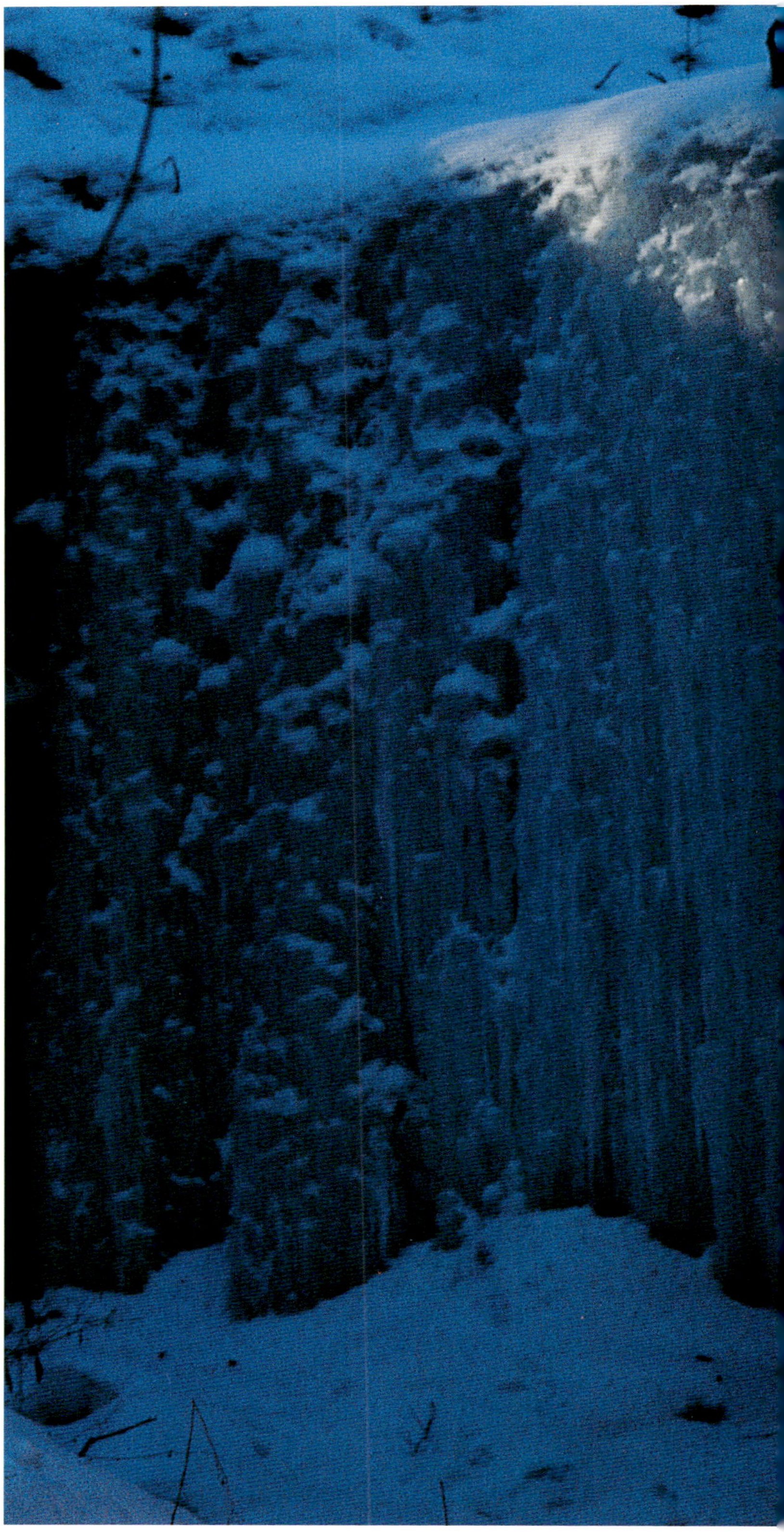

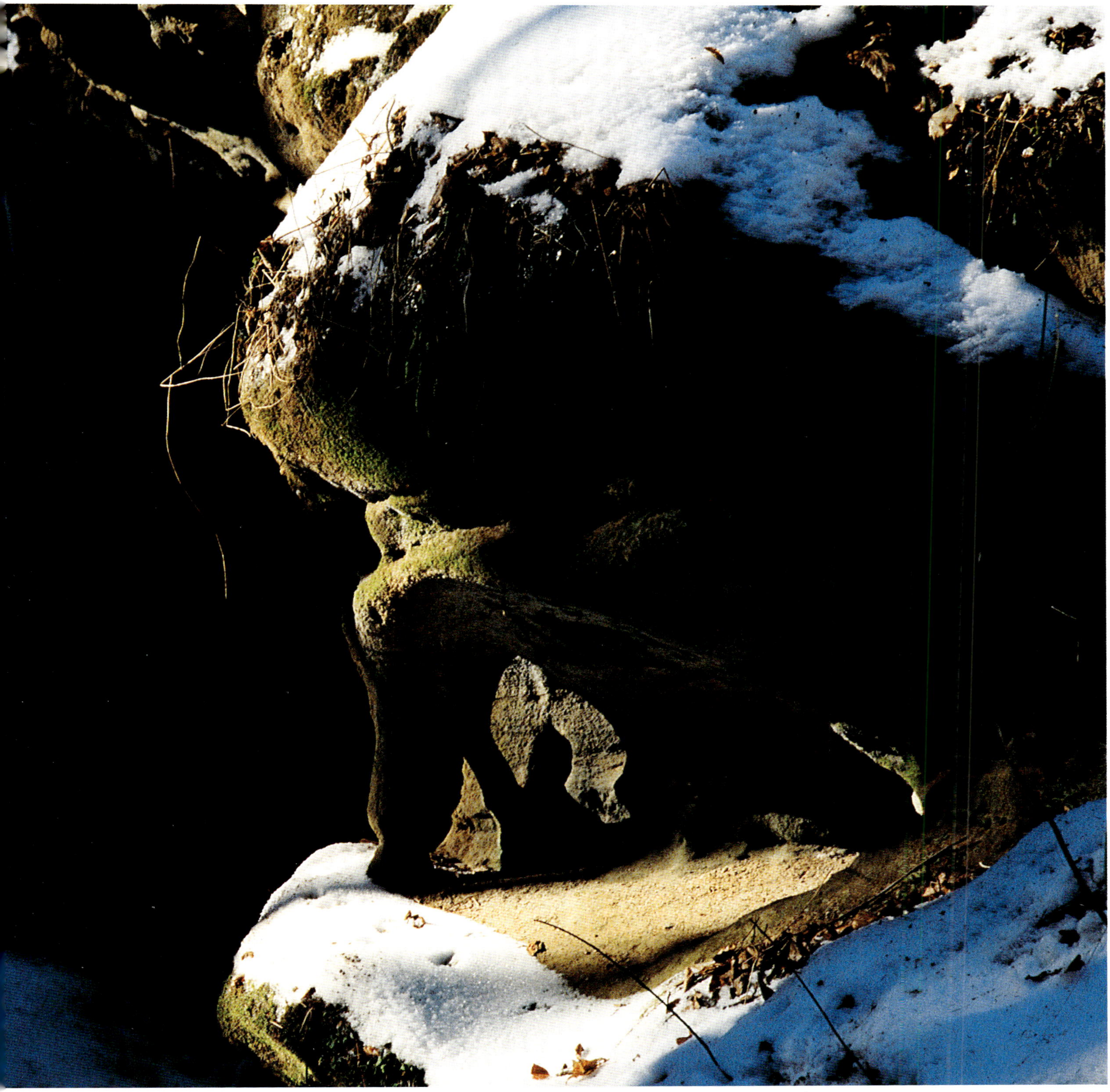

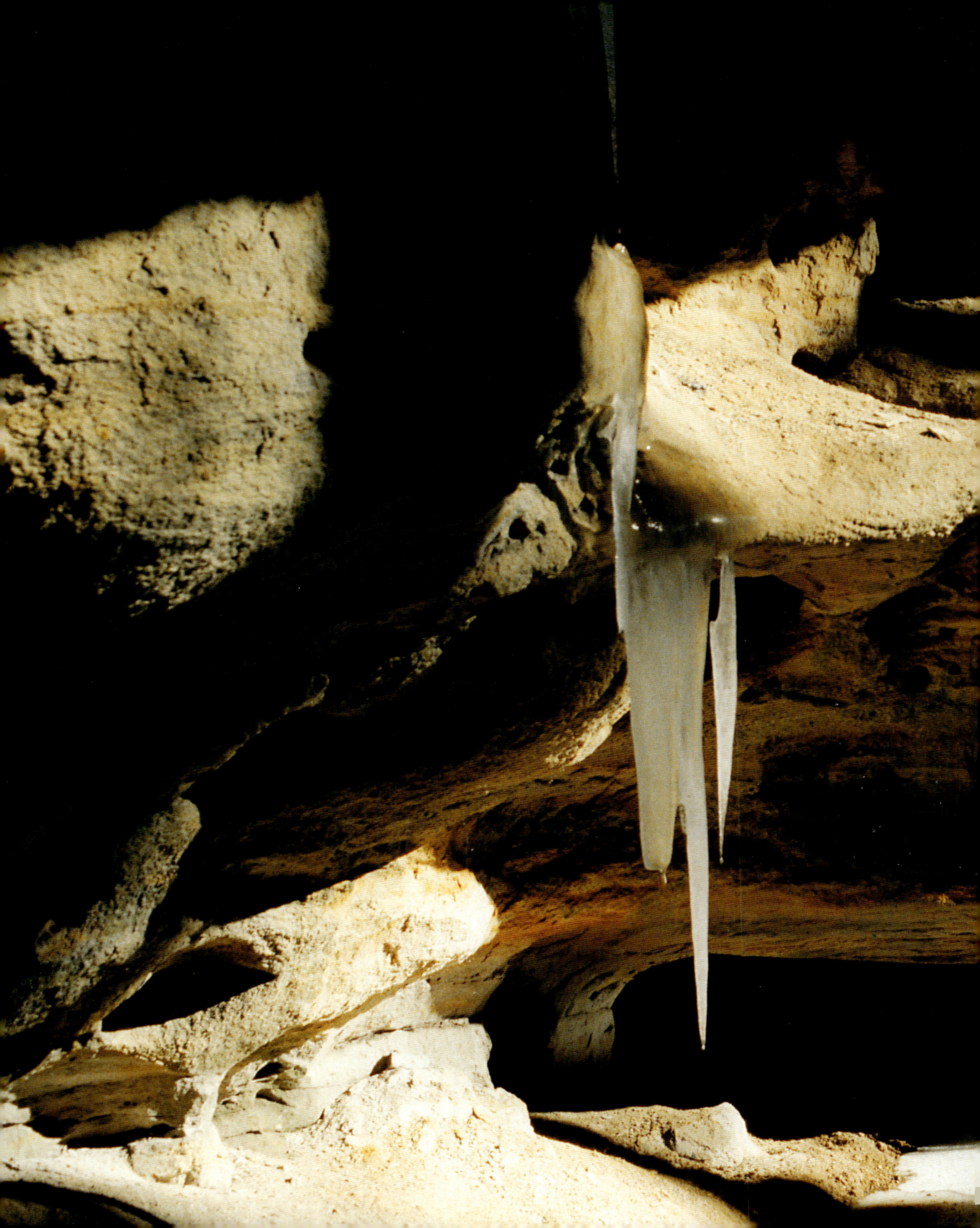

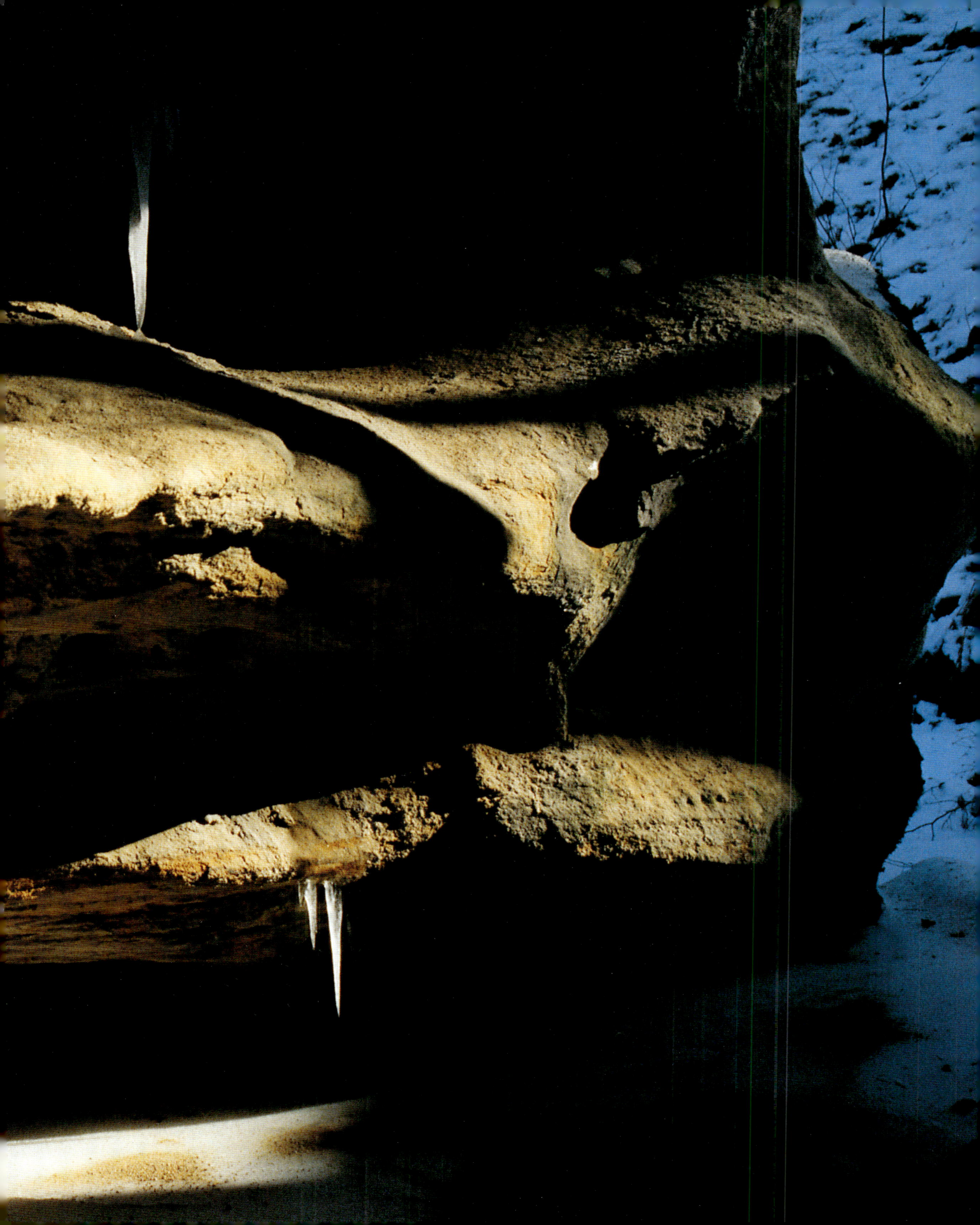

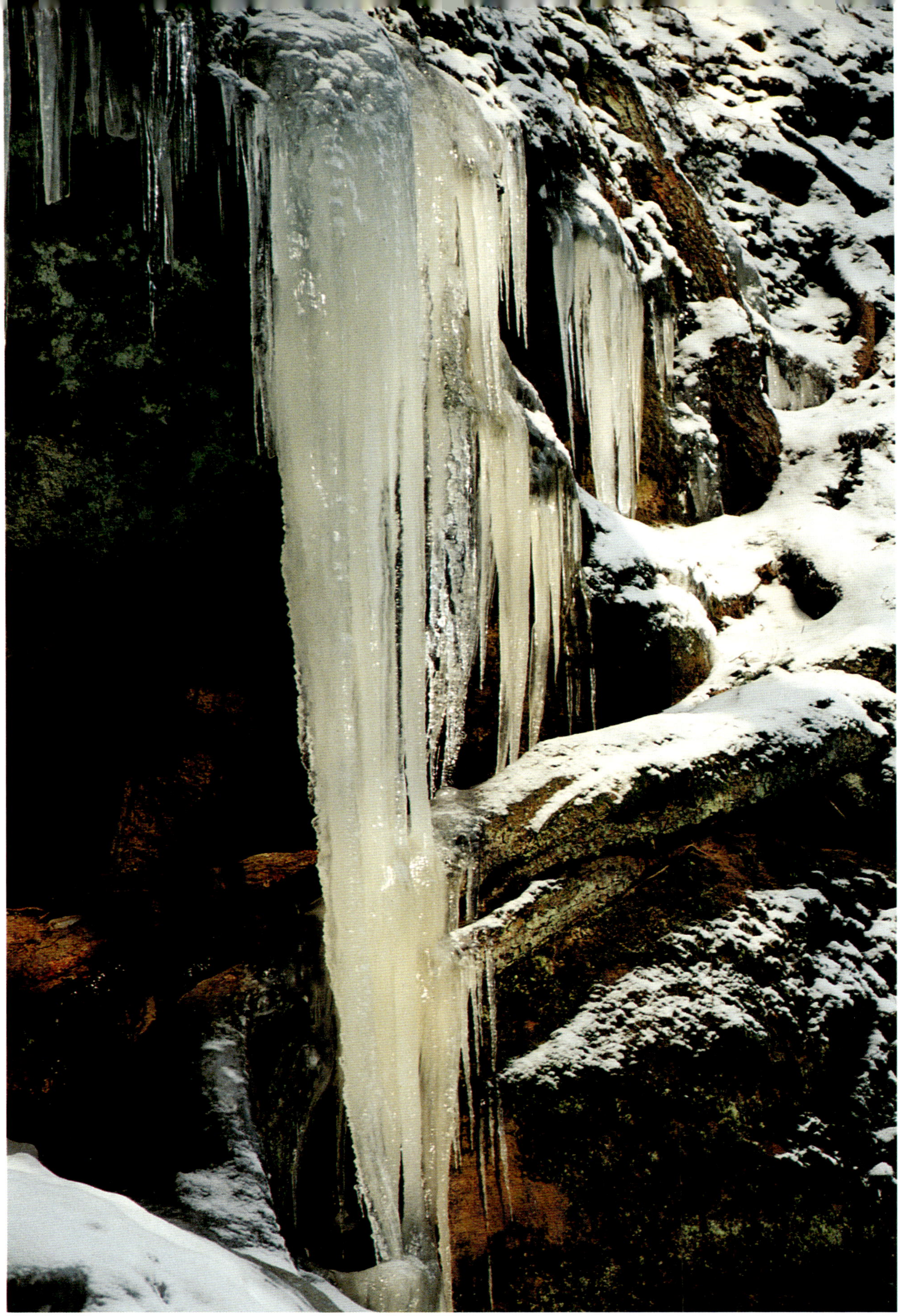

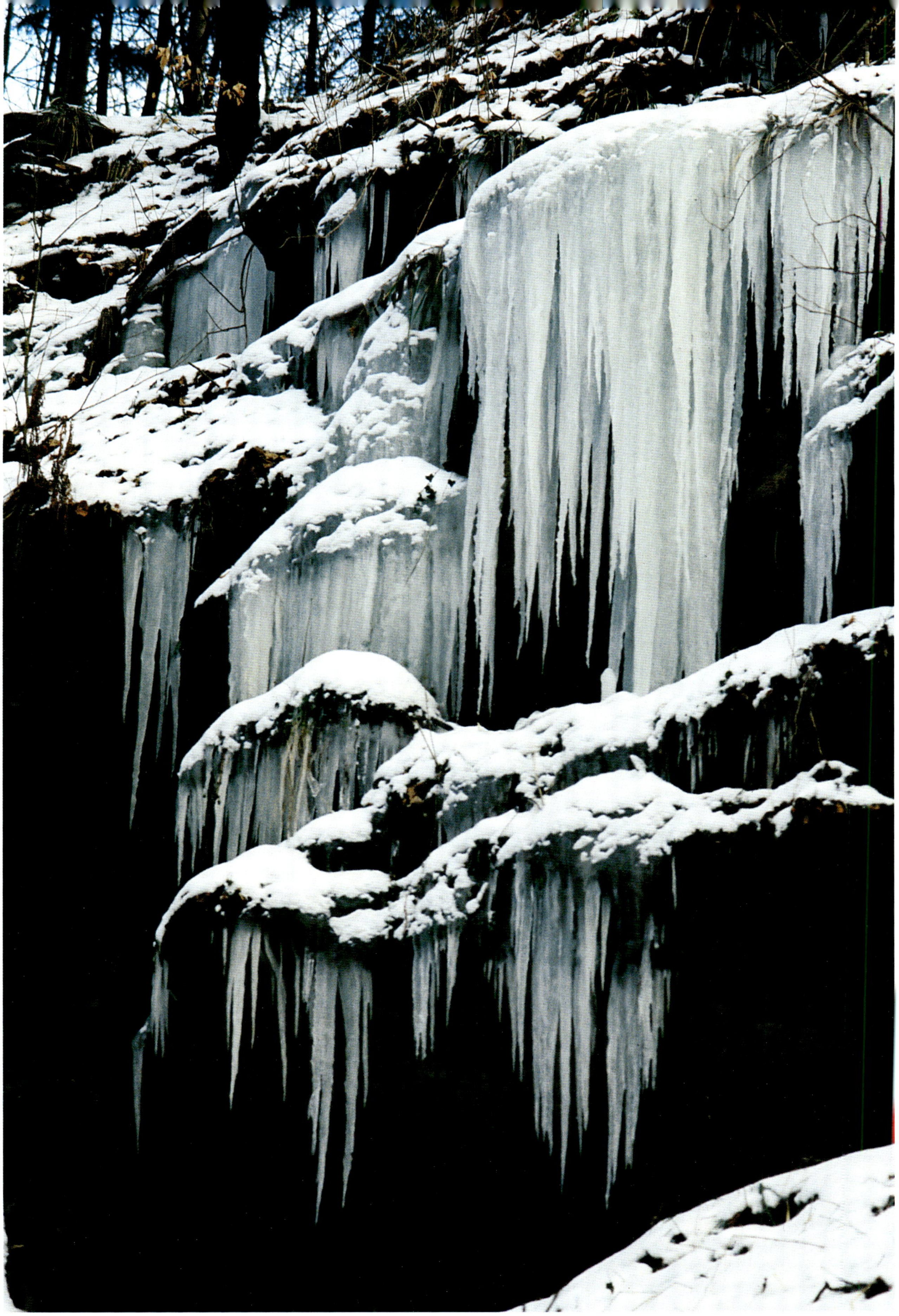

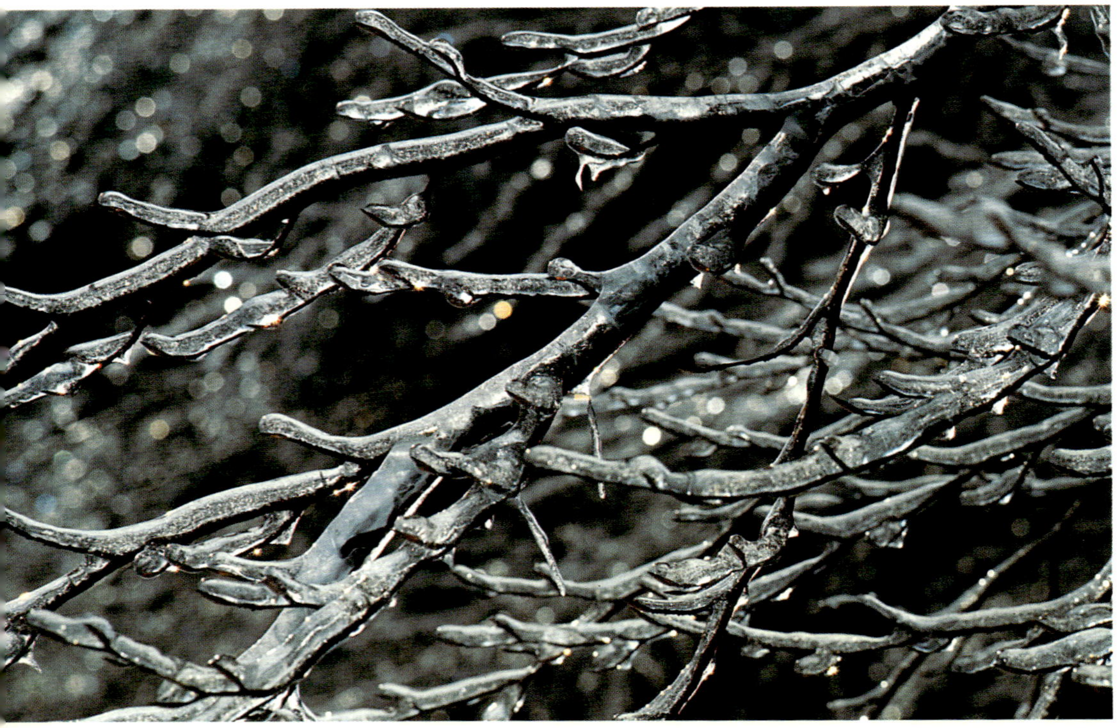

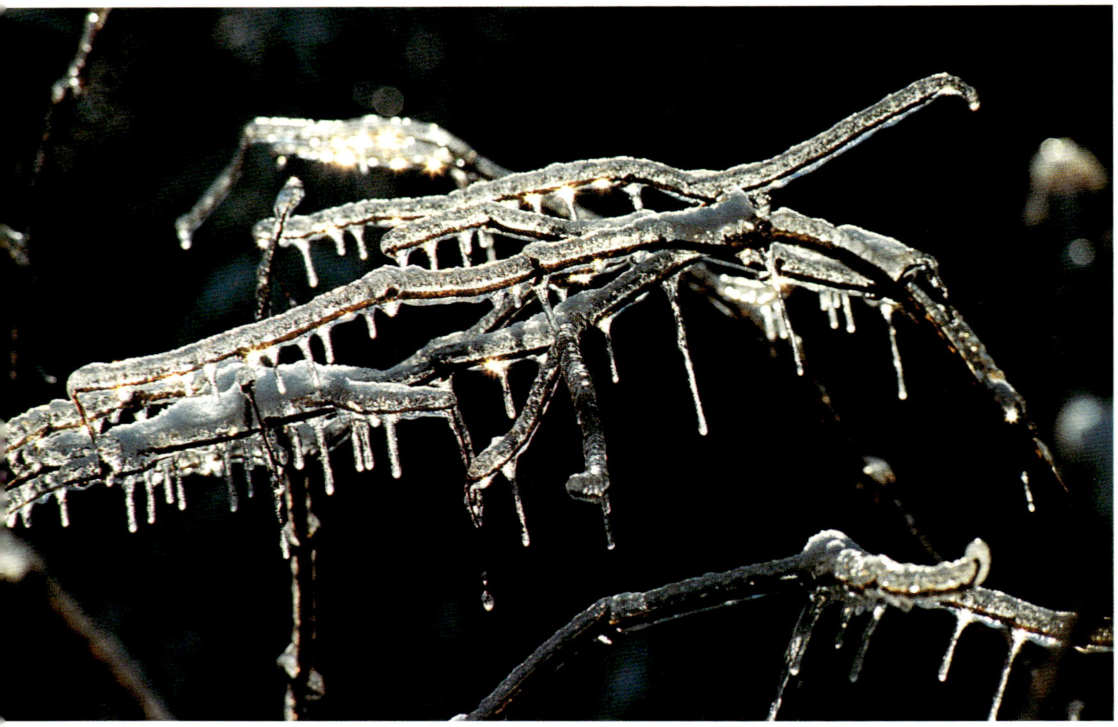

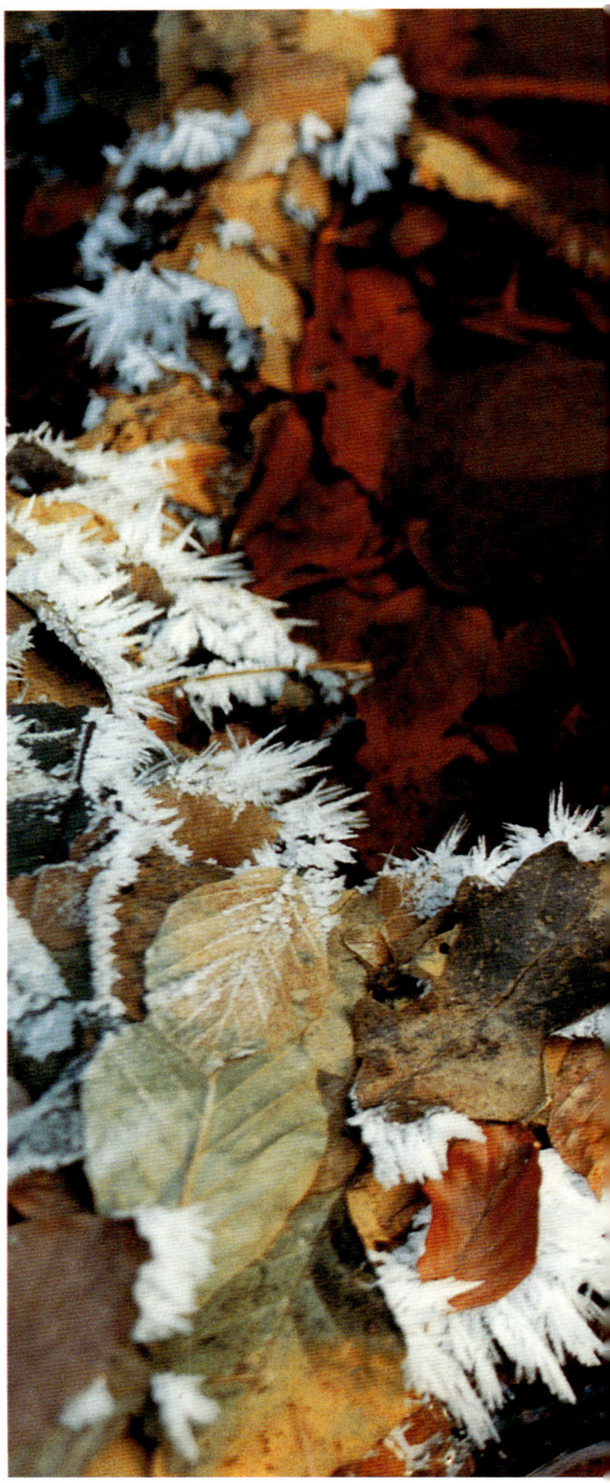

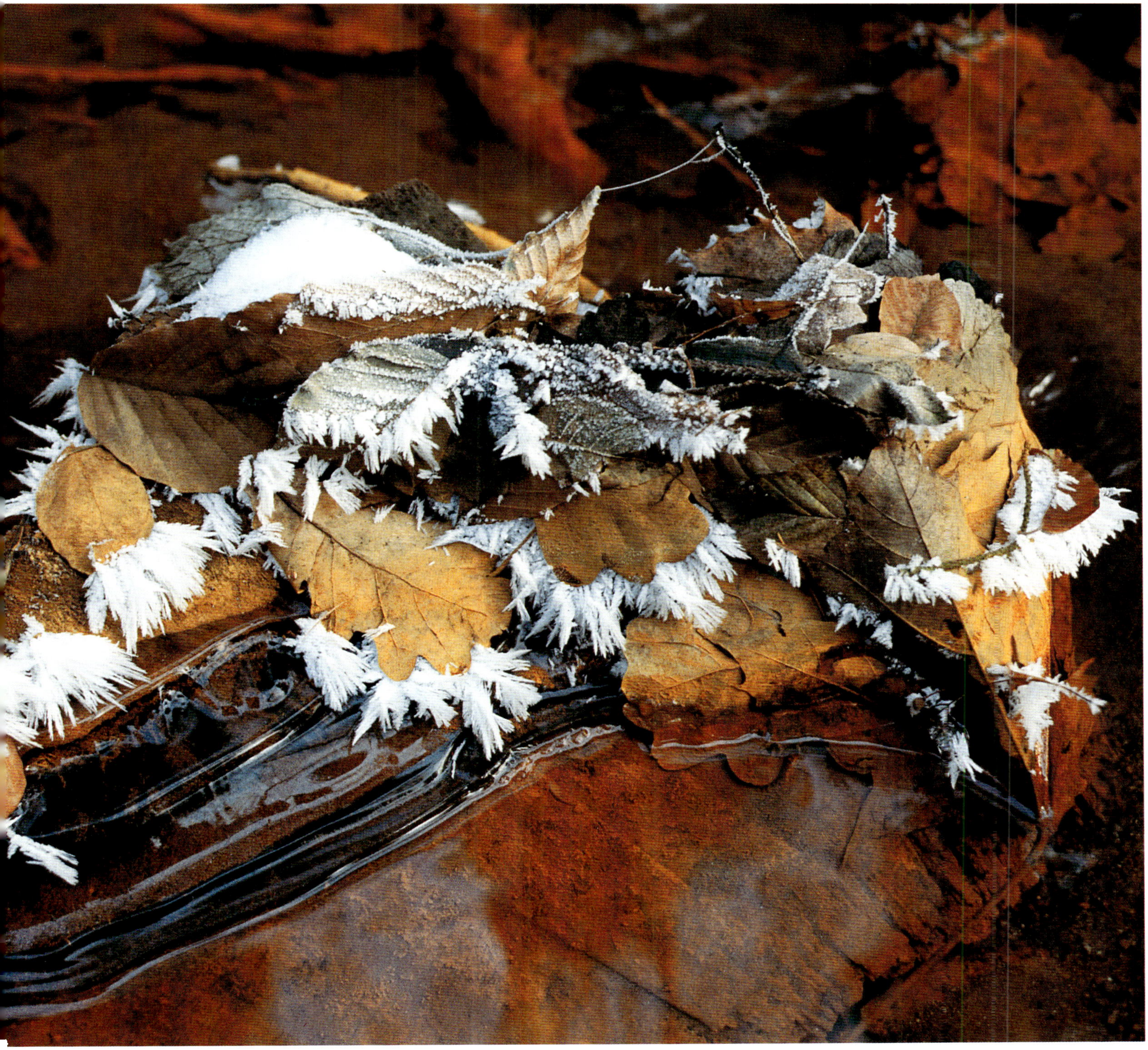

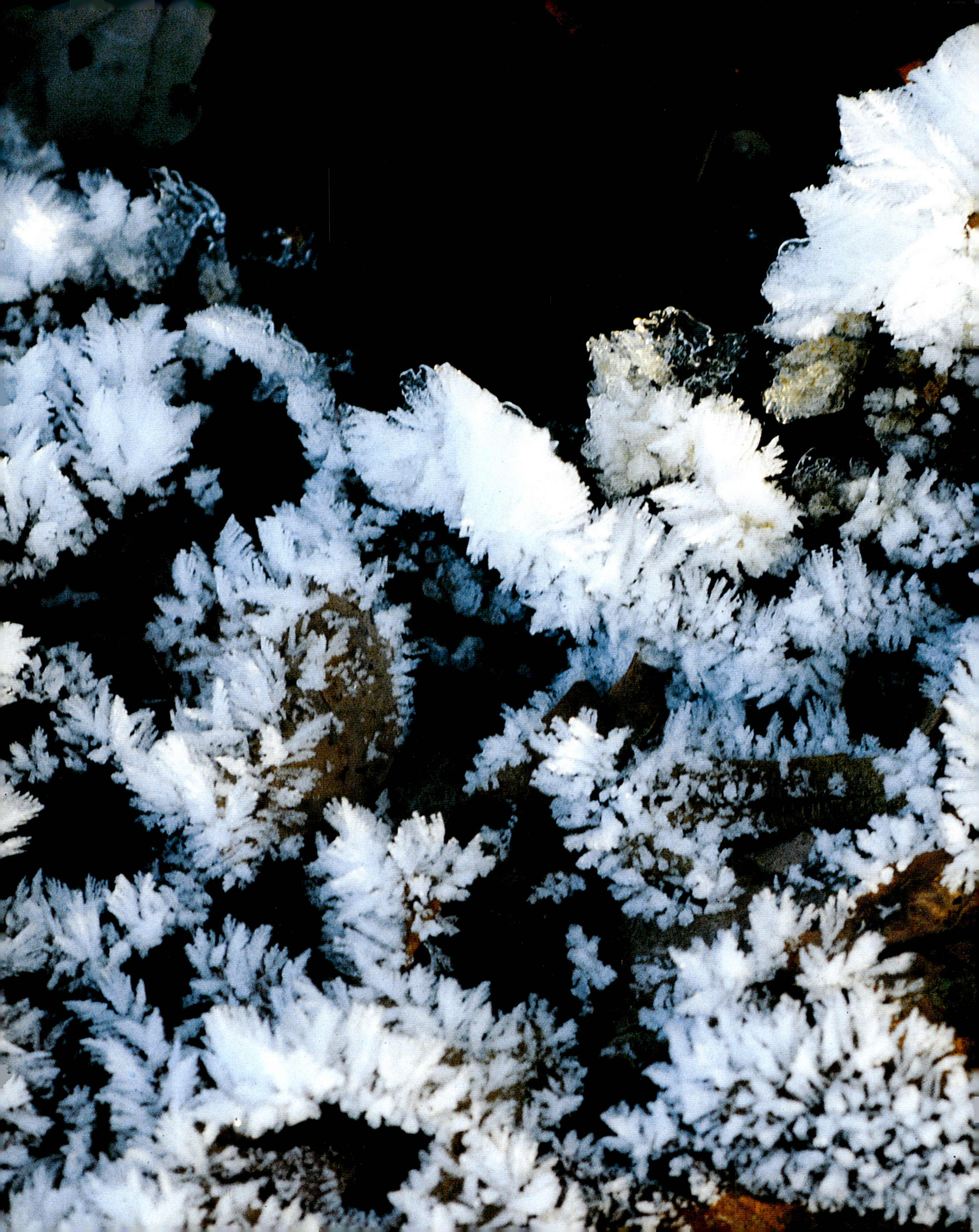